W0076648

Lefkowitz
Die Töchter des Zeus

Mary R. Lefkowitz

Die Töchter des Zeus

Frauen im alten Griechenland

Aus dem Amerikanischen
übersetzt von Holger Fliessbach
unter Mitarbeit von Axel Haase

Verlag C. H. Beck München

Titel der Originalausgabe:
Mary R. Lefkowitz, Women in Greek Myth.
© Gerald Duckworth & Co. Ltd., 1986

Die Deutsche Bibliothek – CIP-Einheitsaufnahme

Lefkowitz, Mary R.:
Die Töchter des Zeus : Frauen im alten Griechenland / Mary
R. Lefkowitz. Aus dem Amerikan. übers. von Holger Fliessbach
unter Mitarb. von Axel Haase. – München : Beck, 1992
    Einheitssacht.: Women in Greek Myth ⟨dt.⟩

ISBN 3-406-36768-2

ISBN 3 406 36768 2

Für die deutsche Ausgabe:
© C. H. Beck'sche Verlagsbuchhandlung (Oscar Beck), München 1992
Satz: Fotosatz Otto Gutfreund GmbH, Darmstadt
Druck- und Bindearbeiten: Franz Spiegel Buch GmbH, Ulm-Jungingen
Gedruckt auf alterungsbeständigem (säurefreiem) Papier,
gemäß der ANSI-Norm für Bibliotheken
Printed in Germany

Dis manibus
H. L. R.

Inhalt

Vorwort

Das bedeutendste Vermächtnis der Griechen ist nicht, wie wir gewöhnlich denken, ihre Demokratie, sondern ihre *Mythologie*. Bereits im 1. Jahrhundert n. Chr. wurde verkündet, der Gott Pan sei tot, und geheimnisvolle Stimmen waren zu vernehmen, die um ihn klagten. Dennoch lebten die griechischen Götter und viele dunkle, irrationale Geschichten über sie in der Phantasie der Künstler und Schriftsteller weiter, ungeachtet der Tatsache, daß Christen und Philosophen die Mythen immer wieder als frivol und schädlich abtun wollten. Und selbst in unserem Jahrhundert, in dem der Mensch über größere Eingriffsmöglichkeiten in die Natur verfügt als je zuvor, beschäftigen uns die alten Mythen noch – dies schlägt sich zwar nicht mehr in Nymphen und Hirten auf Vasen oder als Gartenstatuen nieder, aber doch in bestimmten, weit verbreiteten Vorstellungen über das Wesen menschlicher Erfahrung. Die – heute wohl veraltete – Vorstellung, daß ein Mann aktiv und aggressiv zu sein hat, eine Frau hingegen passiv und der Kontrolle der Männer ihrer Familie unterworfen, wird in nahezu allen griechischen Mythen ausgedrückt, selbst dort, wo die Frauen Kontrolle über ihr eigenes Leben zu erlangen suchen. Die Ansicht, daß die bedeutendste Phase im Leben einer Frau der Zeitraum unmittelbar vor der Heirat (oder Wiederverheiratung) sei, findet sich in der Fabel vieler Romane; ebenso die Vorstellung, daß Jungfräulichkeit oder zumindest Enthaltsamkeit den Frauen eine Art der Freiheit bietet, auf die sie in der Verbindung mit einem Mann keinen Anspruch mehr haben.

Ich möchte hier in diesem Buch nicht nur beschreiben, wie die Griechen im Mythos weibliche Erfahrung abbildeten, sondern auch zu klären versuchen, warum die typischen Erzählmuster von den großen Dichtern nicht so schematisch gehandhabt wurden, wie dies nach meiner kurzen Beschreibung erscheinen mag. Man kann, wie ich glaube, zeigen, daß die Griechen den Frauen zumindest eine Fähigkeit des Verstehens zuschrieben, die wir in der anderen großen mythologischen Tradition, die uns beeinflußt hat, nicht durchgängig finden – nämlich in der des Alten und Neuen Testaments.

Vor allem aus zwei Gründen schenken wir den Griechen für ihre relativ ausgewogene Sichtweise der weiblichen Fähigkeiten zu wenig Vertrauen. Zum einen begegnet den meisten von uns die griechische Mythologie nur in einer zusammengefaßten und gefilterten Form, im günstigsten Fall in der Übersetzung literarischer Werke, viel häufiger aber als Nacherzählung in einem modernen Handbuch. Zwangsläufig kann im Verlauf der Zusammenfassung und Übersetzung die ursprüngliche Bedeutung leicht verlorengehen. Es ist zum Beispiel sehr schwierig herauszubekommen, was aus der berühmten Feststellung des Sehers Teiresias folgt, wonach die Frauen beim Geschlechtsakt mehr Lust empfinden als die Männer. Diese Geschichte wurde zum erstenmal in einem nicht erhaltenen epischen Gedicht aus dem 6. Jahrhundert v. Chr. erzählt, der hesiodischen *Melampodie*. Nur zwei Zeilen davon sind überliefert: «Unter zehn Teilen des Vergnügens beim Beischlafe sei ein Teil auf seiten des Mannes und neun seien auf seiten der Frauen.» (fr. 275 MW) Nach den groben Zügen der ursprünglichen Fassung, wie sie uns Schriftsteller des 3. Jahrhunderts v. Chr. überliefern, wurde Teiresias, der sowohl Mann als auch Frau gewesen war, von Zeus aufgefordert zu sagen, ob Frauen oder Männer größere Lust beim Geschlechtsverkehr empfänden. Wegen seiner Antwort habe ihn Hera mit Blindheit geschlagen und Zeus ihm zum Ausgleich dafür die Sehergabe verliehen. Wie sollen wir diese Geschichte deuten? Blendete Hera ihn, weil er ein Geheimnis enthüllt hatte? Impliziert die Geschichte, daß Frauen wegen ihrer angeblich größeren Lust beim Geschlechtsverkehr diesen eifriger anstreben und daß sie daher sorgfältiger kontrolliert werden müssen? Oder soll sie, wie die vergleichende Anthropologie vermuten läßt, eine Erklärung dafür bieten, warum Seher in Auftreten und Kleidung oftmals ein weibliches Verhalten an den Tag legten und sie in der Tat sowohl männliches als auch weibliches Erleben verstehen mußten, wollten sie zutreffende Prophezeiungen machen? Transvestitismus markiert im Ritus oft einen kritischen Wendepunkt, so etwa beim Übergang von der Pubertät zum Erwachsensein; er kann auch, wie im Fall des Pentheus aus den *Bakchai* des Euripides, etwas Zerstörerisches anzeigen.

In jedem Fall verhilft er dem, der den Übergang vollzieht, zu einem privilegierten, sonst nicht zugänglichen Wissen (Burkert 1979, S. 30). Vielleicht ist es immer noch möglich zu sagen, daß die Geschichte von Teiresias die weibliche Sexualität in ein schlechtes Licht rückt, ebenso aber bekräftigt sie, daß es Belohnungen und Gründe dafür gab, die weibliche Identität anzustreben.

Der zweite, kompliziertere Grund, warum Mythen oft mißverstanden werden, entspringt den Interessen und Überzeugungen unserer eigenen Gesellschaft. Auch wenn Mythen über Frauen in einigen Werken der antiken Literatur überlebt haben, so daß wir also eine gewisse Vorstellung davon haben können, wie wenigstens der jeweilige Autor sie verstanden wissen wollte – so verleiten uns unsere eigenen Urteile darüber, was ein Mythos sein soll, vielleicht dazu, übertriebenen Wert auf Faktoren zu legen, die die Menschen der Antike selber nicht im Blick hatten.

Psychologen unterstellen gerne, daß die menschliche Natur für alle Zeit im Prinzip die gleiche geblieben ist, und deshalb folgern sie, die Menschen der Antike seien weitgehend mit den gleichen Problemen wie wir heute beschäftigt gewesen, nämlich mit Sexualität und der Definition und Rolle der Geschlechter. Aber es ist wirklich die Frage, ob die Menschen im Altertum heutige Interpretationen verstanden oder akzeptiert hätten, die den Hauptakzent auf Begehren und Inzest legen. Der Text von Sophokles' *König Ödipus* liefert keinen Hinweis darauf, daß Ödipus sich von Iokaste sexuell angezogen gefühlt hätte; er heiratete sie, weil die Heirat mit der Königswitwe die Belohnung für die Befreiung Thebens von der Sphinx war. In analoger Weise hatte – meiner Ansicht nach – Thyestes mit seiner Tochter Geschlechtsverkehr nicht deswegen, weil er ihr in Liebe zugetan war, sondern weil der Bescheid des Orakels in Delphi lautete, der Sohn aus dieser Verbindung würde Rache nehmen an Thyestes' Bruder Atreus, der die anderen Kinder des Thyestes ermordet hatte. Dieser Sohn, Aigisthos, verführt Klytämnestra und ermordet Agamemnon, den Sohn des Atreus, und erlangt so das Königreich seines Vaters zurück; in jeder Generation sind Erbschaft und Macht beherrschende Motive als die Sexualität.

Feministinnen weisen gerne jene Prämisse der Psychologen zurück, die Hauptsorgen des Menschen hätten sich im Lauf der Zeit nicht geändert. Lieber beschäftigen sie sich mit der Art und Weise, wie Mythen dauerhaft steuernd und einschränkend in die menschliche Phantasie eingreifen. Ihr besonderes Interesse gilt dabei der Tendenz des Mythos, in polaren Gegensätzen zu denken; diese lenken die Assoziationen und damit alles Erfahrene in bestimmte beschränkte Bahnen, so wie auch eine Sprache gewisse grammatikalische Anwendungen zugunsten anderer verbieten kann, die von Natur aus nicht mehr Wert haben als die ausgeschlossenen. Aber ich glaube nicht, daß Sophokles bewußt war – wie neuerdings behauptet wird –, daß es in *König Ödipus* in erster Linie um Inzest oder exzessive Endogamie geht, die in Unfruchtbarkeit und dem Untergang von Ödipus' Familie enden (duBois 1982, S. 103; Goldhill 1984, S. 197). Gewiß führt in diesem Mythos der Inzest zur Zerstörung. Ödipus' Söhne aus der Verbindung mit seiner Mutter Iokaste, Eteokles und Polyneikes, töten einander im Zweikampf; seine Tochter Antigone stirbt, weil sie versucht, gegen den Befehl ihres Onkels Kreon den Leichnam ihres Bruders Polyneikes zu bestatten. Aber in der *Antigone* handelt Sophokles nur von dem unerbittlichen Fortgang des auf der Familie lastenden Fluches, von dem sich keine Generation freimachen kann; er nennt es «des Wortes Wirrnis und der Geist des Fluches» (Sophokles, *Antigone* 603). Andere Interpreten wiederum, die denselben Mythos untersucht und sich auf den Bezug zu Lahmheit und Verstümmelung in ihm konzentriert haben, bringen vor, daß die Familiengeschichte des Ödipus die Frage nach dem Ursprung des Menschen behandele: wurde er von einer Frau geboren oder wie die Pflanzen von der Erde? (Lévi-Strauss 1955, S. 91 f.; Segal, 1982, 180–185).

Aber wo moderne Interpreten entweder sexuelle oder soziale Fragen betonen, spricht der Dichter selber von erkenntniskritischen oder ethischen Problemen: wird der Mensch wissen, was richtig ist, und wird er, selbst wo dies der Fall ist, seine Erkenntnis in die Tat umsetzen? Die Antwort des Sophokles ist eindeutig negativ:

Denn die schweifende Hoffnung wird
vielen Menschen Quelle des Segens,
verführt aber viel andere zu Leichtsinnswünschen,
kommt über Ahnungslose,
bis an der Glut man sich den Fuß verbrannt hat.
Ein berühmtes Wort kam
einst aus dem Mund der Weisheit:
Wem ein Gott den Geist ins Unheil
stoßen will, dem scheint zuletzt
Arges, als wär es edel;
die wenigste Zeit bleibt
er dann frei von Unheil.
(Sophokles, *Antigone* 615–625)

Der Chor verkündet nicht ausdrücklich, daß diese Zeilen für
jeden einzelnen Charakter im Stück gelten; aber weil von der
Familie des Ödipus die Rede ist, liegt die Vermutung nahe, daß
sie auf Antigone zielen, auch wenn schnell klar wird, daß sie
ebenso auf Kreon passen. Er hat Antigone als König zum Tode
verurteilt, weil sie entgegen seinem Befehl versucht hat, ihren
Bruder zu bestatten; sein Entschluß wird auch den Tod seiner
eigenen Familie verursachen. Entscheidend zumindest für die
Griechen selbst ist, daß nicht das Geschlecht, sondern die conditio humana die Probleme schafft, denen sich Männer wie
Frauen stellen müssen, besonders wenn sie etwas über den normalen Rahmen Hinausgehendes zu schaffen versuchen.

In diesem Buch möchte ich die These vertreten, daß wenig
dabei herauskommt, wenn man die Mythen als eine Art Kode
betrachtet, der bei Einsatz der richtigen modernen Methode
zuverlässig entschlüsselt werden kann. Ungeachtet dessen, was
die Geschichte von Ödipus bei ihrem ersten Erzählen bedeutet
haben mag, und ungeachtet dessen, wann dies stattfand – zu
der Zeit, als die homerischen Epen verfaßt wurden, rechnete
man sie und jeden anderen Mythos einer fernen Vergangenheit
zu. Die Mythen hatten eine Art historischen Charakter bekommen, und sie wurden gleichermaßen zur Unterhaltung wie zur
Belehrung nacherzählt. Häufig wurde der Schluß vorangestellt
(weil jeder wußte, wie die Geschichte endete): selbst eine so
außergewöhnlich lange Erzählung wie die *Odyssee* beginnt mit
der Feststellung, daß Odysseus nach Hause zurückkehrte, nach-

dem er lange umhergezogen war und vieles gelernt hatte, unterwegs jedoch seine Gefährten infolge ihrer eigenen Uneinsichtigkeit verlieren mußte. Heutige Interpreten mögen in den Abenteuern des Odysseus eine verdeckte Beschreibung der Entwicklung der menschlichen Seele erkennen, aber die Griechen selber verstanden sie in erster Linie als eine moralische Erzählung, in der die bösen Freier besiegt werden durch den Mut und die Intelligenz nicht allein des Odysseus, sondern auch seiner Frau Penelope, zu der er unbedingt zurückkehren wollte, obwohl die Göttin Kalypso ihm die Unsterblichkeit angeboten hatte.

Bevor ich beginne, möchte ich zwei weitere Aspekte meines Herangehens an Mythen erläutern. Es muß erstens betont werden, daß die Griechen, im Gegensatz zu bestimmten Geschichtenerzählern in Kulturen ohne entwickelte literarische Tradition, in bewundernswerter Weise fähig waren, für sich selbst zu sprechen, und daß wir deshalb nicht ohne weiteres unterstellen dürfen, sie hätten etwas anderes oder Tiefergehendes gemeint als das, was sie tatsächlich sagen. Aus diesem Grund werde ich im folgenden nicht versuchen, Mythen zu interpretieren, die nur in Zusammenfassung oder Zitat überliefert sind und bei denen wir deshalb die ursprüngliche Akzentsetzung nicht kennen oder rekonstruieren können.

Zweitens werde ich, wo immer dies möglich ist, zwischen wörtlicher und mythischer Bedeutung unterscheiden. Wir dürfen nicht von vornherein annehmen, daß alltägliche Handlungen im Mythos beschrieben werden und daß immer normale Verhältnisse zwischen den Geschlechtern dargestellt sind. Wenn diese Geschichten im Epos oder im Drama erzählt werden, sind sie entweder in einer fernen Zeit oder an einem fernen Ort angesiedelt; die Charaktere sind keine gewöhnlichen Menschen, sondern Heroen. Wurden die Geschichten rituell aufgeführt, so beachtete man klare Abgrenzungslinien. In bestimmten mit Dionysos zusammenhängenden Mythen (wie etwa der Geschichte des Königs Lykurg im sechsten Gesang der Ilias) verfolgt ein Mann eine Gruppe von Frauen, um ihnen etwas anzutun, doch sie entfliehen. Aber als während der Agrionien in Orchomenos (Böotien) der Priester Zoilus, überwältigt von der Erregung bei der Durchführung des Ritus, eines der von ihm verfolgten Mädchen getötet hatte, erkrankte er und starb, und die Stadt wurde von Prozessen heimgesucht; deshalb wurde seiner Familie das Priesteramt entzogen (Plutarch, *Moralia* 299e–300a/*WLGR*, S. 244). Aus bestimmten Gründen, die weder hier noch in anderen Berichten über Dionysos-Mythen und -Riten erklärt werden, kommt es auf die Verfolgung an, und das immer drohende Blutvergießen wird besser vermieden (Burkert 1972). In den Mythen, in denen die Verfolgung von Frauen durch einen Mann vorkommt, werden die Frauen als «rasend» beschrieben; sie haben ihre normalen Beschäftigungen wie Weben und Kinderhüten aufgegeben, um in der Wildnis umherzuziehen. Der Mann verfolgt sie und droht, sie zu bestrafen, und außer in den Fällen, wo es ihm gelingt, die Frauen zu töten (oder wo die Frauen ihn oder jemand anderen töten), finden diese einen Weg, nach Hause zurückzukehren. Das Muster der Verfolgung schließt im Mythos nicht zwangsläufig die Existenz einer immerwährenden Feindschaft zwischen den Geschlechtern ein (vgl. Slater 1968, S. 283 f.; Simon 1978, S. 250; Segal 1982, S. 189–204); es legt im Gegenteil nur nahe, daß die Griechen wußten, wie grundlegende menschliche Sexualinstinkte zu beschreiben sind, männliche Aggression wie weibliche Unterwerfung, und daß sie glaubten, diese müßten erkannt, aber auch kontrolliert werden, wenn Menschen beiderlei Geschlechts in Harmonie und Einverständnis miteinander leben wollten.

Ich habe in diesem Buch nicht versucht, eine umfassende Darstellung von dem zu geben, was jeder einzelnen Frau im griechischen Mythos geschah, oder jeden Aspekt weiblichen Lebens zu beschreiben, der in den Mythen erscheint. Stattdessen habe ich mich auf die Aspekte weiblicher Erfahrung konzentriert, die in der gegenwärtigen Literatur am häufigsten mißverstanden werden. Ich beginne mit den Vorstellungen über das Matriarchat und die Amazonen, dann wende ich mich dem Leben der Frauen zu, wenn sie unter sich sind, dann der Ehe, der Rolle der Frauen in der Politik, der Unterdrückung, wie sie im Märtyrertum von Frauen zum Ausdruck kommt, und schließlich dem Charakter der griechischen Misogynie. Wenn meine Schilderung weiblicher Erfahrung im Mythos und männlichen Verhaltens gegenüber Frauen weniger negativ erscheint als andere in letzter Zeit von Wissenschaftlerinnen verfaßte

Werke zur antiken Welt, so liegt dies nicht daran, daß ich eine Apologetin der Vergangenheit sein möchte: ich selbst bin froh, nicht in ihr zu leben. Vielmehr habe ich versucht, nicht mit den Maßstäben und Vorlieben des 20. Jahrhunderts an jene Vergangenheit heranzugehen.

Mein Vater, der immer alles las, was ich geschrieben habe, drängte mich, ein Buch über Frauen und Mythos zu verfassen, das auch für ein breiteres Publikum verständlich sein sollte; ich wollte, es wäre früher fertig geworden und er hätte es noch lesen können.

M. R. L.

I

Prinzessin Ida und die Amazonen

Kein griechischer Mythos hat in den letzten Jahren soviel Aufmerksamkeit für sich beansprucht wie der Mythos über das Matriarchat. Er wurde in der Mitte des 19. Jahrhunderts zum Gegenstand des Interesses, als man begann, die Frage der Frauenbildung ernsthaft zu debattieren. Tennysons Dichtung *Die Prinzessin* (1847–1851) beschreibt die Einrichtung und das Ende eines Colleges für Frauen; die Geschichte wurde eine Generation später von Gilbert und Sullivan in der Operette *Prinzessin Ida* parodiert. In der originalen *Prinzessin* beschreibt Tennyson eine «Universität für Mädchen», die sich am Vorbild des typischen «Oxbridge»-Colleges orientiert, aber ausschließlich für und von Frauen betrieben wird – eine Vorstellung, die 1869 mit der Gründung des nachmaligen Girton College Realität wurde. In der Dichtung Tennysons ist nur die Gründerin des Colleges, Prinzessin Ida, stark genug, die von ihr aufgestellten Regeln der Ehelosigkeit und der Enthaltsamkeit zu befolgen, und am Ende wird auch sie zu der normalen Rolle der Frau als Gattin und Mutter zurückgerufen, nicht durch brutale männliche Gewalt, sondern durch das, was Tennyson als die natürliche Abhängigkeit des Weibes vom Mann und ihr instinktives Verlangen nach Häuslichkeit ansah. Er porträtiert die Idee der Prinzessin mit großer Sympathie und Differenziertheit. Heutige feministische Schriftstellerinnen sind wieder auf das Werk zurückgekommen, weil die Gründer der großen Frauen-Colleges in den USA und England es kannten und weil Tennyson die prinzipiellen Probleme des Feminismus nicht nur für seine, sondern auch für unsere Zeit sehr klar beschreibt (Wells 1978, S. 1–5; Auerbach 1978, S. 4–7).

Die Prinzessin sucht zuerst eine Umgebung herzustellen, die die Ideale ihrer Institution ausdrückt. Die Statuen in der großen Halle ihres Frauen-Colleges sind

Keine von denen, die die Lust der Männer,
Orakel nicht der Mode, glatte Odalisken

verkrümmte Ehemägde nicht aus Ost und West –
Doch sie, die Herrschaft lehrte die Sabiner,
sie, die Babylon umwallte,
Kariens Artemisia, stark im Kampf,
Rhodopis, die die Pyramide baute,
Cloelia, Cornelia, Zenobia, die Aurelian bekriegte,
die würd'gen Züge von Roms Agrippina.
Mit diesen lebe, und gib auf Gewöhnung.
Der Blick auf edle Gestalten nämlich
veredelt durch das fühlende Vermögen
Das, was höher ist. O! Erhebt eure Wesen
Das Ziel ins Aug' gefaßt; verwirklicht eure Freiheit.
(II. 62–75)

Nimmt man als Maßstab die Bibliothek des Wellesley College, einer 1875 gegründeten Universität für Frauen, ist die Statuenwahl der Prinzessin höchst unkonventionell. 1913 erhielt die Bibliothek Türen mit Figuren. Eine davon stellte die Weisheit (Sapientia) dar, merkwürdigerweise als bärtigen alten *Mann* mit einem Buch, die andere die Barmherzigkeit (Caritas), verkörpert durch eine Frau, die ein nacktes Kind tröstet. Diese Türen waren (und sind) flankiert von zwei matronenhaften Statuen der Athene und der Hestia, «so daß die Göttin der Weisheit ihr Gegenstück fand in der Göttin des Herdes» (Glasscock 1975, S. 313). Im Gegensatz dazu hat die Prinzessin Frauen mit besonderen Fähigkeiten ausgesucht – Herrscherinnen, Baumeisterinnen, eine militärische Befehlshaberin wie Artemisia (Herodot 8.87 f.) oder die unerschrockene Cloelia, die durch den Tiber schwamm (Livius 2.13.6–9), Cornelia, die ihre Söhne, die Gracchen, erzog (Plutarch, Tiberius Gracchus 1.2–2) und Agrippina die Ältere, die sich gegen Kaiser Tiberius behauptete (Tacitus, Annalen 4.35). Aber die Rede der Prinzessin, mit der sie sie beschreibt, verrät eine gewisse Zerstreutheit: Rhodopis, die die Pyramide erbaute, machte ihr Glück als Kurtisane, wenn sie denn überhaupt wirklich die Pyramide baute, was Herodot bestreitet (2.134).

Tennysons Erzähler, der als Frau verkleidete Prinz Hilarion, kommentiert solche Widersprüchlichkeiten nicht; er ist weit mehr von der Schönheit der Studentinnen als von den Statuen beeindruckt. Aber er schafft es, eine Vorlesung mitzuschreiben,

die als Gerüst eines heutigen populären Überblicks zur Geschichte der Frauen dienen könnte. Die Lektion beginnt mit
einer Darstellung der menschlichen Evolution im Sinne Dar-
wins, indem sie unter Auslassung Gottes und Adams mit dem
Höhlenmenschen anhebt, «der seine Gefährtin niederschlägt».
Dann heißt es von der Dozentin, Lady Psyche:

Sie blickte auf die sagenhafte Amazone
Als Sinnbild einer edlern Zeit;
Pries lykische Gewohnheit, sprach von jenen,
die mit Lar und Lucomo Gelage hielten.
(II. 110–113)

bevor sie Kulturen jüngeren Datums kurz charakterisiert und
kritisiert und schließlich eine Zukunft prophezeit, in der Männer und Frauen gemeinsam und miteinander arbeiten werden.
Wie im Falle der Statuen stammen die meisten positiven Muster
aus der griechisch-römischen Vergangenheit: die Amazonen,
die sich selber regierten und wie die Männer Kriege führten; die
Lykier, von denen gesagt wurde, sie wären unter den Namen
ihrer Mütter statt unter denen ihrer Väter bekannt, und deren
Staatsbürgerschaft durch die Stellung ihrer Mütter bestimmt
war (Herodot 1.173); und schließlich noch einmal Cloelia, das
Mädchen, das den Tiber durchschwamm und selbst von ihrem
Feind Lars Porsenna gepriesen wurde, und Tanaquil, die
herrschsüchtige Frau von Roms fünftem König, dem Etrusker
Lucumo oder Lucius Tarquinius Priscus.

Unter diesen legendären und mythischen Rollenmustern
wurden einzig die Amazonen von feministischen Wissenschaftlerinnen ernst genommen, wahrscheinlich weil es sich hier um
eine vollständige Gesellschaft handelte und nicht nur um die
einzigartige Leistung eines außergewöhnlichen Individuums.
Phyllis Chesler hat zum Beispiel in ihrem Bestseller *Frauen –
das verrückte Geschlecht* (1974) die Behauptung aufgestellt,
die Amazonengesellschaft sei für die physische und emotionale
Entwicklung der Frauen geeigneter gewesen als jede männerbe-
herrschte Gesellschaft. Die Quelle für diese Information scheint
ein einziges Buch gewesen zu sein, Helen Diners *Mothers and
Amazons: the first feminine history of culture*, ein Werk, das in
den dreißiger Jahren auf Englisch unter dem Pseudonym «Sir

Galahad» kursierte. Diner beansprucht für sich (1965, S. XIV f.), die antiken Quellen zu Rate gezogen zu haben, aber die Art und Weise, wie sie die antiken Geschichtsschreiber referiert, verrät, daß sie keine Vorstellung davon hat, wann diese Autoren gelebt haben und ob ihre Werke erhalten sind oder nicht. Ihre Rekonstruktion der Amazonengesellschaft scheint hauptsächlich von der 1861 zum erstenmal veröffentlichten einflußreichen Abhandlung *Das Mutterrecht. Eine Abhandlung über Gynaikokratie der alten Welt nach ihrer religiösen und rechtlichen Natur* des Schweizer Juristen Johann Jacob Bachofen inspiriert gewesen zu sein. Bachofen behauptet, daß Frauen die ersten Herrscher antiker Gesellschaften gewesen seien, und stützt sich dabei auf verstreute Belegstellen in den antiken Quellen, die Amazonen und matrilineare Gesellschaften (in denen Familienzuordnung und Eigentumsrechte der weiblichen Linie folgen) behandeln.

Auf den ersten Blick scheint Bachofens Theorie einigermaßen plausibel: Herodot spricht im 5. Jahrhundert v. Chr. von einer Amazonengesellschaft in Skythien, den Sauromaten, wo Frauen neben Männern zu Pferde auf die Jagd gingen, häufig Männerkleidung trugen und sogar in Kriegen kämpften (4.116); einer Frau war es in dieser Gesellschaft erst erlaubt zu heiraten, wenn sie im Kampf einen Mann getötet hatte (4.117). Die griechische medizinische Abhandlung *Luft Wasser und Ortslage* im Corpus Hippocraticum, die vielleicht schon aus dem späten 5. Jahrhundert v. Chr. stammt, bietet eine etwas andere Beschreibung des Amazonenstammes der Sauromaten. Frauen ritten zur Jagd und kämpften in Schlachten, solange sie jungfräulich waren; sie mußten *drei* Männer töten, um heiraten zu können. Ihnen fehlte die rechte Brust; sie wurde ihnen im Säuglingsalter von ihren Müttern durch Kauterisation mit einem speziellen Bronzeinstrument entfernt, auf daß alle Kraft und Stärke der entfernten Brust in die rechte Schulter und den rechten Arm gelenkt würde (Kap. XVII, *CMG* I 12). In der Abhandlung *Über die Gelenke* wird uns mitgeteilt, daß einige Quellen berichten, die Amazonen hätten die unteren Extremitäten ihrer männlichen Kinder verstümmelt, um sie lahm zu machen (53, L IV 232). Ein Homer-Kommentar, der seine Ursprünge im 3. Jahrhundert v. Chr. hat, ergänzt, daß die Amazonen ihre

Säuglinge mit Schildkröten, Eidechsen und Schlangen fütterten, da sie ihre Brüste nicht gebrauchten (schol. *Il* 3.189). Diner (1965, S. 127 f.) wußte aus derartigen Informationen abzuleiten, die Amazonen hätten ihre Kinder nicht nur nicht gestillt, sondern auch nicht aufgezogen, und das Erhalten der linken Brust sei ein Zeichen weiblicher Stärke gewesen, weil die Menschen der Antike geglaubt hätten, Mädchen würden auf der linken und Jungen auf der rechten Seite empfangen. Diner glaubte auch, ohne daß irgendeine antike Quelle etwas hierüber aussagt, den Schluß ziehen zu können, die Amazonen hätten unter sich keine Klassenunterschiede gekannt, sondern alle den gleichen Zugang zu Macht und Geltung gehabt.

In der Abhandlung über das Matriarchat, auf die Diner ihre Rekonstruktion der Amazonengesellschaft stützt, ging Bachofen (1941) von der Voraussetzung aus, daß Mythologie und Legende zumindest einen Kern an historischer Wahrheit enthielten; oder, anders ausgedrückt, daß es sich trotz bestimmter phantastischer Elemente der einen oder anderen Darstellung um eine Dokumentation tatsächlich stattgefundener Vergangenheit handele. Dazu mußte er allerdings annehmen, daß die ersten Erzähler eines antiken Mythos grundsätzlich daran interessiert waren, Geschichte oder Tatsachen (so wie wir sie definieren) aufzuzeichnen, anstatt Haltungen oder Ähnlichkeiten zu beschreiben oder moralische Lehren zu ziehen. In der Praxis spielte es für die meisten antiken Schriftsteller aber keine Rolle, ob sie einen Vorgang tatsächlich beobachtet oder Zugang zu einem Augenzeugenbericht hatten; es kam ihnen vielmehr darauf an, beständige Wesenszüge zu beschreiben und allgemeine Wahrheiten über menschliche Erfahrung aufzustellen. In der hippokratischen Abhandlung *Luft Wasser und Ortslage* ist die Information über das Leben der Amazonen eingebettet in eine Folge von Anekdoten, die erklären, warum die Asiaten schwächlicher oder verweiblichter sind als die Griechen: das Klima ist ein Faktor, die Umgebung ein weiterer, weil die Asiaten in der Regel von Despoten beherrscht werden; dann folgt die Beschreibung der Amazonen und der fremdartigen Gebräuche der anderen Skythen. Herodot stellt seinen Bericht über die Amazonen in eine allgemeine Beschreibung Skythiens: «...ein Land..., wo du kein Ackerfeld und keine bewohnte Stadt finden wirst» (4.97), ein Land jenseits der Grenze mit fremdartigen, interessanten und bisweilen bewunderungswürdigen Gebräuchen, die aber doch in der Regel offenkundig minderwertiger sind als die der Griechen. Es ist wichtig festzuhalten, daß in Herodots Darstellung jedes Merkmal der Amazonengesellschaft ein direktes Gegenstück in der alltäglichen Lebenspraxis der Griechen hat. Im antiken Griechenland zogen Frauen nicht auf Jagd oder in den Krieg; weibliche Initiationsriten beinhalteten nicht die Konfrontation mit körperlicher Gefahr; Frauen stillten ihre Kinder und blieben zu Hause (Pembroke 1967).

Nur zwei Aspekte im Leben der Amazonen kehren die griechische Lebenspraxis nicht einfach um, sondern sind statt dessen ziemlich groteske Übertreibungen des eigenen Volkscharakters, abgeleitet von groben Etymologien ihres Namens. Die Griechen erklärten gerne fremde Lehnwörter mit Hilfe ihrer eigenen Sprache, auch wenn dabei die Glaubwürdigkeit über Gebühr strapaziert wurde. Die Geschichte des aus dem Meeresschaum *(aphros)* Geborenwerdens erklärt zum Beispiel den Namen Aphrodite (Hesiod, *Theogonie* 195 f.); Aphrodites Sohn heißt Aineias, weil sie seinetwegen furchtbaren *(ainos)* Kummer hatte *(Homerischer Aphrodite-Hymnos* 198 f.; vgl. unten S. 143 f.). Entsprechend wurde Amazone erklärt als *a-* (un- oder nicht) *mazos* (Brust); daher die Geschichte, daß den Amazonen die rechte Brust entfernt worden sei. Der Stammesname Sauromaten wurde abgeleitet von *sauros*, dem griechischen Wort für Eidechse; daher die Vorstellung, daß die Amazonenmütter ihre Säuglinge nicht mit Milch ernährten, sondern mit Eidechsensaft. Kein antiker Künstler hat diese Praktiken jemals gesehen oder sich auch nur vorgestellt, denn in der Kunst sind die Amazonen immer mit beiden Brüsten dargestellt.

Ungeachtet dessen, was wir heute an Positivem über Amazonen denken mögen – die Griechen behandelten sie als negative Bilder für das, was geschehen kann, wenn kriegerische Frauen die Macht haben, das heißt als Mittel zur Vermeidung einer gefährlichen hypothetischen Situation, die in Wirklichkeit nicht bestand. Ich sage «kriegerische Frauen» und nicht einfach Frauen, weil in Mythos und Kunst ihre Macht mehr im Vordergrund steht als ihr Geschlecht. Eine Reihe von Heroen kämpfen gegen sie: Bellerophontes (auf dem Pegasos) und der junge Pria-

mos; eine der Taten des Herakles bestand darin, den Gürtel der
Amazonenkönigin zurückzubringen (Euripides, *Herakles*
408−418). Athenische Vasenmaler vertrauten bei der Darstellung dieser Expedition mehr ihrem eigenen Stadtheroen Theseus als Herakles. Theseus wurde oft dargestellt, wie er in Attika einen Einfall der Amazonen zurückwirft; damals forderten
die Amazonen die Herausgabe ihrer von Theseus entführten
Schwester Antiope (Merck 1978, S. 101; Jacoby 1949, S. 895).

Bei all ihrer Stärke und Fertigkeit verlieren die Amazonen
ihre sämtlichen Kämpfe gegen männliche Heroen, besonders
wenn dies Griechen sind. Die Trojaner setzten große Hoffnung
auf Penthesilea und ihre Gefährtinnen, die in Troja gerade zu
der Zeit eintrafen, als die Ilias dem Ende zugeht, aber Achilles
tötet sie gleich an ihrem ersten Tag auf dem Schlachtfeld
(*Aethiopis* F 1/Q.S.I.). Die nicht erhaltene Statue der Athena
Parthenos des Phidias auf der Athener Akropolis zeigte auf der
Außenseite ihres Schildes ein Relief der Schlacht der Griechen
gegen die Amazonen und auf der Innenseite die Schlacht der
Götter gegen die Giganten (Plinius, *Naturkunde* 36.18; Paus
anias 1.17.2). Auf den Metopen des Parthenon bildete ein
Kampf der Griechen gegen die Amazonen mit dem Kampf der
Griechen gegen die furchterregenden Kentauren ein Paar. Am
Apollon-Tempel bei Bassai in Arkadien ist ein Fries mit dem
gegen die Amazonen kämpfenden Herakles neben ein Fries mit
den gegen die Kentauren kämpfenden thessalischen Lapithen
gestellt. In beiden Fällen werden die Amazonen den erwiesenen
Feinden von Recht und Ordnung zugeordnet. Auf fast jeder bild-
lichen Darstellung werden sie als besiegt gezeigt; bezeichnen-
derweise sind sie in der attischen Vasenmalerei nach 480 v. Chr.
oft in persischer Kleidung abgebildet, als repräsentierten sie das
zweimal von den Athenern geschlagene große Reich (Merck
1978, S. 103; Boardman 1982).

Wie historisch waren andere matriarchale Gesellschaften?
Das Quellenmaterial für deren Existenz ist genauso unzuverläs-
sig (Cantarella 1981, S. 33 f.). In ihrer Geschichtslektion rühmt
Lady Psyche die laut Herodot unter den Völkern der Welt einzi-
gartige «lykische Sitte», den Namen und die Stellung von der
Mutter zu nehmen statt vom Vater (1.173). Aber Herodots
Bericht über die Lykier ist kein Augenzeugenbericht; er stellt

einfach das Gegenteil der üblichen Praxis der Griechen dar. Dasselbe kann von seiner Beschreibung der Wunder von Ägypten gesagt werden; hier

stehen ... auch die Sitten und Bräuche ... größtenteils in allen Stücken im Gegensatz zu denen der übrigen Völker. Bei ihnen gehen die Frauen auf den Markt und treiben Handel [im Athen des 5. Jahrhunderts erledigten Sklaven die Einkäufe], während die Männer zu Hause sitzen und weben. ...Den Urin lassen die Frauen im Stehen, die Männer im Sitzen. ...für die Töchter besteht volle Verbindlichkeit [zur Unterstützung der Eltern]. ...die Ägypter [schreiben] von rechts nach links. (2.35)

Auch hier berichtet er nicht die reine Wahrheit, sondern versucht, die Fremdheit der Ägypter darzustellen (Pembroke 1967, S. 1–18). Ebenso deutet eine weitere Quelle über die Lykier darauf hin, daß Mutterschaft für sie keine größere Bedeutung hatte als für andere Völker. In der frühesten Erwähnung der Lykier, die wir besitzen, erklärt der Lykier Glaukos, wer er ist, indem er die *männlichen* Linien seiner Abstammung zurückverfolgt (*Ilias* 6.196–210). Sein Vetter Sarpedon ist Anführer der auf seiten Trojas kämpfenden Lykier an Stelle von Glaukos selber – und zwar nicht weil er der Sohn von Bellerophontes' Tochter war, Glaukos hingegen Sohn von dessen Sohn, sondern weil er der Sohn von Zeus war, dem König der Götter (How & Wells 1912, i.134; Pembroke 1967, S. 29). Auch lykische Inschriften, die erst vor einigen Jahren entdeckt wurden, lassen keinerlei Spur irgendeines matrilinearen Systems der Abstammung erkennen (Pembroke 1965, S. 218–247; Vidal-Naquet 1970, S. 67).

Aristoteles erklärt ausdrücklich, daß die «lykische Sitte», die Lady Psyche rühmt, von den Griechen als ein Zeichen des Niedergangs interpretiert worden wäre. Für ihn war die Herrschaft von Frauen *(gynaikokratia)* ein Beleg dafür, daß Demokratien dazu neigen, sich in Tyranneien zu verwandeln: Frauen gewöhnen sich Unsitten an, Ehefrauen ist es gestattet, ihre Männer zu denunzieren, d.h. politische Macht über sie zu bekommen (*Politik* 1269b 40, 1313b 32). Die Lykier sind laut einer Zusammenfassung von Aristoteles' Darstellung «alle Piraten. Sie haben keine geschriebenen Gesetze, sondern nur Gebräuche, und

sie sind seit langer Zeit unter der Herrschaft von Frauen. Sie
verkaufen falsches Zeugnis zusammen mit ihrem Besitz.» (He-
rakleides, *Politik* 15 = Aristoteles, fr. 611.43 Rose; Pembroke
1967, S. 20) Laut dem Dichter Apollonios Rhodios aus dem 3.
Jahrhundert v. Chr. «respektieren die Amazonen nicht die Gesetze der Götter» (*themistes*, 2.987 f.). Aristoteles' Schüler Kle-
archos (ein Zeitgenosse des Apollonios) behauptet, daß die Lykier als dekadent angesehen werden könnten, weil sie von einer
Frau, Omphale, regiert würden. Ihr war von lydischen Männern Gewalt angetan worden, und aus Rache zwang sie angese-
hene Frauen zum Geschlechtsverkehr mit Sklaven (Athenaeus
12.516 a). Von eben dieser Omphale heißt es, sie habe den
größten griechischen Heroen, Herakles, als Sklaven gekauft
und zu ihrem Geliebten gemacht (Scylax 709 *FGrHist* F 21;
Pembroke 1967, S. 34).

In anderen Kulturen haben Mythologien des Matriarchats
eine vergleichbare Funktion. Joan Bamberger (1973, S. 268)
hat für zwei unterschiedliche kulturelle Gebiete gezeigt, inwie-
fern Mythen über Frauenherrschaft als abschreckende Beispiele
dienen. Sowohl in Tierra del Fuego an der äußersten Südwest-
spitze Südamerikas als auch in den tropischen Wäldern des
nordwestlichen Amazonasgebietes und Zentralbrasiliens wurde
erzählt, Frauen hätten als erste über das Land geherrscht und
alle Insignien der Macht besessen; aber sie herrschten ohne
Erbarmen und Gerechtigkeit. Dann kehrt sich plötzlich in beiden Mythen die Situation um: die Frauen werden vertrieben,
von den Geheimnissen der Macht ausgeschlossen und von da
an immer in untergeordneter Stellung gehalten. Dieser Macht-
wechsel wird auch im Ritus gefeiert. Die Mythen «wiederholen
ständig, daß Frauen mit der Macht nicht umzugehen wußten,
als sie über sie verfügten». Sie stellen keinen tatsächlich stattge-
fundenen Geschichtsablauf dar, sondern erklären statt dessen
die Dinge, wie sie sind. «Die Herrschaft von Frauen», so folgert
Bamberger (1973, S. 280), «ist kein Vorbote einer vielverspre-
chenden Zukunft, sondern führt zu einer dunklen Vergangenheit mit wiederholten Mißerfolgen zurück. Wenn Frauen tatsächlich jemals an die Macht kommen, müssen sie sich selbst
von dem Mythos befreien, sie hätten sich der Führungsrolle als
unwürdig erwiesen.» (vgl. auch Merck 1978, S. 108)

Griechische Mythen sind wie die südamerikanischen didaktisch statt historisch, aber bei den letzteren ist das Unhistorische leichter zu greifen und zu akzeptieren. Die griechischen Autoren hingegen präsentieren ihren Stoff in einer solch vernünftigen und rationalen Form, daß man einige Zeit braucht, um zu erkennen, in welch hohem Maße ihre «Forschungsmethode» (wenn man es so nennen kann) sich von der unseren unterscheidet. Im 6. Jahrhundert v. Chr. reisten Griechen nach Themiskyra und an den Thermodon an der Südküste des Schwarzen Meeres, in das Land also, das die epische Dichtung des vorangegangenen Jahrhunderts mit Amazonen besiedelt hatte. Als sie dort keine Amazonen fanden, gaben sie ihren Glauben an deren Existenz nicht auf, sondern dachten, sie hätten sich in entfernteren Gegenden niedergelassen, im unerforschten Teil der Welt, namentlich in dem unzivilisierten Land der Skythen; andere Darstellungen versetzen sie nach Äthiopien oder an Orte, von denen man gehört hatte, an denen man jedoch niemals selber gewesen war. Wenn die Amazonen aber wirklich existiert hätten, so hat Pierre Devambez (1981, S. 642 f.) hervorgehoben, hätten andere Kulturen sie in ihrer Kunst dargestellt; tatsächlich scheinen nur die Griechen von ihnen gewußt zu haben. Auch haben Archäologen keinerlei empirische Information ans Tageslicht gebracht, die die Existenz der Amazonen oder ähnlicher weiblicher Stämme bestätigen könnte. Die spanischen Erforscher Brasiliens nannten den von ihnen entdeckten großen Strom «Amazonas», weil sie dort Eingeborenenfrauen an der Seite ihrer Männer kämpfen sahen (Kleinbaum 1983, S. 118). Die Entdeckung von Sauromaten-Gräbern aus dem 4. Jahrhundert v. Chr. mit den Skeletten von Frauen mit Speeren und Pferden mag ein Indiz für weibliche Krieger sein, aber nicht dafür, daß diese Frauen wie die Amazonen unabhängig von Männern oder tatsächlich matriarchal organisiert waren (David 1976, S. 130, 148, 151).

Seit wir gewohnt sind, Herodot als den Begründer der modernen Geschichtsschreibung anzusehen, ist es schwierig abzuschätzen, wie sehr sich der griechische Blick auf die Wirklichkeit von dem unseren unterscheidet. Die Griechen dachten in Begriffen der Wahrscheinlichkeit (*eikos*, das heißt *das Schickliche* oder *das Wahrscheinliche*) und differenzierten nicht zwischen ferner und naher Vergangenheit; sie vertrauten weniger dem, was empirisch bewiesen werden konnte, als dem, was lebendig beschrieben wurde, selbst wenn es aus dritter Hand stammte. Bei der Darstellung eines Ereignisses der Vergangenheit war es einem Autor freigestellt, Details zu entfernen oder hinzuzufügen, um die Geschichte wahrscheinlicher zu machen (Wiseman 1979, S. 143–153). Diese Einstellung hat in großem Maße zu der modernen Verwirrung über die Beziehung zwischen antikem Mythos und Geschichte beigetragen.

Im Athen des 4. Jahrhunderts v. Chr. sprachen Redner über die (fiktive) Geschichte des Eindringens der Amazonen nach Attika so, als hätte dies ebenso stattgefunden wie der Einfall der Perser von 480. Athens Sieg über die Amazonen wurde als seine erste größere städtische Leistung angesehen. Der Redner Lysias beschrieb die Amazonen 389 v. Chr. in einer Rede für den Tod im Krieg als beeindruckende Feinde: sie waren die ersten, die eiserne Rüstungen trugen und auf Pferden ritten; sie hatten alle ihre Nachbarn besiegt; aber als sie «auf tapfere Männer stießen, so ward ihr Mut ihrem Geschlecht entsprechend, und eine entgegengesetzte Meinung von sich als früher erweckend, schienen sie mehr nach ihrem Benehmen im Kampfe als nach ihrem Körper Weiber zu sein» (Lysias 2.4–6). Sie wurden alle auf der Stelle getötet. Andere Schriftsteller, die nicht so sehr an der Verherrlichung des Staates interessiert waren, beschrieben den Kampf auch, um den Standort verschiedener Denkmäler zu erklären, etwa den des Amazoneums bei Troizen. Genaue strategische und topographische Details der Schlacht wurden von Kleidemos, dem Autor einer frühen attischen Geschichte, aus eigener Phantasie hinzugefügt (Jacoby 1949, S. 75). Plutarch veranschaulicht in seinem *Leben des Theseus*, wie ein antiker Autor sich seinem Quellenmaterial nähert: er räumt Kleidemos wegen der Detailliertheit seiner Darstellung breitesten Raum ein und fügt selber weitere Informationen hinzu, wenn sie nur in Bezug zu existierenden Denkmälern Athens und anderer Orte stehen; er wird mit Widersprüchen fertig (so etwa, wann und wo Antiope starb), indem er beide Fassungen wiedergibt, und er hält sich an folgende Regel: «Es ist auch nicht zu verwundern, daß bei Ereignissen in so grauer Vorzeit die Überlieferung schwankt.» (Plutarch, *Leben des Theseus* 27)

Bachofen nähert sich nicht weniger eklektisch als Plutarch dem Quellenmaterial, auch wenn seine Prämissen durchdachter sind: er setzt voraus, daß ein Mythos zwar keine präzise Auflistung bestimmter Institutionen, aber doch zumindest einen allgemeinen Eindruck von kultureller Praxis, fortbestehenden Wesenszügen und menschlichem Seelenleben vermittelt (1941). Zu seiner Zeit waren Wissenschaftler zunehmend daran interessiert, die gemeinsamen Grundlagen von Zivilisationen unterschiedlicher Zeiten und Orte aufzudecken. Künstler wie Richard Wagner strebten danach, in ihrer eigenen Sprache bestimmte Züge ihres verschütteten Erbes wieder wach werden zu lassen. Bachofen wollte im Mythos feststehende und verbindliche Gesetze entdeckt haben, etwa daß in primitiven Gesellschaften zu beobachten sei, wie die Frau starken religiösen und moralischen Einfluß auf den Mann ausübt; dadurch sei sie selbst bei körperlicher Unterlegenheit in der Lage gewesen, die Kontinuität ihres Verständnisses sozialer Werte sicherzustellen. Es drängt sich der Verdacht auf, daß Bachofens Vorstellung antiker Realitäten auf einer zeitgenössischen Einschätzung der Rolle der Frauen in seiner eigenen Gesellschaft fußte und daß die feststehenden Gesetze, die er in der verworrenen und widersprüchlichen Aufzeichnung der Vergangenheit erblickte, die Muster waren, die er am dringendsten finden wollte. Sein Werk übte großen Einfluß aus: Friedrich Nietzsche war damit vertraut, und Friedrich Engels nahm die Idee des frühen Matriarchats auf, weil sie die Vorstellung stützte, daß die früheste (das heißt: die naturhafte) menschliche Existenzform gemeinschaftlich organisiert war (Campbell 1967, S. L–LIII, Cantarella 1983, S. 14–21).

Den Theorien Bachofens käme heute nur noch historisches Interesse zu, würden sie nicht weiterhin von Wissenschaftlern ernstgenommen, die nicht mit den Methoden der antiken Autoren vertraut sind. Der andauernde Reiz seines Werkes resultiert daraus, daß es die Schuld für den Machtverlust der Frauen einer Verschwörung der Männer, deren Neid und Ignoranz zuschreibt. Unter dieser Voraussetzung erfordert die Wiedereinsetzung von Frauen an ihren rechtmäßigen Platz zuallererst die Anerkennung dieser Verschwörung und aller in der Geschichte auffindbaren Beispiele weiblicher Vorherrschaft, mögen sie zeitlich noch so weit zurückliegen oder in unterschiedlichen Kulturen verstreut sein. In *Die Prinzessin* präsentiert Lady Psyche laut Tennysons Erzähler «einen Überblick aus der Vogelschau auf die heillose Vergangenheit» (II.109), einen Überblick, in dem sie Ereignisse verkürzt und ohne Zusammenhang beschreibt: die Stellung von Frauen in Griechenland, im persischen und römischen Reich («wie ungerecht», II.116); Frauen in China, im Islam und während der Blütezeit des mittelalterlichen Rittertums, schließlich die Gegenwart, als «der Morgen dämmerte» (II.162), und die Zukunft mit voller Gleichberechtigung für die Frauen. Jeder Aspekt der akademischen Diskussion in Prinzessin Idas College ist mit Emotionen befrachtet: «O! Erhebt eure Naturen / Nehmt euer Ziel an; verwirklicht eure Freiheit» (II.74 f.); der Lehrkörper ähnelt bei seinem Bemühen, zu bekehren und eine Gruppe von Gläubigen zu erhalten, eher Geistlichen als Professoren.

Tennyson verdeutlicht auch noch etwas anderes: Wenn Lady Psyche und ihre Schülerinnen bestimmte Ereignisse wiederaufleben lassen und ihnen einen Sinn zusprechen, den sie in Wirklichkeit nie hatten, so scheinen sie zu unterstellen, sie wären allein deshalb, weil sie Frauen sind, schon kompetent, das Schicksal anderer Frauen zu allen Zeiten der Geschichte und an allen Orten der Welt zu beurteilen. Tauglichere Mittel für diese Zwecke sind wohl, zumindest im Fall des antiken Griechenland und Rom, Kenntnis der Sprachen sowie der Methoden und Ziele der antiken historischen Schriftsteller. Ohne diese Kenntnis laufen Wissenschaftler Gefahr, der Vergangenheit heutige Werte überzustülpen und nicht geschichtliche Werke zu verfassen, sondern neue Mythologien.

Es sei mir hier erlaubt, einige Beispiele für jene verzerrten Darstellungen anzuführen, die herauskommen, wenn Wissenschaftler sich antiker Literatur ohne Umschweife nähern wollen, so als läsen sie die Werke eines zeitgenössischen Schriftstellers. Bachofen behauptet, wobei er sich zum Teil auf die *Eumeniden* des Aischylos stützt, daß die Entdeckung der Vaterschaft ein Schlüsselelement beim Übergang vom Matriarchat zum Patriarchat gewesen sei; er zitiert die berühmten Verse Apollons, daß der wahre Elternteil eines Kindes der Vater sei, die Mutter hingegen lediglich ein Hilfsmittel zum Austragen des Samens,

aus dem das Kind wachse (658–661, vgl. unten S. 148 f.). Kate
Millett nimmt in ihrem Versuch, eine Universalgeschichte der
Behandlung von Frauen in der Literatur zu schreiben, nicht nur
Bachofens Argument anläßlich ihrer Besprechung der *Orestie*
wieder auf, sondern verwendet eine ziemlich freie Übersetzung,
die ihr «näher am Geist des Originals» zu sein scheint, weil sie
einen besonderen Akzent auf Klytämnestras Sexualität legt
(1985). Aber im Original setzt sich das Argument über Vaterschaft, das übrigens kein Zuschauer als «Gesetz» oder Wahrheit
von allgemeiner Geltung verstanden hätte, erst durch, als die
Göttin Athene ihre Stimme abgibt (Winnington-Ingram 1983,
S. 123–127). Klytämnestra ist außerdem keineswegs irgendeine
gewöhnliche Frau, sondern eine Mörderin durch Verrat, «da sie
den Mann, des Hauses Oberhaupt, erschlug» (*Eumeniden* 740).
Die Erinyen, weiblichen Geschlechts, fordern Rache an Orest,
weil er seine Mutter getötet hat. Sie werden nicht einfach durch
eine neue «männliche» Ordnung bezwungen; Athene überredet
sie, eine positivere Rolle in der Pflege des Rechts zu spielen,
indem sie ihnen ein Angebot von großer Ehre, *timê*, macht, das
materielle Entschädigung in der Form von Opfern und Machtbefugnissen einschließt. (Um diese Dinge mögen sich jüdisch-
christliche Gottheiten vielleicht nicht kümmern, aber kein griechischer Gott würde sie jemals verschmähen [Lloyd-Jones 1971,
S. 4].) Somit wird die große Stärke der Erinyen anerkannt – und
keineswegs unterdrückt, wie Bachofen vermutet – denn nur mit
ihrer Unterstützung kann Athen sein Rechtssystem und seine
politische und wirtschaftliche Bedeutung beibehalten (Winnington-Ingram 1983, S. 127).

Mit der Annahme, eine Verschwörung der Männer hätte den
Frauen im Altertum ihre ursprünglichen Machtbefugnisse entzogen und sie wären machtlos gehalten worden (weil die Männer fürchteten, die Frauen wollten naturgemäß ihre Autorität
wieder zurückgewinnen), gibt man der Geschlechtszugehörigkeit im Mythos übertriebene Bedeutung. Dies scheint heute ein-
leuchtend angesichts der Rolle, die die Sexualität in der psycho-
analytischen Lehre Sigmund Freuds spielt. Wenn Orest in den
Eumeniden durch Schweineblut gereinigt wird, so soll, wie man
behauptet hat, das Schweineblut wegen seiner symbolischen
Verknüpfung mit den weiblichen Genitalien (eines der griechi-

schen Worte für Ferkel, *delphax*, scheint mit der Wurzel -*delph*,
die «Schoß» oder «Mutterleib» bedeutet, verwandt zu sein) für
eine Wiedergeburt stehen, die die ursprüngliche Bindung zwischen dem Kind Orest und seiner Mutter Klytämnestra auflöst
(Zeitlin 1978, S. 165 f.). Aber in der tatsächlichen Praxis, außerhalb der Welt dieses besonderen Dramas, wurde Schweineblut in Delphi benutzt, um jeglichen Mörder, nicht nur Mutter-
mörder, von Blutschuld zu läutern (Lloyd-Jones 1971, S. 73;
Parker 1983, S. 30 Anm. 66). Wie hätte Schweineblut in diesen
vielen Fällen, bei denen das Opfer nicht die Mutter des Mör-
ders war, eine Wiedergeburt symbolisieren sollen, die die Bindung zwischen dem Mörder und seinem Opfer auflöste? Ana-
log hierzu sind die Mythen über Amazonen und andere wilde
und zerstörerische Frauen, die Männer attackieren (wie die thebanischen Frauen in den *Bakchai* des Euripides), als Ausdruck
des psychischen Konflikts angesehen worden, der durch die
übliche Geschlechtertrennung in der athenischen Gesellschaft
und die männlichen Ängste in bezug auf die weibliche Sexualität entstehen mußte (Simon 1978, S. 250; Zeitlin 1982,
S. 136). Aber die mythologische und rituelle Artikulation dieser
Konflikte hängt zeitlich nicht mit der Beschränkung der ehrba-
ren Athenerin auf das Haus zusammen. Es ist auch bezeichnend, daß in diesen Mythen nicht nur die Frauen, sondern auch
die Männer, die Angreifer und Verfolger, am Ende unter ihrem
gewalttätigen Verhalten leiden. Ebensowenig stellt die Niederlage der Amazonen in erster Linie den Triumph der männlichen
Hierarchie über Frauen dar oder drückt männliche sexuelle
Vorherrschaft aus, nur weil die Amazonen als junge attraktive
Frauen porträtiert sind, die von den Männern mit Schwerthie-
ben niedergestreckt werden (vgl. duBois 1982, S. 103; Tyrell
1984, S. 42, 102, 113). Falls man das Argument vertreten will,
auf den Metopen des Parthenons, die Theseus' Kampf gegen die
Amazonen in Verbindung mit der Schlacht der Lapithen gegen
die Zentauren darstellen, repräsentierten die «vermännlichten»
Amazonen *alle* Frauen, so müssen die zur Hälfte aus Pferdelei-
bern bestehenden Zentauren auch als Vertreter *aller* Pferde verstanden werden, und die Metopen müssen dann für die Unterdrückung von Pferden einstehen, von Tieren, die in Wirklichkeit natürlich hoch im Preis standen und gut behandelt wurden.

Da die Griechen durchaus in der Lage waren, komplizierte Sinnzusammenhänge in Literatur und Kunst auszudrücken, gibt es keinen Anlaß für die Vermutung, sie hätten es nicht direkt, ohne «ehtnographischen Code» (vgl. Tyrell 1984, S. 59), fertiggebracht, etwas zur männlichen Vorherrschaft über die griechischen Frauen zu sagen. Die Amazonen und andere mythische Frauen, die Männer angreifen, sind gegen sich selbst genauso zerstörerisch wie gegen den Rest der Gesellschaft. Die Botschaft der Mythen ist an Frauen und Männer gleichermaßen gerichtet, und sie besagt, daß jeder, der sich vom gewöhnlichen Familienleben zurückzieht oder es haßt, zu einer Gefahr für die ganze Gesellschaft wird. Die Griechen, Männer wie Frauen, wären überrascht gewesen, daß Lady Psyche für ihr Frauen-College die Amazonen «als Sinnbild eines edleren Zeitalters» auswählte, denn für sie waren die Amazonen eines der besten Argumente, einen Status quo beizubehalten, in dem es Gruppen ausschließlich eines Geschlechts nicht erlaubt war, sich ständig abzusondern.

Am Ende erzählen uns Interpretationen wie die der Lady Psyche mehr über uns selbst als über die Kulturen, die sie vorgeblich beschreiben – ähnlich wie bei jenen Anthropologen, die den Zweck der Mythen auf den Trobriand-Inseln nicht verstanden und daraus schlossen, die Ureinwohner wüßten nicht, woher die kleinen Kinder kommen. Man stelle sich vor, was diese Ureinwohner aus einer wörtlichen Interpretation der Geschichte von Mariä Verkündigung über unsere Vorstellung vom Geschlechtsverkehr schließen könnten (Leach 1969, S. 85–112). Welchen Weg gibt es also für moderne Feministinnen, sich der Vergangenheit so zu nähern, daß – um den Satz zu zitieren, den Henry James Olive Chancellor in den Mund legt – «die Männer sie nicht verspotten, sie wären oberflächlich» (*The Bostonians*, 1886, Kap. 17)? Wir sollten zunächst klar unterscheiden zwischen dem Neuschreiben von Mythologie bzw., wie Carolyn Heilbrun es genannt hat, dem «Neuerfinden von Weiblichkeit» (*Reinventing Womanhood* 1979, S. 157) und dem Geschichtsbericht. Im letzteren Fall müssen wir über die Stufe der Reaktion, über Bachofen, Jane Harrison und all die neueren Wiederbelebungen ihres Werks hinausgehen. Wir müssen statt dessen zurückkehren zu den vollständigen Quel-

lentexten, die jene nur teilweise zitieren, und auch zu der Art
von geschichtlichen Zeugnissen, die Bachofen und seine modernen Nachfolger nicht in ihre Überlegungen einbezogen haben.
Die Zeugnisse sozialen Lebens, die uns am ausführlichsten
über die wirkliche Stellung von Frauen informieren, sind an
Stellen zu finden, die bis vor kurzem nur die wenigsten Lehrver-
anstaltungen zur antiken Geschichte berücksichtigt haben: auf
Grabsteinen, an Grenzmarkierungen, in Testamenten und Hei-
ratsverträgen, Inschriften und in Papyri. Das meiste davon ist
nicht übersetzt, auch bedarf es besonderer Übung, diese Zeugnisse lesen zu können, und sehr vieles muß noch vollständig
katalogisiert werden. Studien aus dem letzten Jahrzehnt haben
uns allmählich erkennen lassen, daß es gefährlich ist, unser Bild
der antiken Welt ausschließlich von literarischen Zeugnissen
herzuleiten, vor allem von Dramen oder Gerichtsreden, die die
Konflikte des normalen Lebens und nicht seinen gewöhnlichen
Verlauf festhalten. Im 5. und 4. Jahrhundert v. Chr. wünschten
Mitglieder athenischer Familien, nahe beieinander bestattet zu
werden, selbst wenn dadurch schon bestehende Gräber verlegt
werden mußten; im 4. Jahrhundert begann man, Einzelheiten
familiärer Zuneigung und Beziehung zu beschreiben (Humphreys 1983, S. 79–130). Starke Bindungen bestehen nicht nur
zwischen Mutter und Tochter, sondern auch zwischen Ehemann und Ehefrau. Aber auch Epos und Drama haben uns viel
über normale Beziehungen zu erzählen, wenn wir genau auf das
achten, was die Figuren sagen, und nicht bloß auf die Hauptli-
nien des mythischen Konfliktes. Frauen der Oberschicht hatten
in der griechischen Welt jederzeit und überall Gelegenheit zur
Bildung (Cole 1981, S. 219–245). Wenn sie keine Unzufrieden-
heit äußerten, sahen sie vielleicht bestimmte Vorteile wie Schutz
und gegenseitiges Vertrauen im Status quo; dies gilt sogar für
römische Frauen, die über Eigentum verfügten und es verwalte-
ten. Frauen der Unterschicht und Sklavinnen führten in vieler
Hinsicht das gleiche Leben wie die Männer, mit festgelegten
Beschäftigungen und Berufen; manche davon waren nach Geschlechtern getrennt, aber insgesamt weniger, als wir gemein-
hin annehmen.
Die Stellung der Frauen zu klären wird nicht so leicht sein,
wie Bachofen gedacht hat, und es mag mehrere Generationen

dauern, dies selbst für einen kleinen Abschnitt der Weltge-
schichte wie das antike Griechenland und Rom ernsthaft
durchzuführen. Um die neuen Funde richtig bewerten zu können, müssen ständig Vergleiche zur Stellung der Männer im
gleichen Zeitraum und Land und vom gleichen sozialen Status
gezogen werden. Wenn mich jemand fragte, welche Statuen ich
am Eingang zur Bibliothek des Wellesley College aufstellen
würde, wählte ich nicht Göttinnen wie Hera oder Athene –
abstrakte Muster dessen, was man tun kann, wenn man unsterblich, alterslos und mit unendlicher Macht begabt ist. Ich
würde auch nicht Amazonen aussuchen oder die ebenso fikti-
ven lykischen Matriarchinnen, auch nicht die Schwimmerin
Cloelia aus Roms sagenhafter Vorzeit. Ich würde mit einigen
antiken Frauen beginnen, von denen Lady Psyche offensichtlich
noch nie gehört hatte und die zu Lebzeiten die Achtung ihrer
Zeitgenossen, der männlichen wie der weiblichen, erringen
konnten: mit der Dichterin Erinna, Verfasserin des epischen
Gedichts *Die Spindel* über den Tod einer Freundin (*Suppl. Hell.*
401/*WLGR*, S. 9); der Philosophin Hipparcheia, die mit ihrem
Mann Krates umherreiste und Vorträge hielt (Diogenes Laertius 6.96–98/*WLGR*, S. 43); Menophila aus Sardis, die von
ihrer Stadt für ihre Klugheit (sie wird mit einem Buch gezeigt)
und für ihre Führungskunst geehrt wurde (Peek 1881/(*WLGR*,
S. 49); der Philosophin Hypatia aus Alexandria (vgl. unten
S. 130–132). Sicherlich waren sie ungewöhnlich, aber sie haben existiert – was wir nicht wissen könnten, hätten wir nur die
mythischen Berichte über Frauen in Betracht gezogen.
    In den folgenden Kapiteln werde ich mich nicht so sehr auf
Mythen über fremde Kulturen wie die Amazonen konzentrieren, für die keine historischen Zeugnisse beigebracht werden
können, die den Anteil der im Mythos reflektierten Realität
anzuzeigen vermögen. Ich will Überlegungen zu einigen Mythen in zentralen Werken der griechischen Literatur anstellen,
die von gewöhnlichen und außergewöhnlichen griechischen
Frauen handeln. Ich werde versuchen, diese Dokumente im Vergleich mit anderen griechischen und römischen Texten und jedem weiteren relevanten und verfügbaren dokumentarischen
Material zu interpretieren. Für den Fall, daß man mir mangeln-
des Niveau vorwirft, möchte ich dem Leser versichern, daß ich

nicht deswegen nach dieser ziemlich traditionellen Methode gegriffen habe, weil ich vom Werk der strukturalistischen Anthropologen noch nichts gehört hätte, sondern weil ich eine Interpretationsmethode vorziehe, die unsere Aufmerksamkeit nicht von der Sprache und Akzentuierung der Originaltexte ablenkt und die nicht versucht, komplexe menschliche Erfahrung mit der vereinfachenden Terminologie von Polaritäten und Oppositionen zu beschreiben.

Erwählte Frauen

Was haben griechische Frauen wohl über griechische Mythologie gedacht? Aus den antiken Autoren erfahren wir wenig über ihre Erziehung, und im allgemeinen wissen wir, da es so wenige Schriftstellerinnen gibt, nur das, was uns Schriftsteller als das Denken der Frauen erzählen. Ohne Zweifel kannten alle, Männer und Frauen, Freie und Sklaven, die Geschichten: in Euripides' *Ion* bestimmt eine Gruppe nach Delphi gebrachter Sklavinnen im Tempel des Apollon problemlos die dargestellten Götter, Heroen und Ungeheuer. Sie erkennen sie aufgrund der Geschichten wieder, die ihnen bei der Arbeit am Webstuhl erzählt wurden (196 f.). In Athen besuchten alle das Theater; wie Platon schreibt, ist die dramatische Dichtung «eine Art Redekunst vor dem Volk..., vor Kindern zugleich und Weibern und Männern, Sklaven und Freien» (*Gorgias* 502 d). Allerdings hätte niemand die Geschichten von Ödipus und Iokaste oder Agamemnon und Klytämnestra als «Normen» angesehen, denn sie gehörten alle einem längst nicht mehr existierenden heroischen Zeitalter an.

Andererseits akzentuieren die Mythen jene Erfahrungen und Probleme – wenn auch in idealisierter und übersteigerter Form –, denen die meisten antiken Frauen im Laufe ihres Lebens begegnen mußten. Im Mythos gibt es im wesentlichen zwei Hauptformen weiblicher Existenz: Ehelosigkeit oder Beziehung zu einem Mann und (zwangsläufig) Kindergebären. Beide Existenzformen schlossen einander aus, allerdings konnte eine Frau (oder Göttin) nach der Geburt der Kinder zum Zölibat zurückkehren. Für die sterblichen Frauen war die Beziehung zu einem Mann die üblichere und sicherlich auch chancenreichere Alternative, denn Jungfräulichkeit bot nur Göttinnen wie Athene und Artemis Freiheit: Sie hatten in ihrer Stellung die Kraft, sich selbst zu verteidigen, und waren per definitionem alterslos und unsterblich. Zeus garantierte jungfräulichen Göttinnen wie Hestia und Hekate Schutz und Ehre. Andere Göttinnen, die Ehefrauen oder Geliebte von Göttern gewesen waren, konnten durch den Rückzug von den Männern – und indem sie Männern oder Göttern etwas Entscheidendes vorenthielten – vorübergehend Macht erlangen. Demeter zum Beispiel, Zeus seit langem entfremdet, gewann ihre Tochter Persephone von Hades zurück, weil sie die Getreidesaat in der Erde zurückhielt, so daß die Menschen anfingen zu hungern und die Götter keine Opfer empfingen (*Homerischer Demeter-Hymnos* 303–309). Aber sterblichen Frauen, die als Menschen per definitionem vernichtet werden können und altern, brachte die Isolierung vom Mann geringere Vorzüge und größere Gefahren. Daphne weigerte sich, sexuelle Beziehungen zu Apollon zu haben, und wurde an einen Platz festgebannt, allerdings als Lorbeerbaum. Nur in einer Hinsicht entspricht die Lebensform der jungfräulichen Göttinnen derjenigen sterblicher Frauen: Obwohl die Göttinnen aufgrund ihrer Macht über so viele Bereiche des menschlichen Lebens verehrt wurden, handelten sie doch nur im Rahmen der ihnen von Zeus gesetzten Grenzen und mit seinem Einverständnis, oder zusammen mit einem anderen Gott. Hesiod erklärt an einer Stelle der *Theogonie*, die einen lokalen Kult beschreibt und fast für ihn wirbt, auf welche Weise Zeus die jungfräuliche Göttin Hekate vor allen anderen auszeichnete und ihr glänzende Geschenke überreichte (411f.). Er erlaubt ihr, Königen, Soldaten im Kampf oder Athleten im Wettstreit zu helfen oder ihnen zu schaden; mit Poseidon kann sie den Fischern helfen (440–443), mit Hermes den Hirten (444–447).

Mythen über Göttinen und Frauen konzentrieren sich auf Beziehungen zu Männern und ganz besonders auf die erste Verbindung mit einem Mann, die zumindest im Falle der gewöhnlichen Sterblichen die Heirat war. Hesiods *Theogonie*, das große Epos über den Ursprung der Götter, ist eine chronologische Auflistung göttlicher Verbindungen, in der die jungfräulichen Göttinnen wie Hekate und Athene als seltene Ausnahmen erscheinen; fast alle anderen Göttinnen sind Mütter. Gaia, die – im Verein mit ihrem Ehemann Uranos – Stammmutter des Zeus, der wichtigsten Götter und vieler urzeitlicher Mächte ist, forderte ihren Sohn Kronos auf, seinen eigenen Vater zu entmannen, weil dieser all seine Kinder, sobald sie geboren waren, wieder in ihr verbarg, und «es stöhnte im Innern die riesige

Erde grambedrückt» (160). Auch Kronos jedoch verschlang seine Kinder, sobald sie geboren waren, und so mußte sich seine Ehefrau Rhea eine Möglichkeit ausdenken, einen Sohn, Zeus, entfernt von ihm zu halten, der Kronos schließlich selber durch Gewalt von der Macht vertreiben und die Herrschaft über die Götter gewinnen kann. Zeus verhindert eine Fortsetzung dieses Kreislaufes, indem er mehrere Ehefrauen hat und deren erste, Metis, verschlingt. Auf diese Weise kann er selber aus seinem Kopf Athene gebären und dadurch sie und ihre Mutter unter Kontrolle halten (887–900). Dann hat er sechs weitere Gattinnen – die letzte von ihnen ist Hera – und viele vorübergehende Liebschaften mit Göttinnen wie mit Frauen. So wird eine patriarchalische Ordnung begründet, die Frauen und Kinder in untergeordneter Stellung hält, allerdings mit besonderen Rechten und Pflichten.

Hesiod sagt nicht, wie Zeus Metis («Klugheit») überlistete, so daß sie sich von ihm verschlingen ließ, und vermerkt auch nicht, was sie gesagt haben könnte, als sie entdeckte, daß sie überlistet worden war. Dagegen macht Homer im ersten Gesang der *Ilias* deutlich, daß Hera sich sehr über Zeus' Gunstbezeugungen für andere Göttinnen ärgerte und außerdem darüber, daß er ihre Pläne verwarf, ohne sie zuvor konsultiert zu haben (552–559). Hesiod sagt in der *Theogonie* nichts über das Schicksal von Semele und Alkmene, den sterblichen Frauen, zu denen Zeus Beziehungen unterhalten hatte; aber spätere Dichter konnten ergreifend von den Gefahren und Freuden des Geschlechtsverkehrs mit einem Gott sprechen. Die vielleicht anschaulichste Beschreibung einer Beziehung dieser Art findet sich in den Worten Kreusas in Euripides' *Ion*. Apollon hatte sich in sie verliebt, sie aber danach gleich wieder verlassen. Viele Jahre danach, als sie bereits Königin von Athen war, klagte sie darüber, kein weiteres Kind gebären zu können. In dieser Lage konnte sie weder den Gott um Hilfe bitten noch ihre Geschichte erzählen: auch der kleinste Hinweis darauf, daß sie eine Frau war, die einen Bastard geboren hatte, hätte Schande über sie gebracht. Ebenso wie Persephone, als sie von Hades in die Unterwelt entführt wurde, oder Europa, als sich ihr ein schöner weißer Stier näherte (der sich hinterher als Zeus entpuppte), pflückte Kreusa Blumen, als Apollon – mit gold-

glitzerndem Haar – sie in eine Höhle zog. Vergeblich rief sie
nach ihrer Mutter:

Zogst du mich ohne Scheu
Hin, wo dir Kypris winkte.
Ich Arme gebar dir den Knaben,
den, bang vor der zürnenden Mutter,
Ich warf in dein bergendes Lager,
Wo du mich armes, unseliges Weib
Auf unseligem Lager bezwangest.
(895–901)

Als sie diese Verse spricht, ist sie zornig über den Gott, der –
wie sie glaubt – sie verlassen hat und ihren gemeinsamen Sohn
nicht beschützt. Erst nach dem mißlungenen Versuch, ihn zu
töten, entdeckt sie, daß der Junge, den ihr Gatte für seinen Sohn
hält, in Wahrheit ihr und Apollons verlorengegangenes Kind
ist, dazu bestimmt, König von Athen zu werden.

Im *Gefesselten Prometheus* ruft der Chor der Frauen, als die
Geschichte von Ios Verhältnis mit Zeus bekannt wird, Ios
Haupt gehörnt wie eine Kuh zu sehen und ihre hysterischen
Phantastereien zu vernehmen sind, daß keiner von diesen Göt-
tern «geheiratet» werden sollte:

Ich wäre, schlöss ich mit Gleichen die Ehe,
furchtlos; die nur fürchte ich, wenn
Mächtger Götter unfliehbaren Augs auf mich den Blick lenkt.
Unkämpfbar erscheint mir solch Kampf, der Unschaffbares schaffen
will; nicht
Ist klar mir, was ich tun soll.
Denn will Zeus, nicht seh ich, wie
Ich seinem Plan entfliehn soll.
(901–907)

Die Worte der Frauen lassen erkennen, daß sie nicht nur die
Macht der Götter, sondern auch die körperlichen Veränderungen fürchten, die die geschlechtliche Vereinigung mit einem
Gott bei ihnen hervorrufen könnte. Eine hippokratische medizinische Abhandlung (*Virg.*, L viii 468) bestätigt, daß Mädchen
in den ersten Phasen der Pubertät, also in der Zeit, in der sie
gewöhnlich verheiratet wurden, hysterisch wurden und zum
Selbstmord neigten wie Io; Rezept und Heilmittel dafür war,

wie bei Io, die Schwangerschaft (Lefkowitz 1981, S. 14f.; King 1983, S. 114). Auch können weder Io noch der Chor voraussehen, daß wie bei Kreusa das, was wie ein Unglück erscheint, letztlich Ruhm und Glück beschert: die Geburt eines Sohnes, der Stammvater eines berühmten Geschlechts werden wird, zu dem ein anderer Sohn des Zeus, Herakles, gehören wird.

Wie Antigone sind Io und Kreusa Opfer der *atê*, des «Wortes Wirrnis und des Geistes des Fluches», weil sie die Konsequenzen ihrer Handlungen nicht verstehen und das als Katastrophe fürchten, was ihnen am Ende Ruhm bringen und einen Platz in der Geschichte sichern wird. Urteilt man nach den Maßstäben dessen, was im Christentum den Guten zumindest für das Jüngste Gericht versprochen ist, mag die griechische Belohnung für Ausdauer in der Tat spärlich erscheinen. Aber nach der griechischen Religion hätte kein Mensch, weder Mann noch Frau, vollständig sorgenlos leben können; aus den zwei Gefäßen des Zeus mit dem Guten und dem Bösen kann ein Mensch entweder einen gemischten Anteil erhalten oder einen ausschließlich bösen, während es keine Chance auf nur Gutes gibt (*Ilias* 24.527–533). Für Frauen erscheint als die beste Mischung Verheiratung – wenn auch nur auf Zeit – und Familie, besonders wenn die Kinder zu Heroen oder Müttern bedeutender Männer werden.

Vielleicht weil jedes individuelle menschliche Leben als brüchig und zeitlich begrenzt wahrgenommen wurde, neigen die Mythen dazu, die Bedeutung der Kontinuität des Geschlechts – nicht nur der Familie, sondern ganzer Völker – zu betonen. Kreusas Sohn mit Apollon ist Ion, Stammvater nicht nur der Athener, sondern auch der Ionier in Kleinasien. Fast jedes Dorf und jede Stadt erhob den Anspruch, von einem Gott abzustammen, oft von einem Heroen, nach dem die Stadt ihren Namen erhielt, so wie von den Ioniern eben gesagt wurde, sie seien nach Ion benannt. Hesiods *Theogonie* endet mit einer langen Liste von Ehen und außerehelichen Verbindungen zwischen Göttern und Göttinnen, Göttern und Frauen und Göttinnen und Männern, die alle zur Geburt von Göttern und Göttinnen führten, und auch von Heroen und Frauen, die Heroen heirateten. Ein weiteres Hesiod zugeschriebenes Epos, die *Frauenkataloge*, beschreibt die Verbindungen, aus denen all die berühmten

Heroen, Nationen und Geschlechter hervorgegangen sind; jede neue Heldin wird mit den Worten «Und gleich ihr war...» eingeführt.

Jahrhundertelang besaßen wir nur kurze Zitate aus den *Frauenkatalogen* und einige Prosazusammenfassungen, die nur einen kleinen Eindruck von der Gestalt des ursprünglichen Epos geben konnten. Aber in unserem Jahrhundert wurde eine Anzahl von langen Bruchstücken auf zerfetzten Papyrusstreifen entdeckt, und aus ihnen können wir zumindest teilweise die Gestaltung und die Akzentsetzung des ursprünglichen Textes erkennen. Obwohl die griechischen Sänger hervorragend die Erregung der sexuellen Leidenschaft und das verbale und körperliche Vorspiel bei der Liebe beschreiben konnten – der *Homerische Aphrodite-Hymnos* ist dafür das beste Beispiel –, scheinen die *Frauenkataloge* auch im hellenistischen Zeitalter nicht als Erreger von Gefühlen geschätzt und zitiert worden zu sein, sondern als historische Information – ähnlich den Geschlechterlisten im 1. Buch Moses (Genesis) oder zu Beginn des Matthäus-Evangeliums, oder aber der faszinierenden Liste der Walarten, die Herman Melvilles unerbittliche Geschichte *Moby Dick* unterbricht. Die Griechen des Altertums scheinen eine besondere Vorliebe für Listen gehabt zu haben – der zweite Gesang der *Ilias* enthält eine solche mit allen Städten, die Schiffe und Männer nach Troja sandten (West 1985, S. 1–30). Hesiods Liste spricht den Frauen eine bedeutende Rolle in dieser formalisierten Geschichtsschreibung zu. Jede «Gründungsmutter» ist mit ihrem Namen verzeichnet, keine ist bloß anonyme Austrägerin göttlichen Samens.

Wie Hesiods *Theogonie* sind seine *Frauenkataloge* genealogisch organisiert, und innerhalb jedes Familienstammbaums legt Hesiod Wert auf die Erklärung, warum bestimmte Frauen die Aufmerksamkeit von Göttern und Heroen errangen. Im ersten Gesang wird Demodike (über die in anderen überlieferten Texten fast nichts gesagt wird) von zahlreichen Freiern umworben, wie dies auch Helena und Penelope widerfuhr, «wegen ihrer grenzenlosen Schönheit, aber sie überredeten ihr das Herz nicht». Sie wehrte die Freier offensichtlich zugunsten des Gottes Ares ab, durch den sie die Mutter von Thestius wurde, des Vaters von Leda, die wiederum Helena gebar, die schönste Frau

der Welt (fr. 22 MW). Mestra, Tochter des Erysichthon, war
mit einem unstillbaren Appetit ausgestattet und besaß die Fähigkeit, sich in jedes Tier verwandeln zu können; so verkaufte
ihr Vater sie jeden Tag für Essen, und jede Nacht kehrte sie in
menschlicher Gestalt zu ihm zurück, bis Sisyphos sie für seinen
Sohn kaufte und einen Schiedsspruch zu seinen Gunsten er-
langte, als sie davonlief. Aber selbst dann war er nicht in der
Lage, sie zu halten:

Sie aber wurde *bezwungen* vom Erdumstürmer Poseidon.
[*edamassato* hat im Griechischen sowohl die Bedeutung *zähmen* oder
bändigen wie auch *verheiraten* oder *ins Joch der Ehe zwingen*.]
Der sie vom Hause des Vaters in dunkle Fluten davontrug,
Hin zur umflossenen Insel Kos, nichts half ihre *Schlauheit*.
[*polyidris*, dieser Ausdruck scheint immer einzuschließen, daß jemand,
ob Mann oder Frau, sich auf seinen Vorteil versteht; fr. 43a 55−57.]

Durch Poseidon wird sie die Mutter des bedeutenden Heroen
Bellerophon (fr. 43a 82f.). Ein anderes Fragment beschreibt
den Wettstreit um die athletische und schöne Atalante (fr. 73)
aus dem Blickwinkel ihres erfolgreichen Freiers Hippomenes:

... [Atalante, schnellfüßig und edel,]
Stob davon, verschmähend die Gaben [der goldenen Kypris.]
Ihm ging ums Leben [der Lauf, entweder bezwungen zu werden]
Oder dem Tod zu entfliehen. Deshalb [sprach] er listigen Sinnes:
«Tochter des Schoineus, [die du ein Herz hast ohne Erbarmen,]
Nimm diese glänzenden Gaben [der goldenen Kypris] entgegen...»

Ihn trugen [rasch] seine Füße...
Sie aber stürmte sofort ihm nach gleich einer Harpyie,
Holte ihn ein. Doch aus seiner Hand glitt der zweite zu Boden....
Schon besaß Atalante, schnellfüßig und edel, zwei Äpfel.
Nahe war sie dem Ziel. Da warf er den dritten zur Erde,
Und durch ihn entfloh er dem Tod und dem dunklen Verhängnis.
Tief aufatmend stand er da...
                    (fr. 76)

In diesem und in jedem anderen Fall gewinnt der Mann. Dies
könnte als Darstellung der Unterlegenheit der Frau gedeutet
werden, gäbe es da nicht den Kampf bei dem Versuch, sie zu
erobern, und, wie in Atalantes Fall, eine offensichtlich überle-
gene Fertigkeit der Frau. Die Mutter eines Heroen mußte selbst-

verständlich schöner sein als andere Frauen, aber auch schlauer oder schneller als die meisten Männer, und am Ende kann sie nur durch Götter überwältigt werden oder mit deren Unterstützung. Das beste Beispiel dafür ist vielleicht Alkmene, die Mutter des Herakles, des bedeutendsten aller Heroen. Alle ihre Brüder waren getötet worden, und sie «allein aber wurde als Freude ihrer Eltern zurückgelassen» (fr. 193 MW). Die unmittelbar folgenden Verse beziehen sich auf Zeus, der Alkmene zur Mutter seines bedeutendsten sterblichen Sohnes, Herakles, machen wollte (fr. 193). Laut dem Epos *Der Schild des Herakles*, ebenfalls Hesiod zugeschrieben, wahrscheinlich aber mindestens ein Jahrhundert später als die *Frauenkataloge* verfaßt, war Alkmene so schön, so schlau und (wie wir sagen würden) so sexy wie keine andere Frau. Auch war sie ihrem Ehemann so treu, daß Zeus in der Hochzeitsnacht vortäuschen mußte, dieser zu sein. Der Vollzug der Ehe war aufgeschoben worden, bis Amphitryon den Tod von Alkmenes Brüdern gerächt haben würde, aber:

Nämliche Nacht auch kehrte Amphitryon, der gewaltge
Scharenzerstreuer, heim nach des herrlichen Werkes Vollendung.
Nicht zu den Dienern jedoch und zu den Hirten des Feldes
Eilte er erst, bevor er das Lager der Gattin bestiegen,
Denn solch heftige Sehnsucht erfüllte den Hirten der Völker.
...
Kehrte voll freudiger Lust zurück in seine Behausung,
Und die volle Nacht lag er der Gattin zur Seite,
Wonneberauscht von den Gaben der goldenleuchtenden Kypris.

(37−41, 45−47 f.)

Dies widerlegt die Behauptung, die griechischen Männer hätten ihre sexuelle Befriedigung nur in außerehelichen oder gleichgeschlechtlichen Beziehungen gefunden (vgl. zum Beispiel Slater 1968, S. 11 f.).

Die moralische Überlegenheit von Frauen wie Alkmene ist bedeutsam, weil das heroische Zeitalter sein Ende fand durch die drei Töchter des Tyndareus; sie waren «zweifach und dreifach verehelicht und solche, die ihre Ehemänner verlassen» (fr. 176/223 *PMG*): Timandra verließ für Phyleus ihren Ehemann Echemus, «Klytämnestra verließ den hehren Gemahl Agamemnon, / Stieg mit Aigisthos aufs Lager und wählte den

schlechteren Gatten. / Helena aber befleckte das Bett Menelaos', des blonden» (*Frauenkataloge* 418–420). Es ist wichtig
festzuhalten, daß Helena, anders als Atalante, nicht von dem
kühnsten Mann, sondern von dem gewonnen wird, der die
meisten Geschenke bietet und dabei noch nicht einmal selbst
anwesend ist – er läßt sich von seinem Bruder vertreten. Der
Dichter stellt fest:

... Und Held Menelaos
Hätte so wenig wie andre der erdbewohnenden Menschen
Ihn übertrumpft bei der Werbung um Helena, hätte als Jungfrau
Jene der schnelle Achilleus, vom Pelion heimwärts sich wendend,
angetroffen. Doch damals besaß sie schon Held Menelaos. –
Sie nun gebar im Haus Hermione, das schönfüßige Mädchen,
...

(365–370)

An diesem Punkt entzweien sich die Götter wegen eines Strei-
tes, und Zeus will das Menschengeschlecht vernichten; es folgt
der Trojanische Krieg und mit ihm eine Art Heldendämme-
rung: das Geschlecht der Heroen konnte offensichtlich nicht
ohne Frauen ebenfalls heroischen Kalibers existieren (371 ff.;
West 1985, S. 119 f.).

Seit der griechische Mythos die Rolle der Mutter glorifiziert,
neigt er auch dazu, diejenigen zu verdammen, die sich in irgendeiner Weise gegen diese Rolle auflehnen. Eine ausdrücklich
sterbliche Jungfrau, die den Annäherungsversuchen eines Gottes widerstand, konnte mit einer einfachen Verwandlung in einen Baum oder eine Pflanze davonkommen, aber Frauen, die
bewußt ihre Weiblichkeit leugneten – wie die Amazonen – oder
die ihre Männer und Väter umbrachten wie die Frauen von
Lemnos, wurden als Feinde und Ungeheuer angesehen (Aischylos, *Die Weihgußträgerinnen* 632–638). Das erwartete Ergebnis jeglicher geschlechtlichen Begegnung zwischen einer sterblichen Frau und einem Gott war ein bemerkenswertes Kind – wie
Poseidon der Tyro in der *Odyssee* wie auch in den *Frauenkatalogen* versichert: «[Du wirst / Herrliche Kinder gebären. Das
Liebeslager der Götter] trägt stets Frucht.» (fr. 31 MW, vgl.
Odyssee 11.248–250; Maas 1973, S. 66 f.) Aber in den *Frauenkatalogen* verlangte die Tochter des Elatus, des Königs der

Lapithen in Thessalien, von Poseidon, nachdem er Geschlechtsverkehr mit ihr gehabt hatte und ihr jeden Wunsch erfüllen
wollte, daß er sie in einen Mann verwandele und unverwund-
bar mache (fr. 87). Dieser Mann, Kaineus, erwies sich als eine
Gefahr für die Götter, weil er die Grenzen seiner Sterblichkeit
nicht anerkannte, ebensowenig wie Ixion, der versuchte, Hera
zu verführen, oder Tantalos, der Nektar und Ambrosia von den
Göttern stahl, um seine Freunde unsterblich zu machen. Kaineus seinerseits stellte einen Speer auf dem Marktplatz auf und
verlangte, daß die Leute ihn anbeteten, so daß Zeus die Zentauren, die alten Feinde von Kaineus' Vater, auf den Plan rief, die
ihn in der Erde verschwinden ließen (fr. 88). Nach der in Prosa
verfaßten Genealogie des Akusilaos erlaubte Poseidon den Ge-
schlechtswandel aus folgendem Grund: «Es war ihr nämlich
nicht erwünscht, Kinder zu gebären, weder von jenem noch von
irgend jemand anderem.» (2FGrHistF22 = 9B40a DK) Verglei-
chen wir damit die Geschichte von Thetis, deren Sohn es bestimmt war, bedeutender als der Vater zu werden, und die deshalb mit einem sterblichen Mann verheiratet wurde, oder die
Geschichte der Metis, die Zeus verschlang, um das Kind Athene
als seine Kopfgeburt zur Welt zu bringen: Es scheint so zu sein,
daß Poseidon, indem er die Schwangerschaft vollständig verhindert, anstatt sie irgendwie «abzumildern», Kaineus zu einem
gefährlichen und üblen Mann macht. Koronis, die zur selben
Zeit, da sie mit Apollons Sohn schwanger ist, Geschlechtsverkehr mit einem anderen Sohn des Elatus hat, darf sterben, doch
der kleine Asklepios wird gerettet – allerdings nur, um seinerseits getötet zu werden, als er die Grenzen der Sterblichen über-
schreitet. Als Jason Medea verläßt, tötet sie aus Rache ihre
gemeinsamen Kinder und kommt mit dem Leben davon, weiß
aber, daß sie fortan ewig unglücklich sein wird. Klytämnestra,
die den Mord an ihrem Gatten Agamemnon unterstützte, um
mit ihrem Geliebten Aigisthos zu leben, wird von ihrem und
Agamemnons Sohn Orest ermordet; überall in der Odyssee
werden ihre bösen Taten mit der Treue Penelopes kontrastiert.
Heutige Frauen (z.B. Pomeroy 1975, S. 109) mögen diese de-
struktiven Frauen bewundern, weil sie zur Tat schritten und
ihre große Intelligenz benutzten, um wiedergutzumachen, was
sie für ein ungerechtes persönliches Schicksal hielten. Aber

selbst der Chor der korinthischen Frauen, der anfangs Sympathie mit Medeas Verlangen hatte, Jason für seine Treulosigkeit zu bestrafen, verurteilt die Form ihrer Rache. Auch wenn den Frauen (und Männern) nur so wenige Wahlmöglichkeiten im Leben offenstanden, zögerten die Griechen nicht, der Beschreibung der menschlichen Ausweglosigkeit auch aus weiblicher Sicht gerecht zu werden. An den Titeln von verlorengegangenen Dramen läßt sich genau wie an den überlieferten ablesen, daß Frauen in zahlreichen Tragödien die Hauptfiguren sind. Obwohl die Dichter Männer waren und ihre Stücke ausschließlich von männlichen Schauspielern aufgeführt wurden, ließen sie doch die weiblichen Gestalten ihre Nöte so detailliert beschreiben, als hätten sie verständnisvoll den Klagen der Frauen in ihrer eigenen Familie zugehört. Mit besonderer Klarheit zeigt Euripides, wie beengend und frustrierend die Gegebenheiten in der antiken Ehe sein konnten. Wie Medea sagt, kann ein Mann, wenn ihn seine Familie langweilt, fortgehen und seinem Kummer ein Ende machen, aber eine Frau muß im Haus zurückbleiben – «uns ist in eine Seele nur der Blick vergönnt» (Euripides, *Medea* 244–247). Phaedra beklagt das Dilemma der adligen Gattin, zuviel Zeit zum Nachdenken zu haben; mit einem Mann, den sie liebt, kann sie zwar zusammensein, ohne ihn doch – wegen der Schande, die ein Ehebruch nicht nur über sie, sondern auch über ihre Kinder brächte – zu besitzen (Euripides, *Hippolytos* 373–430). Sophokles schildert in nicht weniger einfühlsamer Weise den traurigen Zustand von Herakles' Gattin Deianeira, die Jahr um Jahr von ihrem Ehemann allein gelassen wird, wenn er zu seinen Taten auszieht und mit anderen Frauen schläft; Herakles sieht seine Kinder «so wie ein Landmann ein entlegenes Ackerfeld / beim Säen und beim Ernten einmal nur gesehen» (*Die Trachinierinnen* 31–33).

In einem Fragment von Sophokles' verlorengegangenem Drama *Tereus* klagt die verlassene Gattin des Königs, Frauen seien nur glücklich in ihrer Kindheit, in ihrem Vaterhaus, danach würden sie «hinausgeworfen und verkauft... die einen an fremde Männer, die anderen an Barbaren, die einen in freudlose Häuser, die anderen in scheltende Häuser, und seit uns die erste Nacht mit unserem Ehemann verbunden hat, sind wir gezwungen zu loben und zu sagen, daß sich alles gut verhält» (fr. 583 Radt = *WLGR* 32; Knox 1978, S. 312). In den letzten Jahrzehnten des 5. Jahrhunderts, vom Beginn bis zum katastrophalen Ende des Peloponnesischen Krieges, wurden die Dramen von Sophokles und Euripides aufgeführt, oft im Wettstreit miteinander. Daher war das Publikum in dieser ganzen Zeit angehalten, über die Sitten und Handlungen nachzudenken, die das Leben der Frauen betrafen (oder belasteten). Vor einigen Jahren ist die These aufgestellt worden (Slater 1968, S. 297–301; Girard 1977, S. 44; Foley 1981, S. 143; Zeitlin 1982, S. 131), die Zerstörung der athenischen Gesellschaft sei in Dramen wie den *Bakchai* des Euripides vorhergesagt worden, wo beschrieben ist, wie Pentheus, der König von Theben, von seiner Mutter in bacchantischer Raserei ermordet wird. Ihre gewohnheitsmäßige Misogynie hätte die Griechen dazu getrieben, die Gesellschaft und Liebe anderer Männer zu suchen und gleichzeitig die Frauen in ihrer Familie einzuschränken und zu unterdrücken. Euripides wird dann die Aussage unterstellt, falls man die Frauen an «Webstuhl und Schiffchen» fessele, so würden sie schließlich rebellieren und nicht nur das von ihnen selber erzeugte Gewebe zerreißen, sondern auch das von Familie und Staat. Der Dionysoskult liefere folglich eine Form der «Sozialisation», die die Frauen unter Kontrolle halten könne (Zeitlin 1982, S. 136). Nach der Gewichtung in Euripides' Text halte ich es jedoch für weitaus wahrscheinlicher, daß der Dichter und auch sein Publikum im grausamen Tod des Pentheus und der Schande und Verbannung seiner Mutter eine besonders starke Erinnerungsstütze an die allgegenwärtige Macht der *atê* sahen. Sie ist die Verblendung, die Menschen dazu verführt, die Verehrung der Götter und der lebendigen Kräfte der Natur, die sie repräsentieren, zu ignorieren und sich nicht vor des «Wortes Wirrnis und dem Geist des Fluches» zu hüten (Sophokles, *Antigone* 603). Pentheus, seine Mutter und seine Tanten weigerten sich alle, die Existenz des Gottes Dionysos anzuerkennen, woraufhin der Mißachtete sie wahnsinnig werden ließ und schließlich ihre Selbstzerstörung herbeiführte. Wie in der *Antigone* sind Männer und Frauen in gleicher Weise der *atê* unterworfen und für ihre Handlungen verantwortlich. Wenn Euripides vorbringt, die Frauen schädigten nicht nur andere, sondern auch sich selbst, wenn sie ihre Heimstätte und ihre kleinen Kinder verließen und sich der Verantwortung für die Sorge um die Familie, für die der Webstuhl steht, entledigten, dann empfiehlt er damit nicht, daß die Frauen die Rolle genießen sollten, die die Gesellschaft ihnen zuweist, sondern nur, daß sie sie akzeptieren sollten als die am wenigsten zerstörerische Möglichkeit. Auch Männer werden dazu gezwungen, Rollen zu spielen, die sie freiwillig nicht übernehmen würden – Kadmos, Großvater des Pentheus, mußte auf seinen Thron verzichten, als er zu alt war, sich selber zu verteidigen, und mußte dann in dem vom Gott verlangten Ritus mühsam vortäuschen, wieder jung zu sein. Am Ende des Stückes muß er trotz seines Alters, und obwohl er selbst nichts getan hat, was den Gott hätte kränken können, die von ihm gegründete Stadt verlassen und seine Tage in Gestalt einer Schlange beschließen.

Statt die griechischen Männer beharrlich misogyn zu nennen, weil sie ihren Frauen «gleiche Rechte» verweigerten – auch in den avanciertesten Demokratien unseres Jahrhunderts müssen die Frauen sie erst noch erwerben –, möchte ich sie als Pioniere bezeichnen, die die Lebenssituation der Frauen und ihre zentrale Bedeutung für die Gesellschaft anerkannten und mit Sympathie beschrieben. Frauen, denen von ihrem sozialen Umfeld die Aufgabe zugewiesen wurde, die Toten zu beklagen und zu bestatten (Garland 1985, 29), haben sehr oft das letzte Wort zu dem Krieg oder den Morden, die Epos oder Drama beschreiben, und die Dichter zögerten nicht, ihnen klare und zutreffende Äußerungen zur Sinnlosigkeit all dessen in den Mund zu legen, was ihre Männer so sehr priesen. Sie nehmen eine wichtige Rolle im Drama ein, weil sie passiv, von Natur aus Opfer sind und weil von ihnen verlangt wird, zu Hause oder fernab vom Schauplatz der Handlung zu bleiben. Dadurch können sie die conditio humana vor Augen rufen, die wahre Machtlosigkeit des Menschen vor den Göttern und die Tatsache seiner Sterblichkeit (Lefkowitz 1981, S. 1–11).

Aber wenn griechische Schriftsteller des 5. Jahrhunderts v. Chr. auch zu brillanter Beschreibung der Probleme des weiblichen Alltags fähig waren, konnten sie doch nicht in gleicher Weise gute Lösungen anbieten. Auch die Philosophen des darauffolgenden Jahrhunderts konnten eher die Welt erklären als irgendeine praktikable Veränderung vorschlagen. Als die make-

donischen Eroberer in der hellenistischen Epoche ein effiziente-
res Regierungssystem verwirklichten und die griechische Kultur
in Kontakt mit neuen Ideen brachten, gewährte das Gesetz, wie
immer der Realität um Jahrhunderte hinterher, den Frauen offi-
ziell nur einige jener Rechte, die sie in der Praxis schon lange
hatten. Jedoch blieb trotz größerer Bequemlichkeit und Bewe-
gungsfreiheit die grundlegende Rolle der Frauen im Leben un-
verändert (Pomeroy 1985, S. 120 und 154), die alten Mythen
wurden immer wieder erzählt und neu erzählt, selbst von den
besten und gebildetsten Hofdichtern in Alexandria. In dem
Epos *Argonautika* des Apollonios kann Medea im Palast von
Kolchis und, zusammen mit ihren Mägden, sogar in der Stadt
frei schalten und walten, aber sie ist noch immer abhängig, erst
von ihrem Vater und dann von ihrem Liebhaber Jason; die
zerstörerischen Kräfte ihrer Magie und ihre selbstsüchtigen Be-
gierden führen zur Flucht, zum Tod ihres Bruders und zum
Unglück über Jason und sie selbst. Indem die Griechen die
Bedeutung der Familie betonten und darin die Rolle der Frauen
als derjenigen, die für Erziehung und Fortbestehen des Ge-
schlechtes verantwortlich waren, schrieben sie den Frauen zumindest eine wesentliche Funktion zu, die die Kirchenväter ihnen später zu nehmen versuchten: sie maßen dem Status der
Ehelosigkeit einen noch höheren Wert bei, boten Jungfrauen
aber eine untergeordnete Stellung statt vermehrter Unabhängigkeit (vgl. unten S. 157 f.). Ein Vergleich mit Erzählungen
über Frauen in der Frühzeit der Kirche zeigt, daß die Griechen —
wie unmoralisch ihre Erzählungen vom Standpunkt einer
christlichen Ethik aus auch immer sein mochten — der Tatkraft
und Intelligenz der Frauen immerhin großen Raum gaben. Im
Lukas-Evangelium ist Maria zur Mutter des Gottessohnes aus-
erwählt, weil sie Jungfrau ist; so erfüllt sich die Prophezeiung
von Jesaia 7.14: «Siehe, eine Jungfrau [parthenos] wird
schwanger sein und einen Sohn gebären, und sie werden seinen
Namen Immanuel heißen.» (Matthäus 1.23; Harvey 1973,
S. 19) Wir hören nichts über irgendeine ihrer weiteren Eigenschaften, obschon sie im Verlauf der Schilderung Frömmigkeit
und gesunden Menschenverstand zeigt: «Wie soll das zuge-
hen», fragt sie (Lukas 1.34), «da ich doch von keinem Manne
weiß?» Die geschlechtliche Begegnung, die in steter Wiederkehr

den Höhepunkt der Episoden in Hesiods *Frauenkatalogen* aus-
macht, fehlt natürlich bei Lukas: «Der Heilige Geist wird über
dich kommen, und die Kraft des Höchsten wird dich überschat-
ten» (1.35); statt dessen hebt die Begebenheit die Macht Gottes
hervor: «Und siehe, Elisabeth, deine Verwandte, ist auch
schwanger mit einem Sohn in ihrem Alter und geht jetzt im
sechsten Monat, von der man sagt, daß sie unfruchtbar sei.
Denn [und hier zitiert der Engel 1. Buch Moses (Genesis)
18.14] bei Gott ist kein Ding unmöglich.» (1.36f.) In der griechischen Mythologie hingegen wählen die Götter Frauen aus
wegen ihrer vornehmen Abstammung – Io zum Beispiel war die
Tochter des Flußgottes Inachos –, aufgrund ihrer Schönheit –
selbst Kassandra, die uns eigentlich wegen ihrer genauen Prophezeiung im Gedächtnis ist, war «die schönste von Priamos'
Töchtern» (*Ilias* 13.365) –, wegen ihres Mutes – Apollon sieht
Kyrene allein mit einem Löwen ringen (Hesiod, *Frauenkataloge*
fr. 215) – oder wegen ihrer Intelligenz: Poseidon überlistet
schließlich Mestra und «...nichts half ihre Schlauheit» (fr. 43a
55–57).

Selbstverständlich möchte ich keineswegs abstreiten, daß
vom heutigen Standpunkt aus die Muster weiblicher Erfahrung, wie sie der griechische Mythos darstellt, streng begrenzt
sind; aber wir können den Griechen doch wohl nicht vorwerfen, daß sie nicht imstande waren, sich die Vorteile auszumalen,
die die industrielle und die wissenschaftliche Revolution den
Frauen bringen würde. Zugleich wäre es unsinnig zu behaupten, diese alten Muster hätten all ihren Einfluß oder gar ihren
Reiz verloren. Daß Feministinnen sich heute auf die relativ we-
nigen Mythen und Autoren zu konzentrieren suchen, deren
Heldinnen sich durchsetzen, selbst wenn sie damit nur ihren
eigenen Tod oder den anderer beschleunigen, erwartet man und
begrüßt es sogar möglicherweise. Aber es soll doch betont werden, daß die ursprünglichen Mythen mit ihren ursprünglichen
Akzentsetzungen uns auch etwas zu sagen haben: *atê* ist noch
unter uns, und vielleicht nirgendwo sichtbarer als in dem Glauben, daß die ehrgeizige Karrierefrau «alles haben» kann, ohne
Rücksicht auf göttliches Eingreifen oder zumindest ohne die
Entwicklung neuer Denkmuster, mit deren Hilfe jene Krisen zu
erfassen sind, die außer Ehe und Kindergebären in ihrem länge-

ren und komplexeren Leben auftreten können. Nicht nur, daß die antiken Texte uns an die Grenzen menschlicher Vorstellungskraft erinnern; sie betonen auch die Bedeutung von «Natur» im Gegensatz zu «Erziehung» im menschlichen Leben. Indem sie sich auf bestimmte kritische Momente konzentrieren, machen sie deutlich, daß menschliche Existenz episodisch wahrgenommen, wenn auch chronologisch gelebt wird. Aber die vielleicht wichtigste Idee, die sich mit Hilfe der griechischen Mythologie in unseren Köpfen festgesetzt hat, ist, daß die Frauen nicht nur das Recht, sondern auch die Kraft haben, die ihr Leben bestimmenden Ereignisse zu kommentieren, auch wenn sie sie nicht kontrollieren können. Und weil sie eine Stimme haben, können sie nicht nur für sich, sondern für die gesamte Menschheit sprechen.

3
Frauen ohne Männer

Mythen beschreiben nur bestimmte Ausschnitte einer gewöhnlichen Lebensspanne. Andere Lebensphasen, einschließlich jener, die wir heute als besonders bedeutungsvoll für die individuelle Entwicklung ansehen, erscheinen selbst in den ausgedehntesten Erzählungen nur selten oder gar nicht. Wir begegnen den Frauen in Hesiods *Frauenkatalogen* in dem Moment, wo der Gott sie erblickt, oder zum Zeitpunkt ihrer Heirat mit einem sterblichen Mann oder, wie im Falle Alkmenes, an beiden Punkten gleichzeitig:

...
Und mit dem hehren Helden Amphitryon Theben erreichte
Sie, Alkmene, des Feindezerstreuers Elektryon Tochter.
Wie überragte sie doch der blühenden Frauen Geschlechter
An Gestalt und Größe an Geist, auch glich ihr nicht eine
Von den sterblichen Frauen, die Sterblichen Kinder geboren.
                                    (*Schild des Herakles* 2−6)

Über ihre Kindheit hören wir nichts, außer daß sie als einziges Kind zur «Freude ihrer Eltern zurückgelassen» (fr. 193.19) wurde, nachdem ihre Brüder getötet worden waren. Aber der Dichter beschreibt nicht die Wirkung dieser Tragödie auf ihren jugendlichen Geist. Wir erfahren nur durch ihre Handlungen als Braut, wie sie fühlt: sie liebt und verehrt Amphitryon mehr, als irgendeine Ehefrau jemals ihren Mann verehrt hat (*Schild des Herakles* 9 f.), aber sie verweigert ihm den Beischlaf, bis er den Tod ihrer Brüder gerächt hat (14−18).

Außergewöhnliche Frauen wie die Kriegerin Atalante oder die Jägerin Kyrene sind davon nicht ausgenommen, denn wir erfahren von ihnen erst, wenn sie alt genug für die Heirat sind. Atalante hört auf, die von Hippomenes für sie fallengelassenen Äpfel aufzuheben, deshalb verliert sie den Wettkampf und wird seine Braut (fr. 76); Apollon fühlt sich zu Kyrene hingezogen wegen ihres Mutes, als er sie allein mit einem Löwen ringen sieht (fr. 15, zitiert von dem Scholiast zu Pindar, *Pythian* 9.6,

II. 221 Dr). Bevor sie im Lauf Hippomenes unterliegt, tötet Atalante zwei Zentauren, die versucht hatten, sie anzugreifen; sie ist eine der Teilnehmerinnen an der Jagd auf den Kalydonischen Eber, und dabei stößt sie auf den Heroen Peleus, der mit ihr ringt und von ihr bei den Leichenspielen für Pelias überwunden wird (Apollodorus 2.9.2). Vasenmaler bildeten gerne ihren Kampf ab, zweifellos wegen der offensichtlichen sexuellen Konnotationen, die das Ringen damals wie heute hatte (Poliakoff 1982, S. 104f.; Bernardini 1984, S. 113f.). In anderen Mythen dient ein Ringkampf zwischen Mann und Frau als Vorspiel zum Geschlechtsverkehr. Peleus mußte mit der Göttin Thetis ringen und sie besiegen, bevor er sie heiraten und Achilles zeugen konnte (Pindar, *Nemean* 4.61−64; Apollodorus 3.3.5; Frazer 1921, 2.67). Apollon verliebte sich in Kassandra, laut Homer die schönste von Priamos' Töchter (*eidos aristê*, *Ilias* 13.365). Aischylos läßt sie dies im *Agamemnon* so beschreiben: «Er warb, ein Ringer [*palaistês*] heiß, mir Lieb atmend und Huld.» (1206) Mit anderen Worten: er versuchte, sie körperlich zu lieben (mit «Huld», *charis*, meint sie das, was wir «Sex-Appeal» nennen würden). Kassandra aber reagierte spröde: «Verheißen hatt ich's, nur daß Loxias ich belog.» (1208) Als seinen Teil an dem Handel hatte ihr Apollon die Sehergabe verliehen (1210). Seine Rache für den Bruch ihres Versprechens war, daß ihr niemand jemals glaubte (1212; Fraenkel 1962, iii.555).

Natürlich hatten Frauen genau wie Männer eine Kindheit, und gelegentlich beschreibt ein Dichter im Verlauf einer Erzählung junge Mädchen. Als im *Homerischen Demeter-Hymnos* die Göttin während der Trauer um ihre verlorene Tochter in sterblicher Gestalt am Parthenosbrunnen zu Eleusis sitzt, wird sie von den vier Töchtern des dortigen Königs, Keleos, entdeckt:

Und des Keleos Töchter, des Eleusiniden, gewahrten
sie, wie zum Wasserschöpfen sie niederschritten, es heimwärts
zu dem Palaste des Vaters in ehernen Krügen zu tragen.
Ihrer waren vier, wie Göttinnen jugendlich blühend,
Kallidike und Kleisidike und Demo, die holde,
und Kallithoe auch, die älteste im Kreise der Jungfraun.
(106−110)

Sie fragen die alte Frau, wer sie sei, und als sie sagt, sie wäre
bereit, in ihrem Haushalt als Amme zu arbeiten, antwortet ihr
Kallidike – nicht die älteste, aber die schönste (*eidos aristê*,
146). Nachdem sie ihre Krüge gefüllt haben, laufen sie nach
Hause, um die Erlaubnis ihrer Mutter einzuholen, und kehren
zu der Göttin zurück:

> So wie junge Färsen und Rehe im blühenden Frühling
> futtergesättigt die Wiese in flüchtigen Sprüngen durchtollen,
> also stürmten die Mädchen den hohlen Fahrweg von dannen,
> an sich raffend die Falten der schimmernden zarten Gewänder,
> und ihre Locken umflogen wie Safranblüten die Schultern.
>
> (174–178)

Der Kontrast zwischen den lebhaften jungen Mädchen und der
sitzenden trauernden Göttin ist äußerst wirkungsvoll. Aber gerade diese reizvolle Beschreibung bringt einige der Einschränkungen im Leben junger Mädchen nahe: zur Sicherheit gingen
sie in Gruppen hinaus und nur an öffentliche Plätze, und selbst
am Brunnen konnten sie noch angesprochen werden. Sie benutzten ihre Intelligenz, aber selbstverständlich müssen sie um
Erlaubnis fragen, ehe sie etwas unternehmen. Im Gegensatz
dazu ist die alte Frau, «des Gebärens lange entwöhnt und der
Gaben der kranzerfreuten Kythere» (101 f.), sicher, obwohl sie
allein sitzt. Sexualität, oder vielleicht genauer: sexuelle Verletzlichkeit bestimmt den Grad an Freiheit oder Beweglichkeit, den
eine sterbliche Frau haben kann (Bremmer 1986).

Aus diesem Grund muß sich ein Gott, wenn er eine sterbliche
Frau zum Geschlechtsverkehr zwingen will, einen Weg überlegen, wie er sie von ihrem Hause oder von der Gruppe von
Mädchen, mit der sie gewöhnlich reist, entfernen kann. Der
Mythos vom Raub der Persephone liefert das Modell. Zu Beginn des *Homerischen Demeter-Hymnos* entführt Hades Persephone,

> als sie fern von Demeter, der Göttin der schimmernden Früchte
> und der goldenen Wehr, mit Okeanos' üppigen Töchtern
> spielte und Blumen gepflückt, Violen, Rosen und Krokos,
> auf der Wiese so weich, und Lilien und Hyazinthen
> und Narzissen. Die ließ, die rosige Jungfrau zu täuschen,

Gaia sprossen auf Zeus' Befehl, dem großen Umfasser
Hades zulieb; sie blühten so wunderbar üppig, und staunend
sahen es alle unsterblichen Götter und sterblichen Menschen.
…
und es quoll der Duft so süß, daß oben der breite
Himmel lachte, die Erde, die salzigen Fluten des Meeres.
Staunend suchte die Jungfrau mit beiden Händen das schöne
Spiel zu greifen. Da klaffte urplötzlich gähnend die Erde
auf der nyseischen Flur; draus stürmte der große Umfasser
mit den unsterblichen Rossen, vielnamiger Sohn des Kronos.

(4–18)

An späterer Stelle des Gedichtes, als Hades sie zu ihrer Mutter
zurückschickt, berichtet Persephone Demeter: «Alle wir beieinander auf einer lieblichen Wiese – / Phaino und Leukippe und
auch Ianthe, Elektra, / auch Melite, Iache, Kallirhoe und Rho-
deia» (417–419) – sie führt insgesamt 23 Namen an, darunter
am Ende auch «Artemis, die von Pfeilen beglückte, die Kämpfe-
rin Pallas» (417–424). Die Liste scheint dem Zweck zu dienen,
ihrer Mutter zu versichern, daß sie unter normalen Umständen
in einer solch großen und ehrwürdigen Gesellschaft sich für
behütet hätte halten können. Tatsächlich gibt es eine weitere
Version des Mythos, die zur Zeit des Euripides so gut bekannt
war, daß sie keiner näheren Ausführung bedurfte: «Und es
folgten auf Schwingen des Sturms / Artemis hier mit Pfeilen und
dort / Pallas mit Speer und Gorgoschild.» (Euripides, *Helena*
1314a–1316; Kannicht 1969, ii.342–343)

Die von den Göttern beim Raub der Persephone verwendeten
Methoden wiederholen sich in den Geschichten über Zeus und
sterbliche Frauen. Um Europa zu verführen, die wie Persephone
mit ihren Freundinnen Blumen pflückte, verwandelte sich Zeus
in einen Stier, und eine Zusammenfassung der *Frauenkataloge*
formuliert: «Aus seinem Maul drang der Duft von Safran.»
(fr. 140) Hellenistische Darstellungen fügen Details hinzu, die
den Stier wenn nicht attraktiv, so doch magisch, faszinierend
und täuschend harmlos wie die Narzissen erscheinen lassen
(z.B. Moschos 2.79–107). Wie Io im *Gefesselten Prometheus*
berichtet, verschafft ihr Zeus Träume, die sie bewegen, ihre
Mädchenkammer zu verlassen und allein auf die große Wiese
von Lerna zu gehen, um ihn zu treffen (645–654). Der Dichter

der *Frauenkataloge* scheint allerdings nicht Europas Reaktion beschrieben, sondern sich vielmehr auf den ihrem Vater gewährten Ersatz konzentriert zu haben:

... und sie durchmaß das salzige Wasser,
[Weg von der Heimat nach Kreta;] Zeus listiger Anschlag bezwang sie
...
... und er schenkte
[ihr eine goldene Kette.] Es hatte Hephaistos der Kunstschmied
[einst dieses kostbare Kleinod] mit klugem Verstande [geschaffen]
[und als Geschenk] dem Vater gebracht; der nahm das Geschmeide,
[Selbst aber schenkte er es der Tochter] des würdigen Phoinix.
                                                        (fr. 141.1–6)

Aber der Autor des *Homerischen Demeter-Hymnos* betont, daß Persephone widerstrebend und unglücklich war:

... Sie schrie mit gellender Stimme
und rief Vater Kronion zu Hilfe...
...
Aber solange die Göttin das Sterngewölbe des Himmels
und die Erde noch sah und die Flut des fischreichen Meeres
und des Helios Licht und auch noch hoffte, die treue
Mutter zu schaun und die Schar der ewiglebenden Götter...
...
hallend tönten die Höhen der Berge, die Tiefen des Meeres
von der unsterblichen Stimme, die hehre Mutter vernahm sie.
Schneidender Jammer durchfuhr ihr Herz...
                            (20f., 33–40)

Der Dichter macht deutlich, daß Persephone sich nicht so sehr vor Hades fürchtet als vor dem Gedanken, von dem getrennt zu sein, was ihr vertraut war – in ihrem Fall eine besonders berechtigte Furcht, wird sie doch im wörtlichen Sinne entfernt aus der Welt des Lichtes und des Lebens, um unter der Erde mit den Toten zu hausen. Europa dagegen wird nur über das Meer von Phönizien nach Kreta befördert, um mit dem König Asterion zu leben (fr. 140). Einige Dichter erkannten allerdings genau, daß die Reaktion eines jungen Mädchens auf eine plötzliche Veränderung eben durchaus panische Angst sein kann. Im *Gefesselten Prometheus* erinnert sich Io daran, wie Zeus versuchte, sie zum alleinigen Herauskommen zu bewegen, um sie verführen zu können:

Traumbilder stets ja schwebten in der Nacht in mein
Jungfrauengemach herein mir, redeten mir zu
Mit Schmeichelworten: «O du höchst glückselige Maid,
Was bleibest du Jungfrau länger, steht die Ehe doch
Dir frei, die höchste? Zeus ja, durch der Sehnsucht Pfeil
Brennt heiß in Glut dir, trägt nach Kypris' Werk zu zwein
Begehr; doch du, Kind, weis nicht ab den Liebesbund
Mit Zeus; nein, geh hinaus zu Lernas tiefem Grund
Der Wiesen, Vaters Herden und dem Viehgehöft,
Auf daß Zeus' Auge finde seiner Sehnsucht Ziel!«
(645−654)

Die Träume geben keinen vollständigen Aufschluß, wie sie
selbst von dieser Erfahrung profitieren wird, und sie geht darauf nicht ein, bis ein Orakelspruch ergeht, der ihren Vater an-
weist, sie aus seinem Hause zu treiben, «zum Leid mir, ihm zum
Leid» (663−672).

Homer bringt zum Ausdruck, daß Nausikaa über außerordentliche Geistesgegenwart verfügt, als sie allein zurückbleibt,
um dem unbekleideten Odysseus gegenüberzutreten, denn
«Gräßlich erschien er denen [Nausikaas Gefährtinnen], ent-
stellt vom Salze des Meeres. / Auf die Klippen am Ufer stoben
sie hierhin und dorthin» (*Odyssee* 6.137f.). Und Odysseus
weiß, was er tun muß, um Nausikaa zu beruhigen: «Alsbald
sprach er die schmeichelhaften Worte.» (6.148) Elektra in Euripides' Stück dagegen wird sofort mißtrauisch, als sie fremde
bewaffnete Männer vor ihrem Haus sieht. Sie sagt den Frauen
des Chores: «Flieht ihr den Pfad hin ungesäumt, ich eil ins
Haus, / Den frevelhaften Männern aus dem Weg zu gehen!»
(*Elektra* 218f.)

Die Mythen vermittteln den Eindruck, daß eine junge Frau
mit anderen jungen Frauen, mit ihrem Vater wie ihren Brüdern
frei verkehren kann, während jegliche Begegnung mit einem
außenstehenden Mann eine potentielle Gefährdung darstellt.
Klytämnestra wirft in Sophokles' *Elektra* ihrer Tochter vor: «Es
scheint, du treibst dich wieder ungehemmt herum», denn «Aigisthos ist nicht da, der hielt dich stets zurück, / damit du vor
der Türe nicht die Deinen schmähst» (516−518). Kreon verfügt
über Antigone und Ismene: «Festgebunden und / nicht losgelassen müssen diese Frauen sein.» (Sophokles, *Antigone* 578f.)

Weil die Dramatiker des 5. Jahrhunderts zumindest für das
heroische Zeitalter, das ihre Stücke beschreiben, die Zurückge-
zogenheit junger Mädchen als normal darstellen, darf man
wohl annehmen, daß wenigstens die Mädchen der oberen
Schichten Athens auch ein solch geschütztes Leben führten.
Menander scheint bei seinem Publikum völliges Einverständnis
voraussetzen zu können, daß kein ehrbares Mädchen allein hinausgehen sollte. Als im *Dyskolos* Knemons Tochter auf ihrem
Rückweg vom Brunnen einem jungen Mann begegnet und er
anbietet, für sie Wasser zu holen, geht Knemons alter Sklave als
Beobachter natürlich davon aus, daß der junge Mann ihre Verführung plant, und er gibt Knemon die Schuld, weil er ihr keine
Begleitung zur Verfügung stellte:

Was ist denn das? Gewiß nichts Gutes! Nein das Ding
Gefällt mir nicht. Ein Schlingel so beflissen um
Das Mädel 'rum? . . . Faul, faul! Ach Knemon, wenn dich doch
Die Götter schlügen, daß du gleich zur Hölle fährst!
Das Mädel ist so harmlos – und du läßt sie hier
Allein und gibst nicht auf sie acht, wie sich's gehört
Als deine Pflicht . . . Dahinter kam vielleicht der Kerl,
schnell schlängelt er sich heran und meint, da hätt er ein
Gefundnes Fressen.
    (216–226)

Der Sklave geht dann weg, um den Stiefbruder des Mädchens
zu holen. Die gleiche Situation hätte sich auch im modernen
Griechenland auf dem Lande abspielen können. Jedesmal wenn
ein Mädchen

hinausgeht für irgendeine Besorgung, um Feuerholz zu sammeln oder
Wasser zu holen, hat sie jemanden an ihrer Seite. Im allgemeinen Verständnis gehören Brunnen und unerlaubte sexuelle Beziehung zusammen. Wenn ein Mann aus irgendeinem Grund die Mädchen des Ortes
sehen will, braucht er sich nur an den Brunnen zu setzen, nach und
nach wird er sie dann alle zu Gesicht bekommen. (Campbell 1964,
S. 86)

Tatsächlich hat sich der junge Mann aus dem *Dyskolos* in Kne-
mons Tochter verliebt, aber seine Absichten sind ehrenhaft. Die
Liebe auf den ersten Blick, üblicherweise Thema romantischer
Komödien und Romane, begegnet in sehr vielen mythischen

Handlungen und deutet darauf hin, daß junge Männer und Frauen im heiratsfähigen Alter so weit wie möglich getrennt gehalten wurden. Der Mythos reflektiert sehr präzise die Bedeutung von Jungfräulichkeit oder, andersherum ausgedrückt, von nachweisbarer Vaterschaft.

Da die Mythen sich auf den Moment konzentrieren, in dem ein Mädchen die Aufmerksamkeit eines Mannes erregt, scheinen sie zu implizieren, daß Mutterschaft die wichtigste Bestimmung einer Frau sei und daß in emotionaler Hinsicht die ersten Begegnungen mit Männern wichtiger seien als jede andere Erfahrung der Kindheit. In diesen Geschichten ist der Aufenthalt im Freien der erste Schritt zur Loslösung des Kindes von seiner Familie, ebenso die erste Beziehung zum Unvertrauten. So zeigt sich, daß abgesehen von diesem ersten und unwiderruflichen Bruch antike Mädchen ohne die Entwicklungsprobleme gesehen wurden, von denen man in unserer Gesellschaft auch die kleinsten Mädchen betroffen glaubt – vom Geburtstrauma über das erste Erwachen der Sexualität und die vorpubertäre Not bis zur Belastung der ersten Menstruation. Für antike Frauen zählte von diesen Problemen nur das letzte, das allerdings in hohem Maße, weil es mit Verlobung und Heirat zusammenfiel. Der Verfasser der hippokratischen Abhandlung *Über Jungfrauen* stellt fest, daß gelegentliche Hysterie junger Frauen ihren Grund darin hätte, daß das Blut nicht aus der Gebärmutter herausfließen könne, zurückfließe und sich nachteilig auf die anderen Organe auswirke; das Heilmittel wäre naturgemäß die Weitung des Gebärmutterausganges durch Geschlechtsverkehr mit einem Mann und Schwangerschaft (*Virg.*, L viii 468, vgl. oben S. 37). Wenn es noch weitere für junge Mädchen spezifische Probleme gab, so lenken weder die Mythen noch die medizinischen Abhandlungen den Blick darauf.

Aber natürlich sind die Mythen in der Form, wie sie uns überliefert sind, von Männern geschrieben worden, die nicht unbedingt Neigung oder Gelegenheit hatten zu beobachten, was Frauen fühlten oder dachten, wenn sie unter sich waren. Der Autor des *Homerischen Demeter-Hymnos* beschreibt Gespräche zwischen Frauen (und Göttinnen), allerdings nur im Zusammenhang mit der ziemlich außergewöhnlichen Situation

dieser Geschichte. Dennoch können uns ihre Unterhaltungen
ein Gefühl dafür vermitteln, wie stark Zuneigungen und Sym-
pathien der Frauen zueinander und ihr Interesse an der Mutter-
Kind-Beziehung waren. Die Göttin Hekate, selber eine Jungfrau, hört Persephones Schreie, kommt zu Demeter, ihr davon
zu berichten, und geht dann mit ihr zu Helios, um ihn, der alles
sieht, nach weiterer Information zu fragen. Keleos' Töchter und
später ihre Mutter Metaneira trösten die alte Frau, die sie am
Brunnen treffen (so wie Achilleus Priamos tröstet oder Nausikaa den unglücklichen Odysseus beruhigt), indem sie ihr ins
Gedächtnis rufen, daß die Menschen ertragen müssen, was die
Götter spenden (Richardson 1974, S. 226). Eine alte Magd,
Iambe, bringt Demeter einen Sitz und heitert sie durch Scherze
auf (194–205). Als Demeter im Zorn den Säugling Demophon
sich selbst überläßt, wird er von seinen Schwestern gerettet:
«Eine nahm in die Arme das Kind und barg es am Busen, /
Feuer entfachte die andre, auf zarten Füßen die dritte / eilte
herbei und hob die Mutter vom Boden der Kammer.»
(285–287) Als Persephone und Demeter wieder vereint sind,
bleibt Hekate bei ihnen und umarmt Persephone, und Rhea,
Demeters Mutter, kommt herbei, um ihre Tochter zur Rückkehr in die Gemeinschaft der Götter zu überreden.

Die Verehrung von Demophons Schwestern für ihre Mutter
und ihren Bruder, ihre Freundlichkeit gegenüber der alten Frau
am Brunnen, ebenso Metaneiras Schmerz über die Behandlung
ihres einzigen Sohnes sind Mutter-Kind-Erfahrungen Sterblicher, die ausdrücken helfen, was die Göttinnen Demeter und
Persephone fühlen müssen – sie, die überzeugt sind, für immer
voneinander getrennt zu werden. Natürlich können Göttinnen
per definitionem nicht sterben, aber Demeters Reaktion auf die
Schreie Persephones ähnelt stark der Hekabes und Andromaches, als sie sehen, daß Achilleus Hektor getötet hat und dabei
ist, den Leichnam zu mißhandeln (Richardson 1974, S. 161).
Schließlich bringt Hermes Persephone aus der Unterwelt zurück:

… Die Göttin sah es und stürmisch
fuhr sie empor wie ein rasendes Weib im schattigen Bergwald.
Wie nun Persephone die herrlichen Augen der Mutter

wiedersah, da sprang sie vom Wagen in fliegender Eile,
stürzte der Mutter entgegen ... (385–389)

Der Vergleich mit einer Mänade, der in der *Ilias* zur Beschreibung Andromaches verwendet wird, als sie befürchtet, Hektor sei im Kampf gefallen (6.389, 22.460), kann hier sowohl Furcht als auch Freude bedeuten. Denn Demeter stellt Persephone unverzüglich die Frage, deren Antwort entscheiden wird, ob sie wieder ständig zusammensein können oder nicht: ob sie während ihrer Zeit in der Unterwelt irgend etwas gegessen habe.

Diese Wiedervereinigung von Mutter und Kind mit dem Versprechen jährlicher Erneuerung markiert den Höhepunkt des Gedichtes; sie soll durch eine jährliche Feier bei den Eleusinischen Mysterien allen Menschen Hoffnung geben. Demeter erhält Persephone zurück, wenn auch nicht ganz dieselbe Persephone, und nur für einen Teil des Jahres. Doch beide nehmen diesen Kompromiß voller Freude an:

So nun den ganzen Tag hindurch einträchtigen Herzens [*homophrona thymon*]
suchten sie Sinn und Gemüt in treuer Liebe einander
vielfach zu erfreun und hatten des Kummers vergessen;
Frohsinn und Heiterkeit aber flossen im Wechsel von einer zu andern.

(434–437)

Es gibt einen bemerkenswerten Unterschied zwischen dem Jubel der Göttinnen und der Beschreibung menschlicher Existenz am Ende der *Ilias* (24.525–530): Achilles sagt, die Menschen müßten in Gram leben, während die Götter ohne Sorge sind, und das Beste, was ein Mensch aus den beiden Gefäßen auf Zeus' Schwelle bekommen könne, sei eine *Mischung* aus Bösem und Gutem. Wollten die Mysterien – die Initiationsriten zum Kult von Eleusis – andeuten, daß in der Wiedervereinigung eines Elternteils mit dem Kind, Persephones mit Demeter, Demeters mit Rhea und den anderen Göttern, das Geheimnis der Fortführung des Lebens liegt, nicht so sehr des individuellen Lebens, sondern dem des Geschlechts? Als Demeter ihres eigenen Kindes beraubt wird, bemüht sie sich sofort um die Pflege eines anderen, und es ist dieser Vorgang zusammen mit der Freundlichkeit, die die jungen Mädchen ihr erweisen, der schließlich zur (partiellen) Wiedergewinnung des eigenen Kin-

des und zur Geburt eines neuen Kindes führt – wenn auch der
Hymnos, vielleicht absichtlich, nicht sagt, auf welche Weise
dies letztere geschieht. Dieses Kind wird hier Plutos, «Reichtum», genannt, laut Hesiod ist es der Sohn Demeters und eines
sterblichen Mannes, Iasion, mit dem sie auf einem umgepflüg-
ten Feld schlief (*Theogonie* 971; Richardson 1974, S. 316). So
verstärken die verschiedenen Rollen der Frau als liebende Mutter wie als Lebenserhalterin einander wechselseitig, um die Ba-
sis für einen der wichtigsten und langlebigsten Kulte in der
antiken Welt zu bilden.

Grabinschriften lassen vermuten, daß der Frauen auch im
wirklichen Leben vor allem wegen ihrer Rolle in der Familie
gedacht wurde. Szenen mit Frauen und Kindern werden häufig
auf Grabdenkmälern und Vasen dargestellt (z.B. Ampharete;
Hansen 1983, Nr. 89; Kurtz 1975, 56, pl. 42.1), aber der vielleicht klarste Beweis für die Bedeutung der Rolle von Ehefrau
und Mutter findet sich explizit auf den Grabsteinen derjenigen,
denen diese Rolle versagt blieb. Im 6. und 5. Jahrhundert gab es
viel weniger Grabdenkmäler für junge Frauen als für junge
Männer. Da es üblich war, Details zu vermeiden und bei
Grundaussagen zu bleiben, ist es um so überraschender, daß die
Eltern sich zu der Angabe entschlossen, ihre jungen Töchter
seien unverheiratet gewesen: Phrasikleia (um 540 v.Chr.) wird
auf ihrem Grabstein dargestellt mit dem Ausspruch «Ich werde
immer Mädchen heißen, die Götter haben mir diesen Namen
statt der Heirat zugedacht» (Hansen 1983, Nr. 24 = *WLGR*
21; Humphreys 1983, S. 153; Gressmair 1966, S. 63–75). In
der Tragödie heißt es über junge Mädchen, die im Begriff sind
zu sterben, sie heirateten Hades, oder, weniger anschaulich, ein
Begräbnis würde ihre Hochzeit ersetzen – ein Brauch, der verständlich macht, warum ein antikes Publikum durch die Schilderung von Demeters Kummer im *Homerischen Hymnos* bewegt wurde (z.B. Euripides, *Iphigenie in Aulis* 461; *Medea*
985; Sophokles, *Antigone* 654, 816; Euripides, *Hekabe* 416,
612; Kurtz/Boardman 1971, S. 161). Dieselbe Vorstellung wird
gelegentlich auf Jungen angewandt, aber in den Gedichten der
Griechischen Anthologie, die die traditionellen Denkweisen in
der geschliffensten Form bewahren, wird nur über Mädchen
gesagt, daß sie den Tod heiraten (Gressmair 1966, S. 75–77).

Es ließe sich die These vertreten, daß diese Ansicht in erster Linie die männliche Auffassung vom Wert eines Frauenlebens spiegelt, wie im Falle des Ehemannes, der beklagt, daß Hades bei der Auswahl seiner Gattinnen weniger wählerisch ist als er selbst:

Niko, die rechtmäßige Ehefrau des Archon; Hades hat sie weggebracht, der nicht nach Schlechtigkeit oder nach Tugend fragt. Sie selbst aber war verständig und tadellos. Die Tote bestattete ihr Gatte hier mit eigenen Händen, die kretische Tochter des Aristokrates, in zweifachem Schmerz – bevor die fromme Frau edle Kinder gebären konnte. Möge ein anderer eine ihr gleiche Frau heiraten, aber eine mit einem besseren Schicksal, eine solche, die einem tadellosen Haushalt vorzustehen weiß. (Peek 866, 3. Jahrhundert v. Chr., Alexandria)

Aber da einige der Epigramme in der Anthologie von Berufsdichterinnen, wie etwa Anyte und Erinna verfaßt wurden, ist vielleicht die Annahme berechtigt, daß Frauen den vorzeitigen Tod eines Mädchens mit ähnlichem Bedauern betrachteten wie Männer:

Schmerz um das Mädchen Antibia quält mich. Zahlreiche Männer
wollten sie heiraten und suchten ihr Vaterhaus auf,
ihrer berühmten Schönheit und Klugheit zuliebe. Doch aller
Hoffnungen tilgte der Tod, wie ihn die Moira verhängt.
(648 GP = *WLGR* 12 = *AP* 7.490; Lattimore 1962,
194 n.62; *FGE* 678 ff.)

Die einzigen Frauen, die abweichende Vorstellungen über ihre primäre Rolle im Leben formulieren oder über diese Rolle klagen, sind die «bösen» Frauen aus Epos und Tragödie. Sie führen – wie Klytämnestra, Deianeira und Medea – die Vernichtung ihrer Familie und ihrer selbst herbei. Wenn Frauen anstelle von Männern diese Werke verfaßt hätten, wären wahrscheinlich andere oder zumindest vielseitigere Rollen betont worden. Nach unserem Wissensstand haben Dichter etwa die emotionalen (und körperlichen) Zuneigungen zwischen Mädchen derselben Altersstufe (*helikaia*) nie so intensiv beschrieben wie Sappho in ihren Gedichten:

Sterben will ich, ich lüge nicht.
Unter reichlichem Schluchzen verließ sie mich.
Und sie redete so zu mir:

«Ach wie bitter ist unser Los!
Sappho, wahrlich, ich scheide nicht gern von dir.»

Ich erwiderte aber dies:

«Lebe wohl und gedenke mein!
Weißt du noch, wie wir alle dich hier umhegt?

Oder weißt du es nicht? Ich will
dich erinnern...
was wir Schönes erlebt...

Viele Kränze aus Veilchen, (aus
Krokosblüten und Rosen, auch
Anis,) hast du, mir nahe, dir angelegt.

Und den Nacken, den zarten, hast
du mit manchem Gewinde, aus
holden Blumen verfertigten, dir geschmückt.

Reichlich auch mit Essenzen und
Brenthossalbe bestrichest du
und mit fürstlichen Ölen...

Und gebettet auf weichlichen
Pfühl die zarte... hast
du das Sehnen verströmt...»
(94 LP = *WLGR* 5)

In einem anderen Gedicht Sapphos hat ein Mädchen Lesbos
verlassen:

Und unter lydischen Frauen erstrahlt sie nun,
wie mit Rosenfingern der Mond,
wenn die Sonne versunken ist, zu Zeiten

alle Sterne besiegt. Doch er gießt sein Licht
auf die salzige Flut des Meers
gleich wie über die blumenreichen Fluren.

Und ergossen ist köstlicher Tau, es blühn
Rosen auf und des lieblichen
Kerbels Dolden und Honiglotosblüten.

Hin und her aber schreitet sie oft und denkt
an die freundliche Atthis, in
zarter Seele voll Sehnsucht...
(96 LP = *WLGR* 5)

Ist das Mädchen weggegangen, um zu heiraten? Oder ist es einfach nach Hause zurückgekehrt, nachdem es von Sappho für den Tanz im Chor eingeübt worden war? Spätere Dichter lösten die Gedichte von ihrem ursprünglichen Kontext und übernahmen deren Sprache und Situationen, um die höchste Steigerung *heterosexueller* Leidenschaft auszudrücken. Die Dichterin Erinna spricht eloquent über ihre mit einer Freundin verbrachte Kindheit und von der Traurigkeit über deren Tod unmittelbar nach der Heirat (*Suppl. Hell.* 401 = *WLGR* 9). Aber es läßt sich keinerlei Aussage darüber machen, ob diese isolierten Stimmen repräsentativ sind für die wechselseitigen Gefühle durchschnittlicher Mädchen oder ob sie einfach zeigen, wie – speziell in Sapphos Fall – eine große Dichterin der flüchtigen Erfahrung von Freundschaft im Jugendalter dauernde Bedeutung verleihen kann.

Betrachtet man sich die Unterhaltungen «guter» Frauen im griechischen Epos und in der Tragödie, so wird nicht von der verlorenen Kindheit oder von Freundschaften mit anderen Mädchen gesprochen, sondern von der Familie. Aber selbst wenn dieses Verhalten dem entspricht, wonach Männer – vielleicht sogar die Frauen selber – verlangen, muß man den männlichen Dichtern zugute halten, daß sie Frauen erlauben, wichtige Rollen einzunehmen und abschließende, höchst vernünftige Urteile über den Wert der Männerwelt abzugeben. Seit Homer stellen Dichter Frauen als die Überlebenden der Kriege dar, die Männer für sie und um sie herum führen, und dadurch gestatten sie ihnen, abschließende Urteile zum menschlichen Sterben abzugeben – Urteile, die sich in den meisten Fällen deutlich von denen der Männer unterscheiden (Lefkowitz 1981, S. 1–10). Nicht daß Homer beabsichtigte, Andromaches Sicht des Krieges solle die Hektors außer Kraft setzen oder negieren: im Text stehen beide Auffassungen nebeneinander, wenn auch in unauflösbarer Spannung. Somit war den griechischen Dichtern wirklich daran gelegen, die Gedanken von Frauen darzustellen, und selbst in Werken über den Krieg bemühten sie sich, weibliche Auffassungen in den Vordergrund zu rücken.

Frauen können in Epos und Drama heroisches Format gewinnen, indem es ihnen im Leiden gelingt, zu verstehen und durchzuhalten. Hekabe oder Andromache erlangen so Bedeutung als

Charaktere; aber es wäre falsch zu unterstellen, daß der Heroismus von Frauen ausschließlich «typisch weiblicher» Art wäre
oder daß Frauen andererseits nicht in der Lage wären, heroisches Format durch aggressives Handeln zu erlangen. Wie Winnington-Ingram gezeigt hat (1982, S. 247–249), sind die
Frauen bei Sophokles, speziell Elektra und Antigone, fähig, die
Initiative zu ergreifen und gegenüber Männern und Frauen gleichermaßen einen Grad an Feindseligkeit und Zorn an den Tag
zu legen, der eines Achilleus würdig wäre. Aber Frauen in den
Mythen befinden sich eben zum größten Teil in Positionen, wo
sie nicht die Macht haben, irgendeine Veränderung zu bewirken, und aus diesem Grund wählen die Dichter sie oft dazu aus,
die conditio humana im allgemeinen darzustellen (Wiersma
1984, S. 54 f.).

Euripides benutzt ein und dieselbe Gestalt, Hekabe, um die
aktiven wie die passiven Formen des «Heroismus» zu beschreiben. In *Hekabe* erleidet die Titelheldin den Verlust zweier Kinder, dann rächt sie den Tod ihres Sohnes, indem sie seinen
Mörder täuscht, ihn von ihren Sklavinnen blenden und seine
beiden Söhne töten läßt. In den *Troerinnen* jedoch erduldet
Hekabe nur Kummer auf Kummer. Sie kommentiert im Verlauf
des Dramas eine Reihe von Taten anderer, aber als Sterbliche
kann sie nicht vorhersehen, daß ihr Rat und ihre Äußerungen
sich als zutreffend erweisen werden. Am Ende des Stückes
wünscht sie sich, in Troja zu sterben, entgegen dem Rat, den sie
zuvor Andromache gegeben hat, daß selbst das Leben in der
Sklaverei besser sei als der Tod: «(O Tochter,) Tod und Leben
sind nicht eins: der Tod / Vernichtet; wo das Leben ist, ist
Hoffnung auch.» (631 f.) Als sie diesen Ratschlag gab, hatte sie
bisher nur gesehen, wie ihre Tochter Kassandra weggeführt
wurde, um Agamemnon als Konkubine zu dienen, und erfahren, daß ihre Tochter Polyxena auf Achilleus' Grab geopfert
worden war. Als das Stück zu Ende ist, hat sie erlebt, daß
Andromache weggebracht wurde, Menelaos unfähig war, Helena zu töten, und ihr Enkel Astyanax von der Stadtmauer
geworfen wurde. Aber das Publikum weiß, daß sie in der Nähe
von Troja sterben und bald gerächt werden wird: es vernahm
Poseidons Versprechen, «Aigaiermeeres Fluten» aufzuwühlen,
um die griechische Flotte in alle Winde zu zerstreuen, und hörte

Kassandras Prophezeiung, Agamemnon werde bei seiner Rückkehr ermordet.

Aus diesem Grund können *Die Troerinnen* nicht wirklich als
ein «Friedensstück» angesehen werden, obwohl es lange Zeit
Mode war, es für eine gegen den Zeitgeist gerichtete Darstel-
lung zu halten: es sollte den Abscheu eines pazifistischen Stük-
keschreibers vor den von den Athenern auf Melos begangenen
Kriegsverbrechen ausdrücken und seine Sympathie für die
Frauen und Kinder dieser Insel, die nach der Tötung der Män-
ner in die Sklaverei verkauft wurden (vgl. Vellacott 1975,
S. 163–166). Sicherlich ist Poseidons Warnung am Ende des
Prologs allgemein zu verstehen: «O töricht, wer in Trümmer
Städt' und Tempel stürzt, / Und Gräber, die der Toten heilige
Stätten sind, / In Wüsten wandelt und zuletzt selber untergeht!»
(95–97) Aber sie richtet sich an Soldaten, die Respektlosigkei-
ten gegenüber Göttern begehen, wie der kleine Ajax, der Kassandra im Tempel der Athene Gewalt antut – und nicht an
Soldaten, die das grausame, aber notwendige Werk ausführen,
einen möglicherweise gefährlichen Feind zu unterwerfen. Hekabe und all die anderen Frauen im Stück sind hilflos, aber
keineswegs selbstzufrieden. Kassandra erinnert Hekabe an die
einstigen Leistungen der Trojaner, die im Krieg gefallen sind,
und verheißt, daß sie durch ihre Ehe die vernichten werde,
denen sie und ihre Mutter den stärksten Haß entgegenbringen –
eine Prahlerei, die der Herold Talthybios nur zuläßt, weil er sie
für wahnsinnig hält. Andromache klagt die Griechen an, sich
üble barbarische Praktiken ausgedacht zu haben, weil sie ihren
unschuldigen Sohn töten wollen; sie vermutet nämlich, daß sie
sein Fleisch verspeisen wollen, als wäre er ein Menschenopfer.
Hekabe fügt später die spöttische Grabinschrift an, die Griechen hätten ihn aus Furcht getötet – «O Inschrift arger
Schmach für Hellas' Volk» (1191 f.). Die Tötung des Astyanax
war ein weit schwereres Verbrechen als alles, was man aus dem
Vorgehen der Athener gegen Melos kannte. Dort wurden die
Kinder nicht ermordet, sonder versklavt (Thukydides 5.116.4);
die griechische Gesetzesformel «Kinder und Frauen» betont die
höhere Wichtigkeit der Kinder (Weidemann 1983, S. 163–170).
Bevor sie erfährt, daß Astyanax getötet werden soll, sagt He-
bake zu Andromache:

Nein halte den in Ehren, der dir nun gebeut,
Und deines Wesens holden Reiz mißgönn ihm nicht.
So wirst du deine Lieben all erfreun, mein Kind,
Und kannst den Knaben, meines Sohnes Sohn erziehn
Zum größten Heil der Troer, daß die Söhne, die
Von ihm einst entsprossen, Troja wiederum
Aufbauen und ein neues Ilion ersteht.
                                        (699–705)

Diese Möglichkeit der Erneuerung ist eine der «Hoffnungen im
Leben», von denen Hekabe Andromache erzählt; wieder einmal sehen wir, wie Frauen sich gegenseitig und indirekt uns alle
über ihre entscheidende Rolle für das Überleben des Menschen-
geschlechts belehren.

Weil Männer wie Frauen die Mutterschaft als wichtigste
Rolle der Frau ansahen, mußte jeder, der sich über Frauen lustig
machen wollte, sie so darstellen, als wären sie praktisch nur mit
Ehebruch und Abtreibung beschäftigt. Semonides sagt in seiner
Satire über Frauen von der weiblichen Biene, dem einzig positi-
ven Beispiel von insgesamt zehn Frauentypen: «Nur ungern
nimmt sie Platz in einer Weiberrunde, / in der man von den
Liebesfreuden sich erzählt.» (fr. 7 W, 90–91; vgl. Menander,
Dyskolos 381–389)

Hippolytos, schwerlich ein von Sympathie getragener Beobachter, beharrt darauf, daß Frauen statt mit Sklaven mit stum-
men Tieren leben sollten, «daß keiner wäre, welchen sie anre-
deten, / und keiner ihnen wiederum entgegnete» (Euripides,
Hippolytos 645–648) – weil vermutlich jeder Sklave sich als
Mittelsmann gerieren würde wie Phaedras alte Amme. Aber wo
Dichter uns erlauben, den Unterhaltungen von Frauen zu lauschen, besonders in der eleganten Klein-Epik, die dem gebilde-
ten hellenistischen Publikum Einblicke in das gewöhnliche Leben gewähren sollte, können wir uns von der Vielzahl von –
größtenteils praktischen – Gegenständen überzeugen, über die
sie sich austauschen. Manche dieser Gedichte handeln von
Männern, so etwa Herondas' Mimiambos über die alte Kupple-
rin, die eine Hetäre dazu bringen will, sich einen neuen Liebhaber zuzulegen (Herondas 1 = *WLGR* 108), andere vom «Män-
nerersatz» wie im Fall der Frau, die herausbekommen möchte,
wo es den besten Dildo zu kaufen gibt (Herondas 6 = *WLRG*

109). Einige Frauen klagen über Gefühllosigkeit und Unfähig-
keit ihrer Männer:

... Der nahm sich am Weltende dieses
Schlupfloch, nicht Wohnung, damit wir beide nicht Nachbarschaft hal-
ten
sollten, der ewige Streithammel, dieses gehässige Ekel!
... Freilich der Vati brachte erst neulich – wir sagen ja immer
«neulich» – vom Kauf aus der Krambude mir statt Natron und
Schminke
Salz mit nach Hause, der Kerl, der dreizehnellige Lulatsch!
                    (Theokrit, *Idyllen* 15.8–10, 16f.)

Beim Besuch des Asklepiontempels bewundern Frauen die
Skulpturen, weil sie täuschend echt wirken: «Den nackten Knaben hier, wenn ich den kneife, / kriegt der nicht blaue Flecken,
Kynna?» (Herondas 4.59–60) Die meisten dieser Frauen klagen über die Faulheit und Dummheit ihrer Sklaven, über die
Gier der anderen, aber nicht über die eigene, und alle kehren
am Ende zu ihren Männern zurück: «... Diokleides hat noch
kein Frühstück. / Ach, er besteht aus Essig, und hungert er,
mußt du ihn meiden!» (Theokrit 15.147f.)Ihre Unterhaltung
kann banal, selbstsüchtig und trivial sein, aber das gilt auch für
die der Männer, sogar wenn sie von Liebe reden. Der sich nach
Galatea verzehrende Zyklop bemerkt, er selbst habe sich schön
gefunden, als er sein Spiegelbild im Meer erblickte, jedoch
«Mißgunst zu meiden, spuckte ich dreimal in den Gewand-
bausch» (Theokrit 6.39f.).

Bei Aristophanes, dem Komödiendichter, halten die Frauen
während der Thesmophorien eine offizielle Zusammenkunft
ab, um Euripides anzuklagen: er mache die Männer glauben,
die Frauen verhielten sich wie Stheneboea oder andere verru-
fene weibliche Charaktere in seinen Dramen. Die unglaublich-
sten «Enthüllungen» über Ehebrecherinnen werden (wie zu erwarten) von einem als Frau verkleideten *Mann* verkündet, der
mit den Worten schließt: «Sagt, treiben wir's nicht so? – Bei
Artemis / Ja! – Und wir grollen dem Euripides? – / Wir leiden
nicht mehr, als was wir getan!» (Aristophanes, *Die Thesmophoriazusen* 517–519) Aber es wäre unsinnig, diese unterhalt-
same Parodie als eine ernsthafte Beschreibung dessen mißzuver-

stehen, was tatsächlich bei den normalen Thesmophorien geschah, wenn Frauen sich in Abwesenheit der Männer trafen.
Selbstverständlich hielt es niemand für erinnernswert, was die
Frauen miteinander beredeten, genausowenig wie das, was
Frauen oder auch Männer während der Prozession nach Eleusis
oder bei einer anderen rituellen Feier sagten. Worauf es ankam,
war das Ewige, die Fortdauer des Ritus selbst. Und wenn wir
einem besonders scharfen Beobachter antiker Kulte vertrauen,
dem im 3. Jahrhundert lebenden Dichter Kallimachos aus Kyrene, kam es bei den Thesmophorien darauf an, Demeters fort-
dauernden Schutz für Menschen und Ernte zu erflehen. Kallimachos sah und erklärte natürlich nur, was die Frauen beim
öffentlichen Teil des Festes taten:

Wie wir die Stadt durchziehen, ohne Kopfband und barfuß,
ebenso werden wir Kopf und Füße vor Schaden bewahren.
Wie die Träger die Schwingen schleppen voll goldener Körner,
ebenso werden wir reichlich die goldenen Früchte genießen.
Nichtgeweihte begleiten den Zug bis zum städtischen Amtshaus,
doch die Geweihten folgen weiter zum Tempel der Gottheit,
wenn sie die Sechzig noch nicht überschritten; ...
                    (Kallimachos, *Hymnos an Demeter* 124–130)

Was taten und sagten die eingeweihten Frauen innerhalb des
Tempels? Wir wissen von Aristophanes, daß die Frauen zu den
beiden Göttinnen und Pluto beteten (295 f.) und daß zumindest
bei den Riten in Eleusis eine Art Feier der Geburt des Plutos
stattfand, wie der *Homerische Demeter-Hymnos* andeutet:

... und wem von den irdischen Menschen
jene gnädig gewogen, oh, der ist selig beraten,
und sie senden ihm schnell zum häuslichen Herde den Plutos,
der mit reichen Gaben beschenkt die sterblichen Menschen.
              (486–489; Richardson 1974, S. 26–28)

Wir wissen, daß in Eleusis Demeter durch die von Iambe er-
zählten Scherze (203) zumindest zum Essen ermuntert wurde
und damit zur Erneuerung ihrer Sorge für das menschliche Leben; dessen wurde in den rituellen Scherzen der Eleusinien gedacht. Da diese Scherze sehr wahrscheinlich anzüglich waren
(Richardson 1974, S. 214), läßt das Quellenmaterial erneut den
Schluß zu, daß die Frauen sich im privaten wie im öffentlichen

Bereich vorrangig mit dem Prozeß des Ehefrau- und Muttter-werdens beschäftigten.

Die Informationen, die wir über andere feierlich abgehaltene Riten besitzen, geben ebensowenig Hinweis darauf, daß man diese Anlässe zum Protest gegen die Rolle der Frauen benutzt hätte oder gegen die Art und Weise, wie die Männer die Welt beherrschten. Wenn in Aristophanes' *Lysistrata* der Herold beklagt, daß das Ersuchen des Redners Demostratos an die Volks-versammlung um Schiffe für Sizilien und Männer für Zakyn-thos unterbrochen wurde vom Gejammer seiner Frau um Ado-nis, beklagt er bloß die ständige Genußsucht der Frauen (*ex-elampen hê tryphê gynaikôn*), die nicht von ihren Vergnügun-gen ablassen können, um einmal dem ernsten Geschäft der Männer Aufmerksamkeit zu erweisen (136–144, vgl. Phere-krates 170 K). Bei den Adonien aber trauern die Frauen, wie es Sappho beschreibt, nicht über ihr eigenes Schicksal, sondern über Adonis' kurzes Leben und den knappen Zeitraum seiner Liebschaft mit Aphrodite: «Der edle Adonis stirbt, Kytherreia, was sollen wir tun? / Schlagt eure Brüste, Mädchen, und zer-reißt eure Gewänder!» (fr. 140 LP; vgl. Pherekrates 170 K) Ein Teil des Reizes dieser Geschichte liegt in Adonis' Alter: er war jung genug, um Sohn zu sein, und alt genug, um Mann zu sein: «Keinesfalls scheuert sein Kinn, blond schimmert noch Flaum um die Lippen.» (Theokrit 15.130)

Die Feierlichkeiten selber boten Gelegenheit zum Anbändeln. In Menanders *Samia* erklärt ein junger Mann, welche Möglich-keiten sich dabei ergaben:

Da das Fest viel Vergnügen bietet, war ich wie gewöhnlich anwesend, ich war ein Zuschauer: Der Lärm weckte in mir eine gewisse Schlaflo-sigkeit; ich trug einige (Adonis)-Gärtchen auf das Dach; die Frauen tanzten und gingen einzeln hinauf, um die ganze Nacht zu feiern. Ich scheue mich, das übrige zu sagen. Ich glaube, ich schäme mich. Das ist nicht der Brauch. Aber ich schäme mich immer noch. Das Mädchen ist schwanger. (41–49)

Die erwähnten «Gärten» waren eine Art Topfpflanzen, die schnell wuchsen und starben, wie Adonis selbst. So hat es den Anschein, daß es bei den Adonien, wie bei den Thesmophorien, in erster Linie um den Fortgang des Lebens ging:

Hierher, du teurer Adonis, und in den Acheron wieder
ziehst du, so heißt es, allein von den Halbgöttern...
Gnade gewähr uns, jetzt und im kommenden Jahre, Adonis!
Freundlich begegne, wie diesmal, uns auch bei der Rückkehr, Adonis!
(Theokrit 15.136—144)

Die Klagen um die verlorene Kindheit in der Dichtung von
Frauen scheinen insofern eine analoge Funktion zu dem Ritus
für Adonis zu haben, als sie dazu beitragen, eine spezielle Erfahrung in ein allgemeines Muster einzubringen und die Frauen
in die Lage zu versetzen, sich auf einen größeren Einschnitt in
ihrem Leben vorzubereiten. Homosexuelle Erfahrung ist in einem gewissen Sinne eine Vorbereitung auf heterosexuelle; ein-
und dieselbe Göttin, Aphrodite, bietet in beider Hinsicht Befriedigung. In Sapphos Gedicht ist es unmöglich zu entscheiden, ob
der Schlaf, der von den rauschenden Blättern im Tempelhain
der Aphrodite herniedersinkt, auf die Erfüllung hetero- oder
homosexueller Beziehungen folgt. In Alkmans *parthenaion*
(fr. 1 *PMG*) stellen die Sängerinnen fest, daß es die Leiterin
ihres Chores ist, die sie erregt (*teirei*, 77), doch zugleich beschreiben sie sie auf eine Weise, die auf einen Mann nicht weniger anziehend wirken würde: Hagesichora ist wie ein herausra-
gendes Pferd unter den mittelmäßigen Herden, stark, preisver-
dächtig, mit donnernden Hufen, ein Pferd aus der Welt der
Träume (fr. 1, 45—49; Calame 1977, ii. 69 f.). Kyrene erregt
Apollons Aufmerksamkeit, als sie allein mit einem Löwen
kämpft; Atalante hat Peleus besiegt und konnte schneller laufen
als alle Männer, als sie von Hippomenes durch die List mit den
Äpfeln gefangen wurde (Hesiod, *Frauenkataloge* fr. 43 a, vgl.
oben S. 42). Eine Frau ist natürlich am reizvollsten für Männer
in dem Moment, in dem sie auch Frauen höchst einzigartig
erscheint. Sappho berichtet in ihrem Gedicht über das Mädchen, das fortgegangen ist:

Unter lydischen Frauen erstrahlt sie nun,
wie mit Rosenfingern der Mond,
wenn die Sonne versunken ist, zu Zeiten
alle Sterne besiegt.
(fr. 96.6—14 = *WLGR* 5, vgl. oben S. 64 f.)

Wenn es einer dieser außergewöhnlichen Frauen gelang, die
Aufmerksamkeit des Gottes zu vermeiden oder ihren Vater zu
überreden, sie nicht mit einem sterblichen Mann zu verheiraten, was konnte sie als Aufgabe für den Rest ihres Lebens erwarten? Den Göttinnen garantierte Jungfräulichkeit Unabhängigkeit, aber Göttinnen hatten auch von Zeus die Kraft, ihre
Unberührbarkeit gegen das Wirken Aphrodites zu verteidigen.
Zwei der jungfräulichen Göttinnen geben sich mit dem ab, was
normalerweise Männerarbeit ist. Athene beschäftigt sich mit
Kriegen und dem Werk des Ares, Gefechten und Schlachten und
glorreichen Taten; sie bringt als erste sterblichen Handwerkern
bei, Streitwagen und mit Bronze gearbeitete Wagen herzustellen
(*Homerischer Hymnos* 5.8–13). Artemis hat Gefallen an Pfeil
und Bogen und dem Erlegen wilder Tiere (16–20). Beide machen auch weibliche Tätigkeiten mit wie Weben (14f.) und Tan-
zen (19f.), und andere jungfräuliche Göttinnen führen ein Leben, das denen sterblicher Frauen stärker gleicht. Hestia hat die
Erlaubnis von Zeus, anstatt verheiratet zu sein inmitten des
Haushalts zu sitzen wie auch in den Tempeln aller Götter und
das Fette vom Herd zu nehmen (29–32). Hekate besitzt laut
Hesiod wie Demeter Macht über die Fruchtbarkeit der Menschen und der Erde und auch über den materiellen Erfolg der
Menschen (*Theogonie* 416–449). Aber menschliche Jungfrauen haben wegen ihrer Sterblichkeit keinen übernatürlichen
Beschützer und müssen altern; sie haben keine von diesen
Machtbefugnissen oder Privilegien. Artemis überragt alle Nymphen auf dem Feld, was ihre Mutter von Herzen erfreut, denn
jeder erkennt sie leicht. Aber wenn Nausikaa, die Homer mit
Artemis vergleicht, einem Gott oder einem weniger ehrenwehr-
ten Mann als Odysseus begegnet wäre, was hätte sie tun können, um sich selbst zu verteidigen? (*Odyssee* 6.105–108)

Für eine sterbliche Frau bedeutete Ehelosigkeit das Beibehalten einer unauffälligen Stellung innerhalb der Menge der anderen Frauen, das Verrichten von Frauenarbeit; dies war der Fall
bei der Gruppe unverheirateter Frauen, die sich vor dem Krieg
in das Haus ihres Verwandten Aristarchos flüchteten, der sie
nicht ernähren konnte – worauf Sokrates ihn anwies, sie arbeiten zu lassen wie Sklavinnen (Xenophon, *Memorabilien* 2.7 =
WLGR 105). Eine alte Frau, so haben wir in der Geschichte

von Demeter gesehen, kann sich allein und unabhängig bewegen. Der Anfang von Aischylos' *Eumeniden* jedoch zeigt, daß
die Priesterin des Apollon in Delphi, eine alte Bäuerin, zwar
allein ausgehen kann, in einer Notlage aber hilflos ist: «Faßt
Angst die Greisin – nichts ja, kindgleich ist die dann.» (38)
Vermutlich wurde eine Jungfrau oder eine alte Bäuerin zur
Priesterin des Apollon ausgewählt, weil es für die Prophezeiungen notwendig war, daß sie sich Apollon völlig unterwarf wie
eine Ehefrau. Kassandra, die sich nicht unterwerfen wollte, war
natürlich dazu verdammt, daß niemand ihr Glauben schenkte.
Für die Vestalinnen wie für die Göttin Hestia/Vesta selber war
Jungfräulichkeit eine Form des Dienstes und ebenso eine Belohnung (Plutarch, *Numa* 9–10). Als die Frauen von Lemnos ihre
Söhne und Ehemänner ermordet und den König von ihrer Insel
weggeschickt hatten, merkten sie, daß sie das Land zwar für ein
Weile verwalten konnten, daß sie aber weder körperlich noch
seelisch auf längere Sicht ohne Männer auskommen konnten:
sie brauchten für den Fall einer Invasion eine Armee, sie
brauchten Kinder, sobald die jungen Mädchen begannen, erwachsen zu werden, sie brauchten jemanden, der kräftig genug
war, die Felder zu pflügen (Apollonios von Rhodos, 1.675 f.).
Jeder antike Autor, ob männlich oder weiblich, sprach den
Frauen Intelligenz zu, aber keiner kam darauf, daß es für
Frauen möglich oder wünschenswert sein könnte, eine andere
Lebensform zu wählen als die ihnen traditionellerweise zuge-
wiesene oder, in anderen Worten, in einer Welt ohne Männer zu
leben.

4

Ehefrauen

Wenn feministische Autorinnen in den letzten Jahren den Einschränkungen und Grenzen im Leben der antiken Frauen zuviel Gewicht beilegten, schufen sie damit zumindest einen Ausgleich für die apologetischen und unkritischen Einschätzungen aus der Zeit vor der Bürgerrechts- und Studentenbewegung in den sechziger Jahren (Gould 1980, S. 39–42). Diese früheren Untersuchungen hoben gerne die Leistungen bestimmter außergewöhnlicher Frauen hervor; sie erweckten auch mit Vorliebe den Eindruck, die meisten antiken Frauen hätten die ihr Leben bestimmenden Gebräuche und Gesetze als gerecht und naturgegeben empfunden, weil sie sich offensichtlich nicht über ihr Leben beklagten. Jedoch sollte niemand aufgrund außergewöhnlicher Leistungen davon ausgehen, daß die Mehrzahl der Frauen solche Lebensrollen für erreichbar oder erstrebenswert hielt; fast jede antike Frau, die etwas Bemerkenswertes zustandebrachte, war adlig und auch fast immer mit einem bedeutenden Mann verwandt. Die Flottenbefehlshaberin Artemisia aus Halikarnass (Herodot 8.87f. = *WLGR*, S. 40) und die illyrische Heerführerin Kynna (Athenaeus 13.560f.) hatten einen «Beruf», weil sie einen König zum Vater hatten. Zu Beginn des 4. Jahrhunderts v. Chr. erhob die Spartanerin Kynisca den Anspruch, als erste Frau ein Rennen mit vierspännigem Wagen gewonnen zu haben; aber auch sie war die Tochter eines Königs (*AP* 13.16 = *WLGR*, S. 44). Eine andere Siegerin im Wagenrennen war Bilistiche, die Hetäre (oder Mätresse) des ägyptischen Königs Ptolemaios Philadelphos (*POxy* 2082 = *WLGR*, S. 46; Pomeroy 1985, S. 20). Wenn Frauen wie Sappho und Corinna Dichterinnen sein konnten, dann vor allem deswegen, weil sie ihre Verse zu Hause verfaßten und damit nicht aus der gewohnten Existenzweise von Frauen ausbrachen. Während der gesamten Antike dichteten aristokratische Frauen: von der argivischen Dichterin Telesilla wurde gesagt, sie hätte sich mit Musik befaßt, weil sie kränklich war (Plutarch, *Moralia* 245c = *WLGR*, S. 39); wir besitzen ein Papyrusfragment von Erinnas epischem

Gedicht *Die Spindel* (*Supp. Hell.* 401), und Epigramme mehre-
rer Frauen der hellenistischen Zeit sind in der *Griechischen
Anthologie* erhalten.

Aber ist die Vermutung einiger unserer Forscher wirklich gerechtfertigt, die Mehrheit der antiken Frauen hätte bei sich bie-
tender Gelegenheit den Wunsch gehabt, diesen Leistungen nach-
zueifern? In diesem Kapitel möchte ich im Detail eine Reihe von
Dokumenten untersuchen, an denen man positive Aspekte des
Alltagslebens aufzeigen kann. Zunächst muß man fragen, welche Art weiblichen Verhaltens aus der Sicht eines Mannes Lob
verdiente. Die Grundkategorien sind klar in Semonides' berühmter Satire dargelegt (fr. 7 W = *WLGR*, S. 30). In diesem
Gedicht wird wie so oft das Gute vor allem über das Schlechte
definiert. Der einzige lobenswerte Frauentyp, die weibliche
Biene, wird nach einer Aufzählung von acht verachtenswerten
Frauen beschrieben, und da sich an die Biene wiederum Überlegungen zum trügerischen Wesen des Weibes anschließen, er-
weckt der Dichter den Eindruck, daß eine gute Frau (um es milde
auszudrücken) die Ausnahme darstellt: sie nimmt von den 118
erhaltenen Versen seines Gedichtes gerade elf ein:

Die zehnte von der Biene. Wer sie heimgeführt,
ist glücklich; sie allein bleibt frei von jedem Makel.
Sie läßt des Lebens Güter blühen und gedeihen.
Geliebt und liebend altert sie mit ihrem Gatten
als Mutter stattlicher und ruhmbedeckter Kinder.
Weit ragt hervor sie aus dem Kreise aller Frauen,
und rings umfließt sie Anmut, das Geschenk der Götter.
Nur ungern nimmt sie Platz in einer Weiberrunde,
in der man von den Liebesfreuden sich erzählt.
Das sind die tüchtigen und äußerst klugen Frauen,
die Zeus als Glücksgeschenk den Männern gibt.
                                        (83–92)

Manches in dieser positiven Beschreibung wird ex negativo
ausgedrückt: «Sie allein bleibt frei von jedem Makel» (84) und
«Nur ungern nimmt sie Platz in einer Weiberrunde, / in der man
von den Liebesfreuden sich erzählt» (90f.). Auch wird mit Ausnahme des Satzes «...liebend altert sie mit ihrem Gatten» (86)
nichts darüber gesagt, wie *sie* fühlt; der Rest entstammt der
Sichtweise ihres Mannes: sie sorgt für die Mehrung seines Ei-

gentums, er liebt sie, sie hat prächtige Kinder; sie hebt sich von allen Frauen ab (die Formulierung schreibt ihr heroisches Format zu). Solche Frauen werden als die besten und «vernünftigsten» eingestuft, weil sie ihr Leben dem Dienst für ihre Männer und ihrem Haushalt widmen. Es ist bezeichnend, daß die Biene dafür gelobt wird, sich nicht mit anderen Frauen über Sexualität zu unterhalten, denn dies könnte erstens Untreue fördern und zweitens die Frau von der Arbeit abhalten oder sie sogar aus dem Hause treiben, um sich mit anderen Frauen zu treffen.

Aus Semonides' Gedicht läßt sich ohne weiteres ablesen, warum der Mann die Frau liebt, aber warum liebt *sie* ihren Mann? Da Sappho, die einzige uns bekannte Dichterin aus dem zeitlichen Umfeld des Semonides, nicht über die Zuneigung von Frauen zu Männern schrieb, müssen wir uns zur Information an die von Männern verfaßte Dichtung halten. Ich möchte mit Penelope und Alkestis beginnen: sie sind die Archetypen guter Frauen, zumindest laut einem Ehemann in einer Komödie des 4. Jahrhunderts v.Chr., der gegen eine lange Liste schlechter Frauen nur mit diesen beiden Namen aufwarten konnte (Eubulos, fr. 116, 117 K = *WLGR* 34). Penelope entspricht den durch negative Gegenbeispiele festgelegten Kriterien des Semonides: sie bleibt ihrem Mann zwanzig Jahre lang treu, trotz ständiger Versuchung; sie bleibt in ihren Räumen im Palast, mit Ausnahme kurzer öffentlicher Auftritte, bei denen sie von Mägden oder ihrem Sohn Telemachos begleitet wird. Sie pflegt keinen Kontakt mit anderen Frauen (abgesehen von den sie umgebenden Sklavinnen). Alle erkennen an, daß sie sämtlichen anderen Frauen überlegen ist, besonders wegen ihrer Intelligenz:

Handarbeit, wunderschön, und kluge Gedanken und Listen,
Wie wir sie noch von keiner der schöngelockten Achäer-
Frauen jemals gehört, selbst nicht von denen der Vorzeit...
Deren nicht eine kam auf ähnlich kluge Gedanken
Wie Penelope...
                                                    (*Odyssee* 2.118–122)

Diese von dem Freier Antinoos gegebene Beschreibung weist darauf hin, daß Penelope eine spezielle Art Intelligenz besitzt. Dazu gehört auch die Fähigkeit des Pläneschmiedens, die Männern hinterhältig erscheint, weil sie sie nicht sogleich verstehen können: «Die Gottheit schuf von Anfang an die Sinnesart / der Frau auf ganz verschiedene Weise.» (Semonides 1 f.) Aber Penelope benutzt ihre spezielle Intelligenz, um ihrem Mann treu zu bleiben: zuerst hintergeht sie die Freier drei Jahre lang, indem sie nachts das von ihr tagsüber gewebte Stück des Totenhemdes für ihren Schwiegervater Laertes wieder auftrennt (*Odyssee* 2.85 ff.). Dann prüft sie Odysseus, ob er wirklich ihr Ehemann ist, indem sie vorgibt, das Geheimnis der Konstruktion ihres Ehebettes nicht zu kennen (23.177 ff.). Am Ende des Epos verstehen wir schließlich, warum Odysseus bereit war, zugunsten der Rückkehr zu Penelope Kalypso und die Verheißung der Unsterblichkeit auszuschlagen, auch wenn er Kalypso gesteht: «...weiß ich doch selber / nur zu gut, wie sehr die besonnene Penelopeia / Dir nachsteht an Größe und Wuchs für den, der sie ansieht.» (5.217 ff.) Aber warum wartet Penelope auf Odysseus? Sie tut dies zum Teil deswegen, weil Odysseus, «dessen Ruhm über Hellas reicht und mitten durch Argos» (1.344), wie sie selber sagt, «unvergleichlich» ist. Zum Teil geschieht dies auch wegen des Hauses, das er selbst bauen half: «...und dieses Haus hier verlassen / Meines Gemahls, das schöne, das angefüllt ist mit Schätzen, / Dessen ich noch im Traume, glaube ich, werde gedenken.» (21.77–79) Aber dann geht es auch noch um ihr Ansehen: sie macht sich Gedanken, «Ob bei dem Sohn ich bleibe und alles gründlich behüte, / Meinen Besitz, das hochüberdachte Haus und die Mägde, / Achtend das Lager meines Gemahls und die Meinung im Volke.» (19.524–526) So äußert sie, nachdem sie Odysseus wiedererkannt hat:

Auch die zeusentsprossene Argeierin Helena hätte
Nicht sich fremden Manne vereint in Liebe und Lager,
Hätte bereits sie gewußt, daß die streitbaren Söhne Achaias
Einst sie wieder nach Haus ins liebe Vaterland brächten.
                    (23.218–221)

Helenas Tat war falsch, weil sie so vielen Leid und Tod brachte; Penelope gebraucht dafür auch die Bezeichnung «Verblendung» (*atê*, 23.222), weil ihr klar zu sein scheint, daß Helena Menelaos nicht verlassen hätte, wenn es ihr freigestellt gewesen wäre, bei ihm zu bleiben; wie Homer im vierten Gesang zeigt, beklagt sich Helena nicht über ihr Leben mit Menelaos nach dem Trojanischen Krieg in dessen prächtigem Haushalt in Sparta. Man kann aus Penelopes Bemerkungen erschließen, daß eine Frau Anlaß zur Treue hat, wenn ihr Ehemann eine Respektsperson ist und sie selbst gut behandelt wird; sowohl sie als auch Helena leben aufgrund der Stärke und Position ihrer Männer sicher und bequem. Was erwartet (und bekommt) Penelope außerdem von Odysseus? Zuallererst den Beweis, daß sie ihrerseits für ihn genauso wichtig ist wie er für sie. Sie fordert keine strikte Treue; weder sie noch Helena nehmen Anstoß an den Liebschaften ihrer Männer, solange es sich dabei um vorübergehende handelt. Odysseus erzählt Penelope von Kirke und Kalypso; Menelaos kann die Hochzeit Hermiones, seiner Tochter von Helena, und die des Megapenthes, seines Sohnes von einer Sklavin, gemeinsam ausrichten (4.4). Aber wie Penelopes Frage nach dem gemeinsamen Bett zeigt, ist es wichtig, daß sie miteinander schlafen; ebenso, daß Odysseus ihr unverzüglich von seinen Zukunftsplänen erzählt, da diese sie beide betreffen. Er hört sich die Beschreibung ihrer Erlebnisse mit den Freiern an, bevor er ihr von seiner Fahrt erzählt. Aber Penelope zweifelt nicht an seinem Recht, ihr zu sagen, was sie tun soll, noch versucht sie ihn zu überreden, nicht zu neuen Schlachten und Fahrten aufzubrechen; bestimmt doch der Erfolg bei diesen Unternehmungen seine Bedeutung in der Welt und für sie. Sie verläßt sich nämlich (in einer Gesellschaft ohne Polizei und Gerichte) auf seinen Schutz gegen die vielen gemeinsamen Feinde.

Alkestis lebt zumindest in Euripides' gleichnamigem Drama in einer gegenwärtig nicht von Gewalt bedrohten Welt; doch ihr Verhalten gegenüber ihrem Ehemann Admetos ähnelt sehr stark dem Penelopes gegenüber Odysseus. Sie wird natürlich als «gut» eingestuft, weil sie anbietet, anstelle ihres Ehemannes zu sterben, als sich nicht einmal dessen betagte Eltern dazu bereit erklären. Euripides' Drama spielt am Tage ihres Todes; wie Johann von Gaunt in Shakespeares *Richard II.* spricht sie gewichtige letzte Worte auf der Bühne, aber Euripides gibt uns auch Einblick in ihre privateren Gedanken: eine ihrer Sklavinnen berichtet dem Chor, was sie in ihren eigenen Räumen sagt, bevor sie zum letzten Mal den Palast verläßt, um sich dem

Volke zu zeigen. Diese privaten Worte und Handlungen entsprechen dem Verhaltensmuster, das die Gesellschaft (nach dem
Maßstab des Semonides) billigen würde. Sie wäscht sich und
zieht (wie Sokrates, bevor er den Schierlingsbecher trinkt) spezielle Kleidung an aus Rücksicht auf die Frauen, die ihren
Leichnam für die Bestattung vorbereiten müssen. Dann betet
sie, daß ihre beiden Kinder sich gut verheiraten und ein erfülltes
Leben haben mögen; sie sorgt für die üblichen Myrtenzweige
auf den Altären; all dies tut sie ruhig, ohne eine Träne zu vergie-
ßen. Aber selbst als sie zusammenbricht und weint, gelten ihre
Gedanken ihrem Gatten, ihren Kindern und ihrem Haushalt.
Zuerst spricht sie ihr Ehebett an:

O Lager, wo die reine Blüte sich
Zuerst ergab dem Manne, dem ich sterbe nun,
Leb wohl! Ich zürne dir ja nicht; denn mich allein
Verdarbst du, weil ich treu verharrend dir und ihm,
den Tod erdulde: Dich gewinnt ein andres Weib,
Nicht tugendhafter wahrlich, doch wohl glücklicher.

(177–182)

Dann wirft sie sich selber weinend auf das Bett, geht im Zimmer umher, nur um sich wieder auf das Bett zu werfen; ihre
Kinder klammern sich an sie, und sie umarmt sie; alle Sklavinnen weinen, aber sie gibt jeder die Hand und spricht auch mit
der geringsten. Während dieser ganzen Zeit vertraut sie sich
keiner anderen Frau an, auch nicht einer ihrer Schwestern oder
einer Amme; ihr Kummer bleibt wie der Penelopes privat, und
wir erfahren darüber nur aus zweiter Hand.

Wie Penelopes öffentliche Auftritte sind auch die Alkestis'
von Würde und Beherrschtheit bestimmt. Nachdem sie hinaus-
gebracht worden ist, spricht sie Admetos an und erinnert ihn an
die Gründe für ihren Entschluß, an seiner Stelle zu sterben, aber
auch dies geschieht wiederum ohne Klage. Sie hätte leben und
einen anderen König heiraten können, aber sie wolle nicht ohne
ihn leben mit verwaisten Kindern, hatte sie doch «der Jugend-
blüte Gaben, die mein Herz erfreut» (289), bereits gehabt.
Auch wolle sie seine Eltern, die zu alt für Kinder sind, nicht des
einzigen Sohnes berauben. Sie bittet Admetos nur um einen
einzigen Gefallen: nicht wieder zu heiraten, da sie für ihre Kin-

der keine Stiefmutter wünscht, die ihre eigenen Kinder vorziehen könnte (305–307). Sie bittet ihn nicht darum, enthaltsam
zu sein oder sich keine Konkubine zu nehmen, sondern ausdrücklich darum, sich keine rechtlich angetraute Ehefrau zuzulegen, und Admetos stimmt bereitwillig zu: «...selbst im Tode
wirst allein / Du meine Gattin heißen.» (329f.) Es ist ein Zeichen seiner bemerkenswerten Zuneigung, daß es ihm am Ende
des Stückes sogar widerstrebt, eine Konkubine zu akzeptieren,
die Herakles ihm anzubieten scheint.

In einer Gesellschaft wie der unseren, wo das Leben von
Männern und Frauen zumindest vor dem Gesetz gleichwertig
ist, könnte Admetos als unangemessen selbstsüchtig gelten,
weil er Alkestis gestattet, an seiner Stelle zu sterben. Einige
Interpreten (z.B. Smith 1960, S. 127–145) haben sogar Heuchelei aus seiner Bitte an sie «...verlaß mich nicht» (202, 250,
275) herausgelesen – aber genau dies ist es, was Hinterbliebene
auf Grabsteinen den Toten zu sagen pflegen (etwa «Du eilst zu
den Göttern, Domnina, und verläßt deinen Mann», Pleket
1969, S. 26 = *WLGR* S. 171). Man muß auch festhalten, daß
Alkestis noch nicht einmal indirekt je so dargestellt wird, als
hätte sie bei ihrer Entscheidung gezögert oder darüber geklagt.
Admetos selbst stellt ihre Entscheidung erst in Frage, als sein
Vater ihn des Mordes und der Feigheit bezichtigt und Alkestis
in ihr Grab gelegt ist; da gibt er zu, daß er ohne sie überall
unglücklich sein werde; daß er den Gedanken an eine andere
Frau oder die Kritik, er wäre ein Feigling, nicht ertragen kann.
Einige Wissenschaftler haben diesen Monolog als ein Schuldeingeständnis interpretiert, aber Admetos sagt niemals, er hätte
vielleicht lieber selber sterben sollen, sondern nur, daß er nun
wegen Alkestis' Tod nicht weiterleben will – das ist ein großer
Unterschied.

Sieht man einmal von der Praxis des athenischen Erbrechts
ab, daß als der einzig überlebende Sohn nur Admetos Stellung
und Besitz seiner Familie wahren konnte, so stellt sich um so
mehr die Frage, warum Alkestis bereitwillig zustimmt, an seiner
Stelle zu sterben. Euripides hätte sie als eine morbide, impulsive
Psychotikerin darstellen können, aber statt dessen macht er
deutlich, daß ihre Entscheidung überlegt und rational getroffen
wurde. Wie Penelope hätte sie erneut heiraten können: «Und,

wen ich wollte, freien aus Thessalien / und glücklich wohnen
hier in reichem Herrenhaus.» (286) Wenn sie sagt, sie habe von
Admetos alles bekommen, was für ihr Glück nötig war, können
wir davon ausgehen, daß er zumindest seine wichtigsten Aufga-
ben als Beschützer und Ernährer erfüllte, und Euripides zeigt
uns in dem Drama auch, daß er zu Recht für seine Gastfreund-
schaft und Großzügigkeit berühmt war. Ob diese Eigenschaften
für sich genommen der Grund ihrer Zuneigung für ihn waren,
sagt Alkestis selber nicht; aber ihr Dialog mit Admetos läßt
erkennen, daß sie ihm die Erfüllung seiner Versprechen zutraut,
und ihre Handlungen während ihrer Zeit allein im Haus zeigen,
daß sie ungern das Ehebett verläßt, über das sie sagt: «...mich
allein / verdarbst du» (178 f.). Möglicherweise befürchtet sie,
bei einer zweiten Heirat weniger glücklich zu sein – in den
Worten Medeas: «Dann ist das größte Wagnis, ob er edel ist, /
Ob böse...» (*Medea* 235 f.) Aber Alkestis erwähnt auch in
ihrem Monolog nichts dergleichen, noch spricht sie (wie eine
Puritanerin es tun würde) von ihrer Pflichterfüllung.

Euripides konnte offensichtlich mit der Fähigkeit seines Pu-
blikums rechnen, an eine eheliche Zuneigung wie die zwischen
Admetos und Alkestis zu glauben; Grabinschriften deuten darauf hin, daß solche Gefühle üblicherweise zumindest formuliert
wurden, wenn nicht sogar real existierten. Auf einer Stele aus
dem 4. Jahrhundert v. Chr., die zeigt, wie eine Frau ihrem
Mann die Hand reicht, liest man zum Beispiel Verse mit einem
unbeholfenen Dialog:

Lebe wohl. Das ist das Grab der Melite. Eine gute [*chrestê* = nützliche]
Frau liegt hier. Geliebt von deinem Mann Onesimos und ihn wiederlie-
bend warst du die beste. Deshalb leidet er, wenn er dich bestattet, du
warst nämlich eine gute Frau. – Auch du lebe wohl, Geliebtester der
Männer, aber liebe meine Kinder. (Kaibel, S. 79 = *WLGR*, S. 26)

Alkestis' letzter Wunsch lautet fast genauso. Admetos fleht sie
an: «Richte auf das Antlitz! O verlaß die Kinder nicht!» (*Alkestis* 388), und sie erwidert: «Ungerne scheid ich, Kinder: lebt
denn, lebet wohl!» (389)

Es ist verständlich, daß Kinder zumeist den Hauptgrund für
die gegenseitige Zuneigung eines verheirateten Paares ausma-
chen. Aber auch wenn es keine gibt oder ihre Anwesenheit

nicht von Bedeutung zu sein scheint, existieren oft starke Bande der Zuneigung und auch sexuelle Anziehung, selbst wenn heute einige Wissenschaftler unterstellen, die griechischen Männer hätten nur geringes körperliches Interesse an ihren Frauen gehabt (vgl. etwa Gould 1980, S. 56–68). In *Die Hiketiden* beschreibt Euripides Euadne und Kapaneus fast als Liebespaar. Sie weigert sich, ihn im Tod alleinzulassen, verwendet das gleiche Wort wie Admetos für Alkestis, Verrat (*prodosia*, 1024), und wirft sich auf den für ihn errichteten Scheiterhaufen:

Brust an Brust, umarmend, umarmt,
Wall ich hinab in Persephones Haus,
...
Daß sie beglückt ein treuer Gemahl,
den mit truglos lauterer Glut
Edlen Herzens die Gattin umfängt.
(1020 f., 1029 f.)

Es gibt Anzeichen dafür, daß eine ähnliche Hingabe auch außerhalb der Idealehen des Mythos existierte, selbst in den gewöhnlichen Ehen, die athenische Väter für ihre Kinder vereinbarten. Im einzig erhaltenen Fragment einer Komödie erklärt ein junger Ehemann, der seine Frau der Untreue verdächtigt:

Seit der Hochzeitsnacht... habe ich nicht eine Nacht außerhalb, entfernt von meiner Frau geschlafen... ich begehrte sie gebührend, ich war ihr verbunden durch ihren freimütigen Charakter und ihre ungekünstelte Lebensart, ich liebte die mich Wiederliebende. (Sandbach 1972, S. 327 = *WLGR*, S. 36)

Drei der griechischen Wörter für Liebe tauchen in diesem Zusammenhang auf: *erôs*, sexuelle Leidenschaft; *philia*, Liebe für Familie und Freunde; *agapê*, Zuneigung. In seinem Kommentar zu diesem Fragment stellt Hugh Lloyd-Jones (1964, S. 28) fest, daß es das einzige Beispiel in der noch vorhandenen griechischen Literatur zu sein scheint, wo die drei Wörter «in solch kurzem Abstand auftreten, sich alle drei auf die Liebe zwischen einem Mann und einer Frau beziehen und außerdem ausdrücklich auf die zwischen Verheirateten»; möglicherweise aber würde dieses Zusammentreffen selbst im Kontext der Ehe nicht einzigartig erscheinen, wäre mehr Literatur über das gewöhnliche Leben erhalten geblieben.

Ein anderes Papyrusfragment zeigt, daß eine Ehefrau auch dann außergewöhnliche Zuneigung für ihren Gatten an den Tag legen kann, wenn ihm etwas fehlt, was wir als die einzige äußerst wichtige männliche Tugend aus dem Mythos abgeleitet haben – Reichtum. Das Fragment bewahrt einen Teil einer Rede, die eine verheiratete Frau an ihren Vater richtet. Sie bittet ihn, sie nicht von ihrem bankrotten Mann zu entfernen, um sie mit einem reicheren Mann zu verheiraten:

Sag, welches Unrecht hat er mir getan? Es gibt eine vertragliche Verpflichtung zwischen Mann und Frau; ihm kommt es zu, sie stets, bis ans Ende zu lieben, und sie darf sich nicht weigern, das zu tun, was ihrem Mann gefällt. Jener ist für mich das geworden, was ich mir wünschte, mir gefällt alles, was auch ihm gefällt. Vater! Aber stell dir vor, er ist zwar bankrott, für mich aber gut und ausreichend, und du willst mich nun einem reichen Mann, wie du sagst, in die Ehe geben, damit ich nicht ein Leben im Kummer führe. Aber wo ist soviel Geld, Vater, daß es zu haben mich mehr erfreut, als dieser Mann es tut? Oder wie kann es gerecht sein oder sich gut verhalten, daß ich den Anteil an seinen guten Dingen ergriffen hätte, nicht aber den an widrigen? (Sandbach 1972, S. 328–330 = *WLGR*, S. 38)

Da der Rest des Stückes verlorengegangen ist, wissen wir über die Lebensumstände der Frau nur das, was sie uns in ihrer Rede berichtet. Sie ist hier ehrerbietig gegen ihren Vater, spielt ihre eigene Intelligenz herunter und vermittelt den Eindruck, eine Frau wisse vielleicht nur in ihren eigenen Angelegenheiten, was richtig ist. Urteilt man nach ihren eigenen Worten, so besteht ihr «Vergnügen» in der Ehe vor allem im Gehorsam und im Dienen; sie macht auch deutlich, daß ihr Ehemann, von finanziellen Dingen abgesehen, gut zu ihr gewesen ist.

Die Einstellung dieser Frau legt – zumindest im Drama – einen neuen Akzent auf das Zwischenmenschliche. Bei Familien mit Besitz wurden Ehen in erster Linie vereinbart, um die sichere Vererbung zu gewährleisten: ein Mann konnte testamentarisch seine Ehefrau einem freigelassenen Sklaven überlassen oder eine Tochter einem engen Freund; starb ein Mann ohne männliche Nachkommenschaft, mußte seine Tochter seinen nächsten männlichen Verwandten heiraten, auch wenn dieser dazu seine Frau verlassen mußte. Euripides führt uns aber in seinem Drama *Andromache* vor, daß zu politischen oder finanziellen Zwecken vereinbarte Ehen nur geringen Erfolg haben könnten:

Aus edlem Hause wähle denn der weise Mann
Ein Weib, an Edle geb er seine Töchter aus,
Nach einem Weib niedrer Art gelüst' ihn nicht,
Und brächte sie die reichste Morgengabe ein!
(1279–1282)

Anstatt das Erbrecht zu erörtern, spricht die ergebene Frau des Papyrusfragments von einer «vertraglichen Verpflichtung *[nomos keimenos]* zwischen Mann und Frau; ihm kommt es zu, sie stets, bis ans Ende zu lieben, und sie darf sich nicht weigern, das zu tun, was ihrem Mann gefällt» (Sandbach a. a. O.). Das griechische Wort *nomos*, hier «vertragliche Verpflichtung», wird in der Regel mit «Gesetz» übersetzt. Aber *nomos* bezeichnet weniger ein Gesetz in unserem Wortsinne, etwa eine Satzung oder den sorgfältig dokumentierten Fall einer richterlichen Entscheidung, als vielmehr Brauch und Sitte. *Nomos* kann daher unterschiedliche Bedeutungen annehmen. Die vertragliche Verpflichtung oder fortdauernde Praxis, die für jene Frau zur positiven Realität wurde, ist in der Tragödie ex negativo ebenso vorhanden: wir können verstehen, was die Frau meinte mit «ihm kommt es zu, sie stets, bis ans Ende zu lieben», wenn wir Hermione und Deianeira zum Vergleich heranziehen. Sie klagen darüber, daß ihre Ehemänner sie ignoriert und einer Konkubine den Status einer Ehefrau verliehen haben: «Nein, gerne läßt an eines Weibes Liebe sich / Genügen, wer nicht wohnen will in Ungemach.» (*Andromache* 179f.) Als Erwiderung auf Hermione gibt Andromache ihre Version der zweiten Hälfte der vertraglichen Vereinbarung, eine Frau dürfe «sich nicht weigern, das zu tun, was ihrem Mann gefällt» (Sandbach a. a. O.):

Denn eine Frau muß, auch vermählt dem schlimmen Mann,
sich fügen, darf nicht hadern in hoffärtigem Trotz.
(*Andromache* 213 f.)
... nicht die Schönheit, Weib,
der Tugend Reize sind es, die den Gatten freun.
(207 f.)

Andromache legt Wert darauf, mit Hektor auch dessen sexuelle Ausrutscher «geteilt» und oft dessen unehelichen Kinder selber aufgezogen zu haben, um so auch nur den Anschein von Bitternis ihm gegenüber zu vermeiden; durch diese hervorragende Eigenschaft habe sie ihren Gatten für sich eingenommen. Euripides' Andromache übertreibt vielleicht bei ihrem Bemühen, die Rechtmäßigkeit ihrer Sache gegenüber Hermione hervorzuheben – in der *Ilias* ist es die Priesterin Theano, nicht Andromache, die dem Gatten zuliebe dessen uneheliches Kind aufzieht (5.70). Aber solange nicht an ihren Status als Ehegattin gerührt wurde, mußte eine Frau nach dem Gesetz (oder *nomos*) sowieso die sexuellen Beziehungen ihres Mannes zu anderen Frauen tolerieren. Übrigens veranschaulicht die Frau aus dem Papyrusfragment den *nomos* auch gegenüber ihrem Vater, indem sie darauf insistiert, daß er am besten weiß, was zu tun ist, und entscheiden muß, auch wenn sie mit ihm nicht übereinstimmt. Immerhin kann sie, wenn auch innerhalb des Rahmens des *nomos*, ihren Standpunkt ausdrücken; dies läßt darauf schließen, daß die heroischen Frauengestalten der Tragödie wie Andromache oder Alkestis diesen Rahmen nicht überschreiten, wenn sie höflich, aber wortgewandt zu den Männern in ihren Familien sprechen. Der männliche Sprecher der Reden des Lysias erzählt von einer Witwe, die nicht nur die testamentarischen Bestimmungen ihres Mannes kannte, sondern auch vor ihrer männlichen Verwandtschaft überzeugend darlegen konnte, inwieweit ihr eigener Vater seine Pflichten als Vormund nicht erfüllt hatte (or. 32.13–18).

Diese Belegstellen aus Tragödie und Komödie deuten darauf hin, daß Frauen der Oberschicht es fertigbrachten, für sich selber zu sprechen und nach athenischen «Gesetzen» oder *nomoi* ihre männlichen Verwandten zu beeinflussen; jedenfalls taten das mehr Frauen, als uns die bloße Rekonstruktion der Gesetze aus Gerichtsverhandlungen oder Abhandlungen glauben machen würde (Gould 1980, S. 50; Cole 1981, S. 234). Ein Gesetz legt naturgemäß den Akzent auf Verbot und vernachlässigt so das Positive; die Begründungen für Keuschheit sind zum Beispiel durchgängig negativ formuliert:

Wenn sie nämlich [durch Ehebruch] gegen das Gesetz verstößt, vergeht sie sich gegen ihre Familiengötter, ihre Familie und ihr Haus füllt sie mit Bastarden statt rechtmäßigen Kindern. Sie vergeht sich gegen die

Götter, ... sie vergeht sich gegen ihr Vaterland, indem sie dessen festgelegten Normen nicht treu bleibt. ... Und ihr muß klar sein, daß es für diese Sünde keine Buße gibt: sie kann sich den Heiligtümern oder Altären einer reinen, gottgeliebten Frau überhaupt nicht nähern. ... (Theslaff 1965, S. 151–154 = *WLGR*, S. 107)

Zwischen den Zeilen läßt sich der praktische Grund erkennen, warum Ehebruch Probleme verursachen konnte in einer Gesellschaft, in der es keine sichere Verhütungsmethode gab und in der das Bürgerrecht (besonders in Athen) von dem der Eltern abhing. Das Gesetz über Ehebruch impliziert, daß eine Frau durch ihre Keuschheit dem Staat einen wertvollen Dienst leistete; in Athen wurde eine beim Ehebruch ertappte Frau nicht nur von ihrem Ehemann verstoßen, sondern durfte auch nicht mehr öffentlich Opfer darbringen; ebenso waren Ausländerinnen oder Prostituierte ausgeschlossen (dies wissen wir durch den Fall der einschlägig bekannten Phano, Tochter der Neaira, die beides war: Demosthenes or. 59.38 = *WLGR*, S. 76). Das Recht des 5. und 4. vorchristlichen Jahrhunderts verbot einer Frau, ein Testament zu machen oder (zumindest in Athen) anderes Eigentum zu besitzen als Kleidung und Schmuck, aber das System garantierte ihr auch finanzielle Absicherung und Vormundschaft durch ihre männlichen Verwandten (Isaios or. 10.10; Gould 1980, 50 n. 85).

Der Umstand, daß ich in der vorangegangenen Erörterung in erster Linie auf Tragödie und Komödie zurückgreifen mußte, läßt erkennen, daß wir allzu wenig detaillierte Informationen über die wechselseitigen Gefühle von «nicht-mythischen» Eheleuten des 5. und 4. Jahrhunderts besitzen. Die einzigen anderen einschlägigen Quellen, nämlich Grabinschriften, sind hier nur wenig aussagekräftig. Im 5. Jahrhundert besteht die Tendenz, bestimmte Grundtypen persönlicher Vorzüge immer wieder zu betonen:

Dieses Grabmal an der belebten Straße ist das einer edlen Frau, das der Aspasia, die gestorben ist; Euopides stellte ihr dieses Denkmal auf wegen ihrer noblen Wesensart; sie war seine Gemahlin. (139 Friedländer-Hoffleit = *WLGR*, S. 23)

Im 4. und 3. Jahrhundert lag dann größere Betonung auf der Beziehung von Individuen zu ihrer Familie – ein Muster, das

auch in der Anordnung ihrer Gräber Ausdruck findet (Humphreys 1983, S. 104–118). Die Todesursache wird erwähnt
oder irgendein auszeichnender Charakterzug: Melite war «die
Beste»; Dionysia «bewunderte weder Gewänder noch Schmuck
im Leben, sondern ihren Gatten», der zum Ausgleich für ihr
frühes Hinscheiden ihr Grab schmückt (*IG* II²11162; vgl. Euripides, *Alkestis* 289 f.); Nikephoros hinterließ vier Kinder «und
starb in den Armen seiner guten Frau» (Kaibel, S. 327 = *IG*
II²1094). Aber auch diese Inschriften sind kurz und allgemein
gehalten, und die ihnen beigegebenen Skulpturen stellen stereotype Szenen dar ohne Anspruch auf realistische Wiedergabe.
Daß Familienmitglieder nun über den Tod hinaus beisammensein wollten, zeigt uns die Intensität familiärer Zuneigung: Aristoteles' Testament endet mit dem Wunsch, die Gebeine seiner
Frau in sein Grab umzubetten, «wie sie es selbst angeordnet
hat» (Diogenes Laertius 5.16 = *WLGR*, S. 67).

Für die hellenistische und die darauffolgende Epoche haben
wir dem Anschein nach genauere Informationen über «wirkliche» Menschen, weil in Literatur wie Kunst das Individuelle
mehr betont wird. In einer durch die Eroberungen Alexanders
des Großen erheblich erweiterten Welt war es nicht mehr so gut
möglich, sich selbst als Mitglied eines bestimmten kleinen Gemeinwesens zu definieren: Ein Epitaph aus dem 5. oder 4. Jahrhundert kann von der *hêlikia* einer Frau sprechen, der Schar
von Altersgenossinnen, mit der sie in Tanz und Gesang ausgebildet wurde (z.B. Kaibel, S. 73, 78); Grabinschriften des 4.
Jahrhunderts erwähnen den Beruf einer Frau, aber vor allem
aus dem Blickwinkel der Hinterbliebenen:

Phanostrate, eine Frau fortgeschrittenen Alters und Ärztin, liegt hier,
sie brachte niemandem Schmerz, allen aber war ihr Tod schmerzlich
(Kaibel, S. 45 = Pleket 1969, S. 1);
Hippostratos wird dich ewig vermissen: «Ich liebte dich lebend,
Amme, ich liebe dich noch jetzt, wo du unter der Erde liegst.» (Kaibel,
S. 481 = *IG* II²7873 = *WLGR*, S. 54)

Aber im griechisch-römisch bestimmten Ägypten und in Rom
selber liefern Inschriften Informationen, die klar eine Person
von der anderen unterscheiden: eine Mutter beschreibt zum
Beispiel, wie sie von Athen nach Alexandria reiste, als ihre

Tochter, eine der Kammerzofen Kleopatras, krank war, aber zu
spät eintraf und ihre sterblichen Überreste zurück nach Athen
brachte (Kaibel, S. 118 = *WLGR*, S. 62).

Hinsichtlich der Beziehungen von Frauen zu ihren Ehemän-
nern kann man den Eindruck gewinnen, daß die Frauen sich im
hellenistischen Ägypten freier bewegen konnten und nicht mehr
so eng durch den Brauch ans Haus gefesselt waren. In The-
okrits 15. Idylle, die am Rande von Alexandria spielt, besucht
eine Frau eine Freundin und geht mit ihr zusammen zu den
Adonien; aber aus ihrer Unterhaltung geht hervor, daß immer
noch ihre Männer die Einkäufe erledigen und entscheiden, wo
sie zu leben haben. Die Frauen mögen diese Entscheidung beklagen, aber können sie nicht ändern. Frauen konnten ein Testament in ihrem eigenen Namen verfassen und die Veräuße-
rung ihres vom Vater ererbten Besitzes festlegen, aber wie im
Athen des 5. und 4. Jahrhunderts v.Chr. mußte die Urkunde
von einem männlichen Verwandten gebilligt werden (*SB*
X.10756 = *WLGR*, S. 202; Pomeroy 1985, S. 89 f.). Rechtmäßige Urkunden schützten die Stellung von Ehefrau wie Konkubine im Falle der Scheidung oder Überschreibung sowie bei der
Auszahlung der Mitgift (Pomeroy 1981, S. 308 f.). Vielleicht
existierten solche Verträge, zumindest mündlich, schon immer,
aber wir wissen von ihnen nur aus Ägypten, da sie dort dank
des Klimas erhalten sind. Das römische Recht, vor allem der
Kaiserzeit, legte die Rechte von Frauen detailliert fest, indem es
viele subtile Unterscheidungen vornahm und Ausnahmen zu-
ließ mit einer Präzision und Flexibilität, die im klassischen Athen
nicht möglich waren, wo alle individuellen Fälle unter dem
allgemeinen *nomos* subsumiert wurden. Das römische Recht
vermittelt so den Eindruck einer (von unserem heutigen Standpunkt aus) beträchtlich verbesserten Stellung der Frau. Aber in
der Praxis scheinen die Vorstellungen über die angemessene
Rolle von Ehefrauen sich nicht radikal gewandelt zu haben.

In der römischen Kaiserzeit betonten griechische Epitaphe
weiterhin, vielleicht wegen der auf klassischen Vorbildern beru-
henden Konventionen, die Standardeigenschaften: Keuschheit,
Sorge für den Ehemann und die Kinder, Bewältigung des Haushalts *(oikos)*. Beispielhaft dafür ist diese Inschrift des 2. nach-
christlichen Jahrhunderts aus Pergamon:

Dieses Lebewohl, Dame Pantheia, von deinem Ehemann. Mich quält
unerträglicher Schmerz wegen deines Schicksals und deines unseligen
Todes. Hera, die Göttin der Ehe, hat nie eine solche Gattin gesehen von
deiner Schönheit, Verstand und Besonnenheit. Du gebarst mir Kinder,
die ganz so wie ich selbst, du sorgtest für Bräutigam und Kinder. Du
steuertest unser häusliches Leben durch alle Fährnisse und erhöhtest
unseren gemeinsamen Ruhm in der Heilkunst. Obwohl eine Frau,
bliebst du in dieser Kunst nicht hinter mir zurück. Weil er dies weiß,
errichtete dein Bräutigam Glykon dir dieses Grab. Auch liegt hier der
Körper des unsterblichen Philadelphos [Vater des Glykon], und auch
ich werde nach meinem Tod hier liegen. Wie ich zu Lebzeiten nur mit
dir das Bett teilte, so will ich in Boden ruhen, den wir teilen. (Pleket,
S. 20 = *WLGR*, S. 125)

Wie im Athen des 4. Jahrhunderts v.Chr., nun aber explizit
ausgesprochen, spiegelt die Art der Bestattung die Einheit der
Familie im Leben wider. Dieser Brauch erlaubt nun eine voll-
ständigere Beschreibung des *oikos:* er gründet sich nicht wie die
meisten attischen *oikoi* auf Landwirtschaft, sondern auf die
von Mann wie Frau ausgeübte Heilkunst. Die Aussage «Obwohl eine Frau, bliebst du in dieser Kunst nicht hinter mir
zurück» klingt herablassend, war aber (wie so viele herablas-
sende Bemerkungen) als Kompliment gemeint: wie Admetos
setzt Glyketon seine eigene Überlegenheit voraus, als Vorsteher
der Haushaltung und als Mann.

Lateinische Inschriften vor allem aus dem Kaiserreich enthalten auch mehr Details; manche verzeichnen ganze Elogen, die
uns wie römische Porträts den Eindruck vermitteln, wir könnten die beschriebenen Personen wirklich erkennen: besondere
Ereignisse der Vergangenheit werden erwähnt, das Aussehen
der Personen wird beschrieben, Gespräche werden ins Gedächtnis zurückgerufen. Wir erfahren, warum eine Person Anspruch
auf die ihm oder ihr zugeschriebenen Standardtugenden hat.
Eine der berühmtesten Inschriften ist die Eloge eines Ehemann-
nes auf eine namenlose Frau, die aber üblicherweise mit der
heldenhaften Turia gleichgesetzt wird (*ILS* 8393 = *WLGR*,
S. 207; Wistrand 1976; Gordon 1977, S. 7–12; Horsfall 1983;
Mazzolani 1982). Der Ehemann berichtet, wie seine Frau ihre
im Bürgerkrieg ermordeten Eltern rächen half (1.3 ff.); wie sie
einige junge Mädchen aus ihrer Verwandtschaft aufzog und

ihnen Mitgift aus ihrem eigenen Erbe gab (1.4 ff.); wie sie dazu beitrug, ihn selber, ihren Mann, sicher aus der Verbannung zurückzubringen, als zur Zeit der Proskription im Jahre 42 v. Chr. (2.2 a ff.) der Triumvir Marcus Lepidus sich seiner Rückkehr entgegenstellte:

...und du dich ihm zu Füßen geworfen hattest, wurdest du nicht nur nicht vom Boden aufgehoben, sondern der Verhöhnung preisgegeben und auf entwürdigende Weise fortgezerrt. Den Körper voller blauer Flecken, erinnertest du ihn mit beharrlichem Mut an Caesars [Oktavians] Gnadenerlaß mitsamt seinem Glückwunsch zur Wiederherstellung meiner Rechte, und als du daraufhin sogar demütigende Beschimpfungen vernahmst und rohe Schläge empfingst, beschwertest du dich öffentlich, damit bekannt würde, wer meine Gefahren zu verantworten hätte. (*Laudatio Turiae* 2.14–18)

Der Gatte behauptet sogar, daß ihr Protest mit zu Lepidus' Sturz beigetragen habe (2.19 ff.). Die Leistung dieser Frau steht nicht allein da: der Historiker Appian erwähnt weitere Fälle von Ehefrauen, die sich für ihre Männer einsetzten oder sich entschieden, mit ihnen ungeachtet großer Entbehrungen in die Verbannung zu gehen. Die Lebensbedingungen im Krieg verlangten von den Frauen, bis zum Äußersten zu gehen, um den Zusammenhalt ihrer Familien zu bewahren (Appian 4.39–40). Aber Turias Opfer für ihren Mann beschränkten sich nicht auf die Kriegszeit. Er erklärt, was geschah, nachdem sie herausgefunden hatten, daß sie keine Kinder bekommen würden:

Als du an deiner Fruchtbarkeit zweifeltest und dich über mein kinderloses Dasein grämtest, sprachst du, um mir zu ersparen, daß ich, wenn ich dich als Ehefrau behielte, die Hoffnung auf Kinder aufgäbe und darüber unglücklich wäre, von Scheidung: Das Haus würdest du räumen, um es einer anderen, fruchtbaren Frau zu überlassen. Dies in keiner anderen Absicht, als daß du im Geist unserer bekannten Eintracht selbst eine standesgemäße und passende Verbindung suchtest und verschafftest, sowie erklärtest, die künftigen Kinder würden gehalten, als gehörten sie uns gemeinsam und stammten sie von dir. Auch würdest du unser Erbe, das bisher gemeinsames Vermögen gewesen war, nicht teilen, sondern es in meiner Verfügung und, wenn ich wollte, in deiner Verwaltung belassen. Nichts würdest du haben, was dir vorbehalten und mir entzogen wäre, nur würdest du mir fortan die Dienste und Zuneigung einer Schwester oder Schwiegermutter erweisen. (*Laudatio Turiae* 2.31–39)

Höchst interessant für uns ist der Umstand, daß der Ehemann seine Antwort auf dieses außergewöhnliche Angebot festhält: sie entspricht in keiner Weise dem, was man von einem marxistischen oder feministischen Standpunkt aus erwarten würde:

Ich muß gestehen, ich geriet so sehr in Wallung, daß ich den Verstand verlor, war über dein Vorhaben so entsetzt, daß ich mich kaum wieder faßte. Uns mit dem Gedanken an Trennung zu tragen, bevor uns das Schicksal sein Gesetz aufzwänge – wie konnte dir etwas in den Sinn kommen, wodurch du bei Lebzeiten aufhören würdest, meine Gattin zu sein, während du mir, als ich schon fast aus dem Leben verbannt war, unverbrüchlich treu geblieben warst! (*Laudatio Turiae* 2.40–43)
Wie hätte mir der Wunsch oder die Notwendigkeit, Kinder zu haben, so viel bedeuten sollen, daß ich deswegen die Treue verworfen, Sicheres mit Ungewissem getauscht hätte! Doch wozu weitere Worte? Du gabst mir nach, bist bei mir geblieben. Ich hätte dir nämlich nicht nachgeben können ohne Schande für mich und gemeinsames Leid. (*Laudatio Turiae* 2.44–47)

Die Ansprache des Ehemannes endet mit der Feststellung:

Beschließen will ich diesen Nachruf mit den Worten, daß du alles verdient hast, mir es aber nicht vergönnt war, dir alles zu geben. Als Richtschnur hatte ich deine Weisungen. Was darüber hinaus in meine freie Entscheidung gelegt ist, will ich tun. (*Laudatio Turiae* 2.67 f.)

Die Selbstverleugnung dieser Frau und ihre Ergebenheit gegenüber dem Ehemann setzten offensichtlich nicht nur für Octavian ein Beispiel, sondern auch für den Ehemann selber; wenn auch Octavian, als er Kaiser geworden war, Belohnungen für die Geburt von Kindern aussetzte (Cassius Dio 54.10). Der Ehemann nimmt das Scheidungsangebot nicht an und bleibt lieber kinderlos, statt seine Frau zu verlieren. So dürfte Andromache ihren Fall nicht übertrieben dargestellt haben, als sie geltend machte, durch einen außergewöhnlichen Dienst (in ihrem Fall das Aufziehen der unehelichen Kinder ihres Mannes), durch ihre persönlichen Vorzüge, ihren Gatten für sich eingenommen zu haben (Euripides, *Andromache* 207 f.).

Die *Laudatio Turiae* belegt, daß in bestimmten Ehen der römischen Oberschicht die Frauen an allen wichtigen Entscheidungen teilnehmen konnten und dies auch taten. Die Gesetze, die ihnen Besitz gestatteten, ihnen den Zugang zur Außenwelt nicht verwehrten und ihre Rechte genau festlegten, lassen es auch erwarten (Ciccotti 1985, S. 8). Doch mögen die Frauen rein rechtlich über mehr Möglichkeiten verfügt haben, als sie tatsächlich verwirklichten. Eine Frau wie die vor Gericht berüchtigte Clodia, die nach dem Tod ihres Ehemannes eine Reihe von Liebhabern, darunter vielleicht auch Catull, in ihrem Haus empfing, war für einen Anwalt wie Cicero ein leichtes Opfer. Er konnte ihre Glaubwürdigkeit einfach dadurch erschüttern, daß er ihren Lebensstil mit gesellschaftlich gebilligten Verhaltensmustern kontrastierte (Lefkowitz 1981, S. 32–40). Das höchste Kompliment auf Epitaphen blieb Dienst für Haus und Ehegatten; in einer anderen Eloge aus etwa der gleichen Zeit preist ein Sohn seine Mutter Murdia: «Sie ist den übrigen bewährten Frauen ähnlich an Bescheidenheit, Rechtschaffenheit, Keuschheit, Gehorsam, beim Weben und an Fleiß» (*ILS* 8394 = *WLGR*, S. 139; Horsfall 1982); auch ihr sicheres Urteilsvermögen in Finanzfragen und ihre Großzügigkeit gegenüber ihren Kindern aus zwei Ehen hebt er hervor.

Turias Ehemann erzählt, er «gerict so sehr in Wallung», daß er «den Verstand verlor», aber dies war nur die Reaktion auf die außergewöhnliche Großzügigkeit seiner Frau. In dieser und der darauffolgenden Epoche drückt sich selbst in kürzeren Inschriften eine anhaltende Betonung häuslicher Eintracht aus:

Der Lollia Victoriana, seiner süßesten Gattin, kaufte der Prokurator Lollianus Porresimus dieses Monument, weil sie es verdiente. Er lebte zwanzig Jahre mit ihr, ohne daß einer beim anderen einen Fehler fand. Das ist «geliebt zu haben». (*CIL* 10.1951)

In einer Inschrift aus Karthago teilt eine Frau mit, daß sie diesen Gedenkstein für ihren seligen Mann aufgestellt hat, «der immer äußerst großzügig und pflichtbewußt war; während ich mit ihm lebte, sagte er mir nie ein böses Wort, niemals beleidigte er mich oder jemand anderen» (Lattimore 1962, S. 277–280). Es wäre naiv, diese oder andere Elogen oder Epitaphe für bare Münze zu nehmen, aber sie geben zumindest ein gültiges Zeugnis von einem Ideal. Diese Gattinnen schätzten wie die athenische Frau aus dem 4. Jahrhundert v. Chr., die bei ihrem bankrottgegangenen Mann bleiben wollte, die ständige «Zuneigung» ihrer Männer.

Frauen aus den unteren Schichten waren erwartungsgemäß in die Tätigkeiten ihrer Männer einbezogen; wir finden Kaufmannspaare in griechischen wie in lateinischen Inschriften. Im Rom des ersten vorchristlichen Jahrhunderts schließt ein Fleischer beim Lob seiner Frau finanzielle Redlichkeit in die Liste traditioneller Tugenden ein: «Sie lebte als treue Ehefrau zu einem treuen Gatten mit einer Zuneigung, die meiner glich. Sie ließ sich niemals durch Habgier von ihrer Pflicht abbringen.» (*ILS* 7472).

Seine Frau nimmt auf der gleichen Inschrift für sich in Anspruch, ihr Mann «blühte alle Zeit durch ihre sorgfältige Pflichterfüllung». Aber die *Laudatio Turiae* läßt wie viele der Anekdoten über weiblichen Heroismus in Zeiten der Verfolgung darauf schließen, daß politische Zeitläufte auch unter Paaren der Oberschicht enge Gemeinschaft fördern konnten. Als abschließendes Beispiel möchte ich gerne auf eine lange Inschrift über einen Mann und seine Gattin aus dem späten 4. Jahrhundert n. Chr. eingehen. Dieser Lebensbericht ist von besonderem Interesse, weil der Mann, Praetextatus, einer der letzten bedeutenden Heiden war, die Ämter nicht nur unter Julian Apostata innehatten, sondern auch unter mehreren christlichen Kaisern (Bloch 1963, S. 193–218). Was er und seine Frau Paulina an Aussagen über einander bieten, ist praktisch das letzte Zeugnis, das wir von den heidnischen Idealen besitzen.

Das Grabdenkmal (*ILS* 1259 = *WLGR*, S. 264a) von Praetextatus und Paulina ist auf allen vier Seiten mit Inschriften versehen. Die Vorderseite verzeichnet ihre Namen und ihre religiösen Ämter sowie einige von Praetextatus' öffentlichen Ämtern (Bloch 1945, S. 199–244). An den beiden Seiten des Grabmals befinden sich Verselogen auf Paulina: rechts wird von ihr gesagt, sie sei

kundig der Wahrheit und der Keuschheit, ergeben den Tempeln und Freundin der Götter, ihren Gatten sich selbst und Rom ihrem Gatten vorziehend, von Anstand, treu, rein an Geist und Körper, freundlich zu allen, hilfreich ihren Penaten.

In älteren Inschriften dürfte die Frömmigkeit einer Ehefrau oder eines Ehemannes routinemäßig erwähnt worden sein (Alkestis betete vor ihrem Tod zu Hestia und schmückte alle

Altäre), aber hier ist sie im einzelnen aufgeführt, und auffällig ist auch die Betonung ihres Patriotismus. Die Inschrift auf der rechten Seite des Grabmals spricht von Paulinas Zuneigung für Ehemann und Familie, aber auch über «die Erfahrung unseres Zusammenlebens, unseren Ehebund, unsere treue und einfache Eintracht, du halfst deinem Ehemann, liebtest ihn, ehrtest ihn und sorgtest für ihn». Auf der Rückseite gibt Paulina (wiederum in Versen) eine sogar noch detailliertere Eloge auf Praetextatus. Sie behauptet, ihre größte Ehre wäre es, seine Frau gewesen zu sein; sie preist ihn für seine Leistungen als Bürger und für seine Gelehrsamkeit. Aber sie räumt auch seiner religiösen Frömmigkeit stärkere Bedeutung ein:

Du als frommer Eingeweihter bewahrst in der Verborgenheit deines Geistes, was sich dir in den heiligen Mysterien offenbarte; und du verehrst gewissenhaft die mannigfaltige Göttlichkeit der Götter; du schließt gütig in die Riten als Gefährtin deine Frau ein, die Respekt vor Menschen und Göttern bewahrt und dir treu ist. ... Mein Ehemann, durch die Gabe deines Lernens hältst du mich vor dem Schicksal des Todes rein und keusch, du nimmst mich mit in die Tempel und weihst mich als Dienerin der Götter. Mit dir als meinem Zeugen werde ich in alle Mysterien eingeführt; du, mein frommer Gefährte, ehrst mich als Priesterin der Dindymene und des Attis mit den Opferriten des Taurobolium; du unterweist mich als Diener der Hekate im dreifachen Geheimnis, und du machst mich würdig für die Würden der griechischen Ceres. Nun erkennen Männer und Frauen die Insignien an, die du mir als Lehrer gegeben hast.

Aus dieser Inschrift und aus anderen Quellen über Praetextatus geht hervor, daß für ihn Religion anscheinend eng mit seinem Dienst für den Staat verknüpft war: offenbar setzte er während seiner Zeit als Prokonsul in Achaia 362 n.Chr. unter Julian einige der Kulte wieder ein, in die er und seine Frau eingeweiht waren. Ihre Eloge auf ihn weist darauf hin, daß er für sie sowohl Mentor wie Lehrer war; aber es ist bezeichnend, daß er ihre Teilnahme an den von ihm so ernst genommenen Riten wünschte. Ich neige zu der Annahme, daß sie ernsthaft dankbar dafür war, in diesen wichtigen Aspekt seines Lebens einbezogen zu sein; erstens weil das Grabmal nach *seinem* Tod aufgestellt wurde (wer auch immer die eleganten Verse verfaßt hat), und zweitens weil andere adlige Frauen darauf bedacht waren, ihre

Teilnahme an einigen dieser Riten festzuhalten Es hat den Anschein, daß Mitglieder von Familienverbänden zusammen eingeweiht worden sind, besondern in Riten wie das Taurobolium (z. B. *ILS* 4154). So ist vielleicht das starke Interesse eines heidnischen Ehemannes an der religiösen Erziehung seiner Frau nicht so ungewöhnlich, wie man aus Andeutungen der Kirchenväter vermuten könnte.

Wenn ich hier zu zeigen versuchte, daß bestimmte Verhaltensweisen durchgängig während des klassischen Altertums bestanden haben, ungeachtet bedeutender Veränderungen in der rechtlichen Stellung von Frauen und über einen großen zeitlichen und geographischen Bereich hinweg, so wollte ich damit nicht behaupten, daß alle antiken Ehen glücklich gewesen wären oder daß wir für unsere Gesellschaft antike Werte übernehmen sollten. Soweit wir wissen, wurde jedes von uns behandelte Dokument von einem Mann geschrieben oder zumindest eingraviert, da nur Männer Steinmetze waren, und manche Männer mögen nur einen Teil dessen verstanden haben, was die Frauen ihnen sagten. In seiner Abhandlung *Ehevorschriften* fordert Plutarch den Bräutigam zu Verständnis und Treue auf; aber aus seinen Sätzen wird deutlich, daß er die meisten Einstellungsänderungen von den Frauen erwartet. Er befürwortet eine Art der Ehe, wie sie in der Inschrift über Praetextatus und Paulina beschrieben ist: die Frau sollte die Götter ihres Mannes verehren; Ehe sollte eine Partnerschaft sein; eine Ehefrau sollte sagen können: «Lieber Mann, du bist mir ein Führer, Philosoph und Lehrer des Herrlichsten und Göttlichsten»; Frauen sollten Geometrie und Philosophie studieren, um ihren Geist höheren Dingen zuzuwenden (*Moralia* 145 c–d). Er glaubt, Frauen könnten und sollten unterrichtet werden, allerdings nach Maßgabe der Tradition im Haushalt ihrer Ehemänner. Sicherlich meinte er mit seinem Rat nur das Beste; können wir ihn dafür verurteilen, daß er sich keine Gesellschaft vorstellen konnte, in der Frauen vollständig unabhängig wären? Als Historiker besaß er genügend Kenntnisse, um zu wissen, daß sich die Rolle der Frau in der Ehe in den letzten 700 Jahren wenig verändert hatte.

5
Frauen mit Einfluß

Feministinnen beließen es nicht dabei, Zeugnisse für die Existenz matriarchalischer Gesellschaften zu liefern, sie lenkten auch die Aufmerksamkeit auf die außergewöhnlichen Leistungen weniger Frauen – als ob diese einen Standard vorgegeben hätten, welchen Frauen des 20. Jahrhunderts anstreben und wiederbeleben könnten, um ihn schließlich voll zu verwirklichen. Wenn ich behaupte, daß in der Antike Frauen weder über politische Macht verfügten noch sie anstrebten, sondern durch ihre Ehemänner, Väter oder Söhne wirkten, höre ich häufig den Einwand: wie verhält es sich denn mit Antigone, Klytämnestra, Artemisia oder Agrippina? Aber ich glaube, es ist möglich, für all diese Fälle wie auch für viele andere nachzuweisen, daß Frauen nur unter bestimmten, eng definierten Bedingungen politisch aktiv wurden. Und wenn sie dies nicht wenigstens zum Schein für einen männlichen Verwandten taten, nahm es noch dazu mit ihnen und anderen aus ihre Umgebung meist ein böses Ende. Als erstes möchte ich über Frauen im Mythos sprechen, d.h. in bestimmten Werken der Literatur, weil Mythen die gewöhnlichen Verhaltensweisen klarer und einfacher darstellen als die Geschichtsschreibung. Für die Geschichtsschreibung jedoch läßt sich oft nachweisen, daß sie den Mustern von Mythen folgt: zum einen war mythische Begrifflichkeit die einzige, in der die meisten Schriftsteller menschliche Erfahrung deuten konnten, und zum anderen boten antike Gesellschaften aus praktischen Gründen Frauen wenig Gelegenheit, als Individuen außerhalb des Familienzusammenhangs zu handeln.

Antike Frauen konnten sicher mutig, aber nicht wirklich unabhängig sein. Antigone selber ist dafür ein Beispiel. In Sophokles' Drama gelingt es ihr, ihren Bruder Polyneikes zu bestatten, obwohl ihr Onkel Kreon dies verboten hat, da Polyneikes sein Vaterland angegriffen hat. Die Verweigerung der Bestattung war eine traditionelle Strafe für Verrat; aber Antigone hat das moralische Feingefühl zu sehen, daß Kreons Befehl gegen einen anderen hergebrachten Brauch verstößt: die Verpflich-

tung der Familie oder des *genos*, die sterblichen Überreste ihrer
Toten zu bestatten und zu ehren (Lacey 1968, S. 54f., 80f.).

Feministische Wissenschaftlerinnen haben neuerdings Antigone unterstellt, durch ihre Tat gegen den Rat ihrer Schwester
und den Befehl Kreons würde sie eigentlich eine männliche
Rolle übernehmen (Foley 1975, S. 36; Sorum 1982, S. 206;
O'Brien 1977, XIII–XXX); bei ihrer Verteidigung der Blutsverwandtschaft mit Polyneikes «müsse sie die Gestalt und die Lei-
stungsfähigkeit der Familie in Frage stellen» (Sorum 1982,
S. 207); Antigone habe die aggressive Haltung eines Orest angenommen, «eines jüngeren Sohnes, der den Tod eines unbe-
statteten Bruders räche oder wiedergutmache» (Heilbrun 1973,
S. 9). Im Verlauf der Interpretation behaupten diese Autorinnen, daß Kreon oder die Stadtältesten im Chor nicht für sich
stehen, sondern den Staat repräsentieren, eine Regierung, unterstützt und akzeptiert von der Mehrheit der thebanischen
Bürger, deren Gesetze und Sitten Antigone bedroht (Foley
1975, S. 33–36). Deshalb stelle das Drama *Antigone* die traditionelle Gesellschaftsstruktur in Frage.

Aber ich glaube nicht, daß Sophokles oder sein Publikum in
Antigones Tat einen Verstoß gegen die Konvention oder in dem
Stück einen Versuch gesehen hätten, neue Familienstrukturen
oder Verhaltensweisen zu definieren und zu unterstützen. Erstens widersetzt sich Antigone nicht einem hergebrachten
Brauch, sondern dem Befehl des einzelnen Individuums Kreon;
er selbst mag seine Ansichten mit denen der Stadt gleichsetzen
(z.B. 736), aber das Resultat des Dramas zeigt, daß er sich irrt.
Dann führt die Analogie zwischen Antigone und Orest in die
Irre, weil Antigone nicht versucht, den Tod ihres Bruders zu
rächen oder wiedergutzumachen, sondern nur danach strebt,
ihn mit den einem Toten gebührenden Riten zu bestatten. Der
Unterschied mag uns trivial erscheinen, aber für die Griechen
war er grundlegend (und in abgelegenen Dörfern ist er dies
noch heute); Männer rächen Morde an Verwandten, Frauen
bereiten die Leichname für die Bestattung vor und singen Kla-
gelieder (Campbell 1964, S. 168f., 193f.; Alexiou 1974, S. 22).

Sophokles stellt in dem Stück mehrfach ausdrücklich fest,
daß Antigone und ihre Schwester Ismene Frauen sind. Er will
damit vor seinen Zuschauern betonen, daß Kreons Anordnung

hergebrachten Brauch verletzt und einen Mißbrauch seiner Herrschaftsgewalt darstellt, d.h. daß er sich wie ein Tyrann aufführt. Zu Beginn des Dramas sagt Ismene zu Antigone:

Jetzt sinnst du, wie wir zwei Verbliebenen gar
am schlimmsten untergehn, wenn wir des Herrschers Macht
mißachtend übertreten des Gesetzes Spruch.
Vielmehr laß uns bedenken, daß wir Frauen und
zum Kampfe gegen Männer nicht geschaffen sind,
auch dieses, daß wir, untertan den Herrschenden,
gehorchen müssen dem Gebot und schlimmren noch!
(58–64)

Sophokles beschreibt keine normalen Mann-Frau-Beziehungen, wenn er Kreon klagen läßt, er wäre schwächer als eine Frau, ließe er Antigones Mißachtung seines Befehls zu; oder auch wenn Kreon darauf besteht, die beiden Schwestern müßten sich nun wie Frauen verhalten und dürften das Haus nicht verlassen (579), Sophokles schildert einen Mann bei dem verzweifelten Versuch, eine Entscheidung zu rechtfertigen, die er als einziger in der ganzen Stadt (690 ff.) für richtig hält. Weit entfernt von jedem ungewöhnlichen Verhalten tut Antigone nur, was ihre Familie von ihr erwarten darf. Sie selbst sagt:

Doch geh' ich nun, so macht mich eine Hoffnung stark:
den Vater wird mein Kommen freuen, freuen auch
dich Mutter, auch dich brüderliches Haupt,
weil ich ja selbst mit dieser Hand bei eurem Tod
euch wusch und kleidete und auf den Gräbern euch
die Spenden weihte.
(897–902)

Im 5. und 4. Jahrhundert v. Chr., also zu Sophokles' Lebzeiten und in den folgenden hundert Jahren, war es allgemein verbreiteter Glaube, daß Familien im Tode wiedervereinigt würden (Humphreys 1983, S. 106; Lacey 1968, S. 148 f.). Besondere Sorgfalt wurde darauf verwendet, Familienmitglieder an demselben Platz zu bestatten, auch wenn dazu Gebeine an anderen Orten exhumiert und erneut bestattet werden mußten. Ich glaube nicht, daß ein antikes Publikum es für ungewöhnlich oder übertrieben hielt, daß Sophokles' Elektra über der Urne mit der (vermeintlichen) Asche ihres Bruders klagt:

So nimm mich auf in dieses dein Gehäus',
das Nichts zum Nichts, daß drunten ich vereint mit dir
in Zukunft wohne! Denn als du hier oben warst,
hatt' ich mit dir das gleiche Los: nun sehn' ich mich,
zu sterben und von deinem Grab nicht fern zu sein;
(*Elektra* 1165–1169)

Als Antigone ergriffen wird, wünscht auch Ismene, mit ihr zu sterben und ihrem verstorbenen Bruder die Totenehre zu erweisen (*Antigone* 544 f.). Der Wächter, der Antigone aufgreift, sagt über ihre Klage beim Anblick von Polyneikes' unbestattetem Leichnam: «Scharf klang es wie beim Vogel, der verwaist im Nest / das Lager seiner Jungen aufgefunden hat» (424 f.). Uns mag Antigones oder Elektras Unvermögen, zwischen Lebenden und Toten zu unterscheiden, merkwürdig erscheinen; aber für Antigone stellte die entscheidende Verbindung nicht das Leben, sondern die Blutsverwandtschaft dar: «... doch meine Seele ist schon lang / gestorben, um zu dienen den Verstorbenen.» (559 f.)

Antigone sagt ausdrücklich, daß sie für einen Ehemann ihr Leben nicht riskiert hätte, genausowenig hätte sie es getan, wenn sie eigene Kinder gehabt hätte; aber da sie ohne jegliche weitere Familie sei, habe ihre erste Pflicht dem Bruder gegolten – ob tot oder lebendig, scheint nicht von Belang zu sein. Auch Ismene stellt für sie keinen Grund dar, am Leben zu bleiben, denn sie ist eine Frau und damit unfähig zu erben oder die Familienlinie fortzusetzen. Wenn Antigone auf Kreons Anschuldigungen erwidert, sie könne seine Anordnung mißachten, nicht aber die «ungeschriebenen Gebräuche» (*agrapta nomina*) der Götter, so will sie nur sagen, daß Familienloyalität Vorrang haben muß vor allen Regeln, die nicht seit unvordenklichen Zeiten existieren; sie stellt nicht Kreons Herrschaftsrecht in Frage oder das Regierungssystem, sondern seine Intelligenz und sein Urteilsvermögen:

Doch litte ich's, daß meiner Mutter Sohn
als unbegrabener Leichnam draußen liegen bleibt,
das schmerzte mich; doch dies hier macht mir keinen Schmerz.
Und schein' ich dir verfallen auf ein töricht Tun,
so ist's vielleicht ein Tor, der mich der Torheit zeiht.
(466–470)

Antigone mußte, um es anders auszudrücken, für das zu Beginn stattfindende dramatische Ereignis eine Frau sein, weil nur eine Mutter oder eine Schwester eine so starke Verpflichtung fühlen konnte, den Toten zu bestatten (Daube 1972, S. 6f.). Es wäre für sie, wie Ismene vorbringt, möglich gewesen, die Götter der Unterwelt um Vergebung für die unterlassene Bestattung zu bitten, weil sie durch die Herrscher von Theben immerhin gewaltsam daran gehindert wurde (66). Sie hätte auch zuerst versuchen können, sie von einem Mann, etwa Haimon, ausführen zu lassen; so überredete Aithras ihren Sohn Theseus, den Müttern der bei Theben gefallenen Heroen die Bestattung ihrer Söhne zu erlauben. «... Denn alles nur / Durch Männer auszurichten ziemt der weisen Frau.» (Euripides, *Die Hiketiden* 40 f.) Wir würden Antigone mutig oder großherzig nennen, aber der Chor erklärt sie für töricht:

Unselige, Kind
unseligen Vaters: von Ödipus!
Was ist? Sie führen dich doch nicht her,
weil du ungehorsam dem Königsgesetz
und bei sinnloser Tat sie dich griffen?
    (Sophokles, *Antigone* 379–382)

Der Chor hält sie, wie sie sich selbst auch, für ein Opfer des über der Familie lastenden Fluches, der schon ihre Eltern und ihren Bruder vernichtete:

Wir ehren den, der fromm verehrt.
Der Macht jedoch, der Macht gebührt,
zu trotzen hat stets ins Leid geführt:
dich stürzt ein eigenwillig Trachten.
    (872–875)

Diese Eigenmächtigkeit und Unbesonnenheit (*aphrosyne*) sind Charakteristika des Familienfluches, und der von den Göttern keineswegs mißbilligte Verlauf des Fluches gehört zum System: «Wem ein Gott den Geist ins Unheil / stoßen will, dem scheint zuletzt / Arges, als wär' es edel.» (622 f.)

Noch vor einigen Jahren konnte ich nicht erkennen – und teilweise bedaure ich, es nun eingestehen zu müssen –, daß Sophokles' Publikum Antigones Tat als mutig, lobenswert, aber riskant (sie stirbt schließlich) und jedenfalls als innerhalb der

Grenzen zulässigen weiblichen Verhaltens ansah. Antigones Verhalten setzte weder einen neuen revolutionären Standard, noch konnte man es als Prototyp für weibliches christliches Märtyrertum verwenden – eine Interpretation, die den Komponisten Felix Mendelssohn Bartholdy tief beeindruckte, obwohl er die griechische Sprache nicht beherrschte (Jacobs 1963, S. 290; Jebb 1900, xlii). Antigone erntet wie andere Frauen in Epos und Drama Lob, weil sie zugunsten ihrer Familie handelt: Penelope täuscht drei Jahre lang die Freier (und harrt so für ihren Gatten Odysseus aus), bevor entdeckt wird, daß sie nachts ihre Webarbeit wieder auflöst; Andromache widersetzt sich Hermione und Menelaos, um ihren jungen Sohn zu beschützen; Iphigenie überlistet den bösartigen König, um ihren Bruder Orest zu retten; Helena lügt zugunsten von Menelaos. Es ist wichtig festzuhalten, daß in all diesen Fällen die Frauen nur passiven Widerstand leisten. Verräterische Handlungen sind bei einer Frau offensichtlich nur zulässig, wenn sie gewaltfrei und zugunsten eines männlichen Verwandten geschehen.

Aber einer Frau ist es, selbst wenn sie gute Gründe hat, nicht gestattet, ihr Recht eigenhändig durchzusetzen. Nach der Eroberung Trojas und dem Tod all seiner Männer rächte Hekabe die Ermordung ihres jüngsten Sohnes Polydoros selbst. Er war zum sicheren Verbleib zu Polymestor nach Thrakien geschickt worden, aber Hekabe entdeckt, daß dieser ihn ermordet hat. Als Polymestor mit seinen jungen Söhnen in Troja eintrifft in der Hoffnung, mehr Geld einzutreiben, stechen Hekabe und ihre Dienerinnen mit ihren Broschen Polymestor die Augen aus und töten damit auch seine Söhne. Polymestor fordert Agamemnon zur Bestrafung Hekabes auf, aber dieser sieht ihr ihre Rache nach. Polymestor klagt: «Weh, eine Sklavin, wie es scheint, hat mich besiegt, / Und büßen muß ich einer viel Geringeren!» (Euripides, *Hekabe* 1252 f.) Hekabes Triumph ist jedoch nur von kurzer Dauer: Polymestor prophezeit, daß Hekabe sich selber von dem Schiff stürzen wird, das sie von Troja wegbringt, daß sie in einen Hund verwandelt wird und daß ihre letzte Ruhestätte bekannt sein wird als das «Grab der Hündin, Warnmal für die Schiffenden» (1273). Ihr Tod wird, mit anderen Worten, erbärmlich sein (die Griechen mochten Hunde nicht) und, was wichtiger ist, anonym. Auf der anderen Seite

gilt für Penelope, die die Hinrichtung der Freier ihrem Mann
und ihrem Sohn überlassen konnte:

… drum wird der Ruhm ihrer Tugend *[aretê]*
Nie vergehn; es werden den Erdenmenschen die Götter
Lieblichen Gesang verleihn für die kluge Penelopeia.
Nicht wie Tyndareos' Tochter [Klytämnestra] ersann sie
schändliche Taten,
Die den Gemahl erschlug; es wird ein abscheuliches Lied ihr
Bleiben unter den Menschen; eine schweres Urteil verhängt' sie
Über der Frauen Geschlecht, auch wenn eine rechtschaffen ist.
(*Odyssee* 196–202)

Es mag ungerecht erscheinen, wenn der Sprecher dieser Verse,
der tote Agamemnon, glaubt, nach der Tat Klytämnestras ver-
diene keine Frau mehr Vertrauen. Auch Polymestor schließt,
nachdem er Agamemnon geschildert hat, wie die trojanischen
Frauen seine Söhne erstochen und ihn selbst geblendet haben,
mit einer allgemeinen Verurteilung der Frauen: «Ein solch Ge-
züchte hegen Meer und Erde nicht» (*Hekabe* 1181 f.), anders
gesagt, er hält sie für Ungeheuer (vgl. Aischylos, *Die Weihgußträgerinnen* 585 f.). Semonides von Amorgos bestimmt, wie wir
gesehen haben, in seiner Satire über die Frauen (fr. 7 W =
WLGR, S. 30) neun Typen von schlechten Frauen, aber nur
eine gute. Der niedrige Anteil guter Frauen könnte vielleicht als
Beweis für die anhaltende Misogynie eines Teils der (männlichen) griechischen Dichter gelten; aber es ist daran zu erinnern,
daß diese Aussagen über schlechte Frauen alle im Zusammenhang mit Schmähungen stehen und deshalb wahrscheinlich
übertrieben sind. Man vergleiche, wie eine zornige Frau, die
sich ungerecht behandelt fühlt, etwa Medea in Euripides'
Drama, das unglückliche Los von (allen) Frauen kontrastiert
mit dem beneidenswerten Leben, das die Männer ausnahmslos
führen (*Medea* 230 ff.).
Man muß wohl einräumen, daß die Beschränkungen für
Frauen in Epos und Drama auch auf die «politischen» Frauen
in Aristophanes' Komödien zutreffen. Vor allem Lysistrate ist
oft als die erste befreite Frau bezeichnet worden; aber was ist es
schon, was sie tatsächlich erreicht: Um Frieden herbeizuführen,
ruft sie alle Frauen Griechenlands zusammen (sie treffen natür-

lich verspätet ein) und läßt sie schwören, ihren Männern den
Beischlaf zu verweigern, bis sie einverstanden sind, den Krieg
zwischen Athen und Sparta zu beenden. Ihr Plan gelingt, anschließend löst sich ihre Frauenorganisation wieder auf, und die
Frauen kehren zu ihren Männern zurück. So handeln Frauen
auch in der Phantasiewelt der Komödie nur zum Erhalt ihrer
Familie und für die Rückkehr zu ihr. Frauen besitzen Intelligenz
und Verständnis, aber sie vertreten ihre Meinung nur in Notla-
gen, und selbst dann sind ihre Vorbilder Männer. Als sie den
Frieden abschließt, sagt Lysistrate:

> Ich bin ein Weib, doch wohnt in mir auch Geist! [Zitat aus *Melanippe*]
> Von Haus aus gar nicht ohne Mutterwitz,
> Hab ich vom Vater und von ältern Männern
> Manch weises Wort gehört und viel gelernt.
> (*Lysistrate* 1125–1127)

Als sich in den *Thesmophoriazusen* die Frauen zum Angriff auf
Euripides treffen, parodieren ihre Verhandlungen die Volksversammlung der athenischen Männer. Aristophanes ist sich bewußt, daß sein Publikum die bloße Vorstellung einer Frauenver-
sammlung mit Redenhalten und Abstimmung ungeheuer ko-
misch finden würde. In der Komödie *Die Ekklesiazusen* (oder
Die Weibervolksversammlung) gelingt es Frauen, als Männer
verkleidet in die Volksversammlung einzudringen und sich per
Abstimmung das Sagen in der Stadt zu verschaffen. Das Argument ist folgendes: «Den Weibern, rat ich, müssen wir [die
Volksversammlung] den Staat / Ganz überlassen! Führen sie zu
Hause / Doch auch die Wirtschaft als Verwalterinnen!»
(210–212) Die unterwanderte Volksversammlung verabschie-
det zwei neue Gesetze: 1. aller Besitz (einschließlich Ehefrauen
und Kinder) solle Gemeingut werden und 2. könne die häß-
lichste und älteste Frau sich als erste einen Mann aussuchen.
Das erste Gesetz ist eine Parodie auf das athenische Verständnis
der spartanischen Verfassung: nach der Niederlage im Krieg
gegen Sparta schien dessen Regierungssystem spezielle Vorzüge
aufzuweisen. Im Jahre 392 v. Chr., als *Die Ekklesiazusen* aufgeführt wurden, konnte sich Aristophanes noch über die Vorstellung lustig machen, daß Frauen gleiche Rechte wie Männer
haben sollten. Eine Generation später stellte Platon fest, daß

man sich über die Idee der Frauenbildung zwar noch amüsieren
durfte, aber dennoch baute er in das in der *Politeia* beschriebene Regierungssystem gleiche Erziehung für Männer und
Frauen ein, Geschlechts- und Kindergemeinschaften. Auf diese
Weise könnten Frauen zu Gefährten der Männer und zu Mit-
Wächtern des Idealstaates werden (*Politeia* 456 b). In diese Uto-
pie schloß Platon allerdings den Vorbehalt ein, daß den Frauen
aufgrund ihrer schwächeren Natur leichtere Pflichten im
Kriegsfall aufgebürdet werden sollten – ohne näher zu bestimmen, welcher Art diese Pflichten sein sollten.

Solche sozialistischen Theorien, wie sehr sie auch in intellek-
tuellen Kreisen diskutiert wurden, sind natürlich niemals in die
Praxis umgesetzt worden, zumindest nicht in Athen (Annas
1981, S. 181–185; vgl. Adam 1963, I. S. 345). In der Tat behauptet Aristoteles, daß die Freiheiten, die den Spartanerinnen
in den Tagen von Spartas großen militärischen Erfolgen zuge-
standen worden seien, in der Mitte des 4. Jahrhunderts v. Chr.
direkt zur Niederlage gegen die Thebaner geführt hätten.
Frauen seien nicht den gleichen Beschränkungen durch die
spartanische Verfassung unterworfen gewesen wie Männer und
hätten so ein maß- und zügelloses Leben geführt, wohingegen
die Männer in militärischer Zucht verblieben seien. Deshalb
stellt Aristoteles über die spartanischen Frauen zum Zeitpunkt
der thebanischen Invasion von 369 fest:

Nützlich waren sie zu nichts, wie etwa in anderen Staaten, und stifteten
mehr Verwirrung an als die Feinde. (*Politik* 1269 b 5) Die Mißstände
im Hinblick auf die Frauen scheinen nicht nur, wie schon vorhin bemerkt, die Verfassung an sich zu verunstalten, sondern überdies die
Habgier zu fördern. (1270 a 9)

Für ihn bestand eine besonders ungünstige Konsequenz darin,
daß zwei Fünftel Spartas Frauen gehörten (1270 a 10 f.). Sie
konnten anders als die Athenerinnen Besitz erben und selber
hinterlassen (Cartledge 1981, S. 86–89).

Hier wie in seinen Lehren zur menschlichen Physiologie
scheint Aristoteles das, was im athenischen Alltag zulässig war,
als Norm zu betrachten und jede andere Praxis als Abwei-
chung. Aber er und nicht Platon hatte das letzte Wort. Wenn
griechische Frauen – in Geschichte oder Literatur – je die Gele-

genheit hatten zu herrschen, dann nur für einen kurzen Zeitraum, angesichts eines speziellen Problems oder Notstands, oder wenn sie in Monarchien oder Tyranneien (wie Artemisia oder Kynna) mit dem Herrscher verwandt waren.

Ich will nun kurz die Rolle betrachten, die Frauen in der Geschichtsschreibung haben, im Gegensatz zur Literatur, damit diese beiden Bereiche klar getrennt werden können. Bezugnahmen auf Frauen bei Biographen und Historikern haben häufig eine Tendenz zum Anekdotischen und sind so nicht notwendig an besondere Zeiten oder Ereignisse gebunden; statt dessen beleuchten sie Charakteristisches auf allgemeine und zeitlose Weise. Cornelia wird zum Beispiel von einigen antiken Schriftstellern für die Erziehung ihrer Söhne, der Gracchen, gepriesen, aber wie, wann und was sie lehrte, wird nicht näher ausgeführt. Aber was auch immer die Quelle der Information sein mag, in Geschichtsschreibung wie Mythos scheinen dieselben Regeln Anwendung zu finden: Frauen können den Lauf der politischen Ereignisse nur beeinflussen, wenn sie durch die Männer oder für die Männer in ihrer Familie handeln. Sie können, wie Lysistrate, in einer Notlage frei agieren, müssen aber wieder zurücktreten, wenn das Problem gelöst ist. Das früheste Beispiel für ein solches Ereignis in der Geschichte ist bei Plutarch in seiner Abhandlung über die Tapferkeit der Frauen verzeichnet. Im frühen 5. Jahrhundert v. Chr. organisierte laut Plutarch Telesilla aus Argos, eine Aristokratin, die wegen ihrer schwächlichen Konstitution ermuntert worden war, Gedichte zu verfassen, die Bewaffnung der Frauen von Argos, als die argivische Armee einen schweren Rückschlag erlitten hatte, und sie verteidigten die städtischen Befestigungsanlagen gegen die Spartaner (*Moralia* 245c–f.). Aber sobald die Krise vorüber war, nahmen die Frauen wieder ihre konventionellen Rollen ein. Laut Herodot (der Telesilla nicht erwähnt) wurden die argivischen Frauen mit Sklaven verheiratet (6.83.1); bei Plutarch, der darauf beteht, daß sie Besseres verdient hätten, sind es adlige Bürger der Nachbarstädte. Plutarch überliefert noch ein anderes dramatisches Beispiel für die politische Wirkung einer Frau in Krisenzeiten, diesmal aus einer ihm viel näheren Epoche, dem 1. Jahrhundert v. Chr. (Stadter 1965, S. 101–103). Aretaphila aus Kyrene wurde gezwungen, den Tyrannen zu heiraten, der ihren Ehemann ermordet

hatte. Zuerst versuchte sie, ihn zu vergiften. Sie überlebte die
Folter, als ihr Anschlag mißglückt war, und es gelang ihr, sich
von dem Tyrannen zu befreien, indem sie dessen Bruder mit
ihrer Tochter verheiratete und ihn zur Ermordung seines Bruders überredete. Schließlich richtete sie es ein, daß der Herrscher eines Nachbarstaates ihren Schwiegersohn gefangennahm
und er sowie seine Mutter den Bürgern von Kyrene ausgeliefert
wurden, die sie umbrachten. Die Bevölkerung von Kyrene behandelte Aretaphila wie einen Heroen und forderte sie auf,
Regierung und Verwaltung mit dem Adel zu teilen;

sie aber, die nun ihr großes, aus vielen Aufzügen bestehendes Drama
geendet und den Kranz gewonnen, zog sich, sobald sie ihre Stadt frei
sah, in ihr Weibergemach zurück, und ohne sich weiter mit anderen
Geschäften zu befassen, lebte sie von nun an ruhig am Webstuhl unter
ihren Freunden und Angehörigen. (*Moralia* 257 d–e)

Auch wenn die ursprüngliche Geschichte von Aretaphila durch
Plutarch oder schon in den von ihm benutzten Quellen ge-
schönt worden sein mag, um dem üblichen Verhaltensmuster
von Frauen im Mythos zu entsprechen, führt sie vor, wie un-
glaubwürdig es auch im Hellenismus erschien, daß eine Frau
tatsächlich mitregieren (*synarchein, syndioikein,* 257 d) sollte.
Papyri und Inschriften – die authentischsten Zeitzeugen über
die Rolle der Frau im öffentlichen Leben – vermitteln den klaren Eindruck, daß Frauen auch im Falle der gesetzlichen Berechtigung zu Besitz und Erblasserschaft zwar als Wohltäterin-
nen der Städte willkommen waren und Ehrentitel erhielten,
aber niemals tatsächlich einen Sitz im Rat der Stadt oder eine
Stimme in der Volksversammlung. Die traditionellen Tugenden
der Frauen wurden zusammen mit ihren Spenden aufgelistet,
und obwohl ihre eigenen Namen nun klar und deutlich genannt
sind (im Gegensatz zu den aristokratischen Frauen des 5. und 4.
Jahrhunderts v. Chr., die inkognito blieben, vgl. Schaps 1977,
S. 323–330), war die gebührende Anerkennung immer den
Männern in ihren Familien vorbehalten:

Phyle, Tochter des Apollonius, Frau des Thessalos, des Sohns des Poly-
deukes, erste Trägerin eines Siegeskranzes [*stephanophoros*], stiftete
aus ihrem Vermögen einen Wasserbehälter und die Wasserleitung in der
Stadt [Priene]. (Pleket 5 = *WLGR*, S. 48, 1. Jahrhundert v. Chr.)

Rat und Volk [ehren] Flavia Publicia Nikomachis, die Tochter des Nikomachos und der Prokle, ... ihre Wohltäterin, und von ihren Vorfahren her Wohltäterin unserer Stadt, Stifterin unserer Stadt, Prytanin für immer um ihrer vollständigen Tugend willen. (Pleket 19 = *WLGR*, S. 162, Kleinasien, 2. Jahrhundert n. Chr.) Aurelia Leite, Tochter des Theodotos, Frau des ersten Mannes der Stadt, Marcus Aurelius Faustus... sie war Gymnasiarchin des Gymnasiums, das sie wiederherstellte und erneuerte, nachdem es viele Jahre baufällig gewesen war. ... Sie liebte die Weisheit, ihren Gatten, ihre Kinder, ihre Heimatstadt [Priene]. (Pleket 31 = *WLGR*, S. 164, 300 n. Chr.)

Die philosophischen Lehren basierten wie so häufig auf gesellschaftlicher Praxis und verstärkten sie. Aristoteles glaubte, daß Frauen zu Tugend und Verständnis fähig seien. Er akzeptierte jedoch nicht Platons Voraussetzung, daß Besonnenheit, Tapferkeit und Gerechtigkeit bei Frauen und Männern gleich seien, und meinte, daß die Tapferkeit des Mannes sich im Befehlen (oder Herrschen, *archein*) zeige und die der Frau im Dienen (Politik 1260a 20). Auch ein Traktat über Frauen, der von neupythagoreischen Philosophen des 3. oder 2. vorchristlichen Jahrhunderts in Italien verfaßt worden ist, und zwar in Form eines Briefes von einer Frau an eine andere, geht davon aus, daß die Fähigkeit der Frau zum Regieren beträchtlich geringer sei als die des Mannes:

Manche Leute denken, daß es für eine Frau nicht angebracht ist, Philosophin zu sein, gerade wie eine Frau nicht Reiteroffizier oder Politiker sein sollte. ... Ich stimme zu, daß Männer Feldherren und städtische Beamte und Politiker sein sollten und Frauen das Haus besorgen sollten und darin bleiben sollten und ihre Ehemänner empfangen und sie versorgen. Doch ich glaube, daß Mut, Gerechtigkeit und Klugheit Eigenschaften sind, die Männer und Frauen gemeinsam haben. ... Mut und Klugheit sind eher den Männern angemessene Tugenden, wegen der Stärke ihres Körpers und der Kraft ihres Gedächtnisses. Keuschheit ist eher den Frauen angemessen. (Thesleff 1965, S. 151)

Die offenkundigen Ausnahmen bestätigen nur die Regel, daß Frauen als Herrscherinnen nicht akzeptiert werden konnten, es sei denn, sie handelten in Verbindung mit einem Mann. Königinnen aus der Zeit des Hellenismus gelten als die ersten wirklich unabhängigen Frauen (Pomeroy 1985, S. 17–30). Sie organisierten Hofintrigen (einschließlich Mord); sie bestimmten die

Strategie von See- und Landschlachten; sie trafen Entscheidungen, die die Regierungspolitik beeinflußten. Aber es darf auf
keinen Fall vergessen werden, daß auch die fähigsten dieser
Frauen durch ihren Gemahl oder zumindest nominell unter seiner Kontrolle herrschten (Cantarella 1981, S. 113–114). Arsi-
noe, Königin von Ägypten 274–270 v. Chr., übte Macht aus
als Gattin ihres Bruders; Berenike, Frau und Cousine von Arsi-
noes Adoptivsohn Ptolemaios III. Euergetes, wurde von Kallimachos für den Mut gerühmt, den sie als Mädchen gezeigt
hatte und mit dem sie ihren Ehemann gewann (Macurdy 1932,
S. 130–136). Es scheint ein ungeschriebenes Gesetz zu sein,
daß das Mitherrschen *(synarchein)* und Mitverwalten *(syndioikein)* – das in Verbindung mit nichtverwandten Männern
undenkbar wäre (vgl. das Beispiel der Aretaphila, oben
S. 106 f.) – Frauen freisteht, solange ihre Ehemänner, Väter und
Brüder beteiligt sind. Kleopatra VII. gelangte mit ihrem Bruder
Ptolemaios XIII. auf den Thron. Dann sicherte sie sich zuerst
die Hilfe Julius Caesars, der zumindest für kurze Zeit ihr Gatte
wurde, und blieb auf dem Thron, indem sie Ptolemaios XIII.
absetzte und einen jüngeren Bruder als Mitregenten einsetzte.
Anschließend benutzte sie Marcus Antonius zum Machterhalt;
dabei trug sie, als sie mit diesem den Doppelthron teilte, den
Titel «Mitregentin mit Kaisarion». Kaisarion war ihr angebli-
cher Sohn von Caesar (Plutarch, *Marcus Antonius* 54). Auch
bei gewöhnlichen Frauen stellte das bürgerliche Recht sicher,
daß Männer zumindest nominell die Macht behielten. Griechische Frauen durften während des Hellenismus Verträge aufset-
zen und Testamente verfassen, aber nur mit Zustimmung eines
in der Regel der näheren Verwandtschaft entstammenden Vor-
munds oder *kyrios* (Pomeroy 1985, S. 119 f.).

Römer der höheren Gesellschaftsklassen konnten in den Tagen Ciceros für sich in Anspruch nehmen, daß ihre Ehefrauen
größere gesellschaftliche Freiheit genossen als Frauen in griechischen Städten (Nepos, *praef.* 6): die Aristokratin Aretaphila
aus dem griechischen Kyrene kehrte in den Wohnbereich der
Frauen zurück und empfing nur andere Frauen und Mitglieder
ihrer Familie. Aber wie wir gesehen haben (vgl. oben S. 91),
geben Inschriften und Briefe Aufschluß, wie römische Frauen
den Männern in ihren Familien bei der politischen Karriere

beistanden. Turias Ehemann berichtet, wie es seiner Frau gelang, ihn aus der Verbannung zurückzubringen, und er weist
darauf hin, wie ihre Anschuldigungen zum Sturz des Triumvirn
Lepidus beitrugen (vgl. Balsdon 1962, S. 204 f.). Verbote und
Verbannungen durch die Triumvirn riefen offensichtlich bei anderen aristokratischen Ehefrauen ein ähnlich heroisches Verhalten hervor (Ciccotti 1985, S. 24−26): die Frau des Acilius (wie
bei einer athenischen Frau wird ihr Name nicht genannt) be-
stach Soldaten mit ihrem Schmuck, damit sie ihren Mann nicht
zur Hinrichtung auslieferten; die Frau des Lentulus verkleidete
sich als Mann, um ihren Gatten in der Verbannung zu treffen;
die Frau des Rheginus versteckte ihren Mann in einer Kloake;
die Frau des Coponius schlief mit Marcus Antonius, um die
Sicherheit ihres Mannes zu erkaufen, «und kurierte so ein Übel
durch ein anderes Übel» (Appian, *Bürgerkriege* 4.39 = *WLGR*,
S. 208).

Brutus, einer der Mörder Caesars, scheint bei jedem seiner
Karriereschritte von seiner Mutter Servilia unterstützt worden
zu sein (Balsdon 1962, S. 51). Caesar verzieh Brutus, als er 48
v. Chr. gegen ihn gekämpft hatte, sicher auch deswegen, weil
Servilia seine Geliebte gewesen war. Nach der Verschwörung,
die zu Caesars Tod führte, nahm sie Botschaften für ihren Sohn
entgegen und leitete sie weiter (Cicero, *ad Atticum* 416.4). Cicero beschreibt in einem Brief, wie sie auf einer Familienver-
sammlung bei Antium das Kommando übernahm und es ihr
gelang, ihn zum Schweigen zu bringen, indem sie zu seinen
Vorschlägen bemerkte: «Das habe ich noch niemanden sagen
hören!» Sie selbst schlug vor, die Gesetze zugunsten ihres Sohnes zu ändern, und hatte offenkundig Erfolg damit (389.2).
Aber bei all ihrer Initiative hält Cicero sie eindeutig für eine
Vertreterin ihres Sohnes und nicht für eine unabhängig Agie-
rende. Er äußert gegenüber seinem Freund Atticus (den er damit aufzieht, er hätte Servilia zur engen Vertrauten, *familiaris*,
389.2): «Du bleibst Dir immer gleich, daß Du Servilia und
damit Brutus nicht im Stich läßt.» (394)

In Pompeji zeigen Graffiti an getünchten Wänden, daß
Frauen gemeinsam mit Männern Kandidaten für lokale öffentliche Ämter unterstützten: «Amadio mit seiner Frau bittet euch,
für Gnaeus Sabinus als Ädil zu stimmen.» (*CIL* IV 913 =

WLGR 210) Einige der Männer und Frauen scheinen Arbeitsplatzkollegen gewesen zu sein: «Appuleia und Narcissus mit ihrem Nachbarn Mustius bitten euch, für Pupius zu stimmen.» (*ILS* 6408a) Eine Frau mit dem Namen Statia bittet allein um Unterstützung ihres Kandidaten (*CIL* IV 3684) – sie selber konnte natürlich nicht für ihn stimmen.

Aber allgemein wurden Frauen, die deutlich in ihrem eigenen Interesse sprachen statt zugunsten eines nahen Verwandten, als selbstsüchtig, lasterhaft und habgierig kritisiert. Eine Rede, die Livius dem fulminanten Moralisten Cato dem Älteren zuschreibt, stellt hierfür ein Beispiel dar; Anlaß ist die Frage, ob die *lex Oppiana* aufgehoben werden sollte – jenes Gesetz, das das Recht von Frauen auf eigenen Besitz einschränkte (195 v.Chr.):

Unsere Vorfahren wollten, daß die Frauen nicht einmal eine persönliche Angelegenheit ohne Vollmacht von seiten ihres Vormundes sollten vornehmen können; sie sollten unter ihren Eltern, Brüdern, Männern stehen; wir, wenn's Gott gefällt, werden ihnen die Führung des Gemeinwesens überlassen und sie auf den Markt und in die Volks- und Wahlversammlungen eindrängen lassen. ... Laßt nur dem leidenschaftlichen Wesen und dem unbändigen Geschöpfe die Zügel schießen und hoffet, daß sie sich in ihrer Ausgelassenheit mäßigen werden, wenn ihr ihnen nicht selbst ein Ziel setzt. ... Sie begehren Freiheit und Ungebundenheit in allen Dingen, wenn wir die Wahrheit sagen wollen. Was werden sie wohl versuchen, wenn sie dies ertrotzt haben? ... Sobald sie anfangen, euch gleich zu sein, werden sie über euch sein. (Livius 34.2.11–3.2)

Über Sempronia, die die Verschwörung des mit ihr nicht verwandten Catilina unterstützte, heißt es: «Allein von jeher lag ihr an allem mehr als an Ehrbarkeit und Zucht; ob sie ihr Geld oder ihren Ruf weniger schonte, ist schwer zu entscheiden.» (Sallust, *Verschwörung des Catilina* 24–25 = *WLGR*, S. 203; Balsdon 1962, S. 47f.) Es wird berichtet, daß man den Namen von Gaia Afrania (einer Zeitgenossin Caesars), die selber Klagen einbrachte ohne die Hilfe eines männlichen Anwalts, zu verwenden pflegte, um eine Frau niedriger Moral zu bezichtigen (Valerius Maximus 8.3 = *WLGR*, S. 205).

Nicht nur die Selbstbehauptung einer Frau wurde im allgemeinen Verständnis als Maßlosigkeit und Lasterhaftigkeit an-

gesehen: größere Ansammlungen von Frauen galten als Gefährdung der öffentlichen Sicherheit. Livius läßt Cato über die
Frauen, die die Aufhebung der *lex Oppiana* anstreben, klagen:
«Was ist das für eine Art, auf die öffentliche Straße zu laufen,
die Gassen zu besetzen und fremde Männer anzureden.» (Livius 34.2.11) In der Praxis war es Frauen nur erlaubt, sich zu
bestimmten sozialen und religiösen Zwecken zu organisieren,
etwa vergleichbar mit den heutigen Hilfskomitees «besserer
Damen». So weihten zum Beispiel im 3. Jahrhundert v. Chr.
verheiratete Frauen «mit reinem und keuschem Sinn» – und mit
Hilfe ihrer Mitgift – der Juno eine goldene Schale (Livius
27.37.8–9 = *WLGR*, S. 238). Inschriften aus der Zeit des römischen Kaiserreiches verzeichnen Geldspenden an Frauenor-
ganisationen zugunsten von Diensten für die Allgemeinheit;
und Frauen konnten sich anscheinend auch treffen, um Regeln
für soziales Verhalten festzulegen und sich gegenseitig zu diszi-
plinieren (Sueton, *Galba* 5.1; *Hist. Aug. Elag.* 4.3–4. =
WLGR, S. 240). Hortensia, Tochter eines berühmten Redners,
wurde andererseits 42 v. Chr. für ihr Plädoyer an die Triumvirn
gerühmt, daß reiche Frauen von einer speziellen Steuer befreit
werden sollten: «Quintus Hortensius lebte in dieser weiblichen
Nachkommin wieder auf; man vernahm ihn selbst wieder in
der Sprache seiner Tochter.» (Valerius Maximus 8.3) Ihre Rede
soll wortwörtlich erhalten worden sein, sicher weil Hortensias
Worte die Billigung der Männer gefunden haben. In der uns
überlieferten Fassung macht sie geltend, daß Frauen in der Vergangenheit niemals despotische Regimes unterstützt hätten; sie
erinnert die Triumvirn daran, was Frauen getan hätten, um dem
Staat zu dienen, und daß in der gegenwärtigen Krise die Frauen
Väter, Ehemänner und Brüder verloren hätten. Bezeichnender-
weise befaßt sie sich nicht etwa mit Problemen wie der Besteue-
rung ohne politische Vertretung oder den Frauenrechten oder
auch mit den Vergnügungen und dem Luxus, der mit diesem
Geld finanziert werden könnte (Appian, *Bürgerkriege* 4.32 f.).
Wenn solche Argumente irgendeinen Reiz gehabt hätten, hätte
Livius sie dem Valerius in den Mund gelegt, dem Gegenspieler
von Cato dem Älteren in der Senatsdebatte über die Aufhebung
der *lex Oppiana*. Statt dessen muß dieser sich auf die Dienste
konzentrieren, die römische Frauen in der Vergangenheit für ihr

Land erbracht hätten. Er erlaubt ihm nur ein Argument zur «Chancengleichheit», und das mit sehr großer Herablassung: Nur Männer können die Purpurrobe der für Frauen nicht zugänglichen Staatsämter tragen; wenn ihnen dieses Privileg genommen wird, so könnte dies «schon die Gemüter von Männern verwunden; was meint ihr erst von den Weiblein [mulierculae], welche auch Kleines bewegt?» (Livius 34.7) Livius läßt Valerius mit dem Argument schließen, Frauen zögen es vor, bei ihrer Ausstattung dem Urteil ihres Mannes oder Vaters unterworfen zu sein statt einem Gesetz:

Das untergeordnete Verhältnis der Frauen hört nicht auf, solange die Ihrigen leben; sie selbst verabscheuen die Freiheit, welche der Witwenstand und die Verwaistheit bringen. ...Das schwache Geschlecht muß dulden, was ihr beschlossen habt. Je mehr Macht ihr habt, desto mäßiger müßt ihr eure Gewalt gebrauchen. (Livius 34.7)

Vor diesem Hintergrund überrascht es mich überhaupt nicht, daß während der Kaiserzeit, als die den männlichen Bürgern garantierte Freiheit sich im wesentlichen auf das Petitionsrecht beschränkte, die Initiative der Frauen auf Hilfe für männliche Verwandte begrenzt war (Millar 1977, 546–548). Arria tötete sich selbst – bevor ihr Mann, dem die Hinrichtung drohte, das gleiche tat – mit den berühmten Worten «Sieh her, es schmerzt nicht» (Plinius, *Briefe* 3.16 = *WLGR*, S. 150). Neros Mutter Agrippina war bei der Förderung der Karriere ihres Sohnes noch aggressiver als Brutus' Mutter Servilia. Sie heiratete ihren Onkel, Kaiser Claudius, und brachte ihn dazu, ihren Sohn als seinen Thronfolger zu bestimmen.

Frauen und Mütter von Kaisern wurden zu Propagandazwecken auf Münzen abgebildet, zum Beispiel Marcus Antonius mit Kleopatra (Macurdy 1932, S. 205). Selbstverständlich benötigten die Herrscher dieser riesigen und ständig bedrohten Reiche die Beteiligung von Ehefrauen und Müttern, aus politischen Gründen ebenso wie aus privaten (Balsdon 1962, S. 142, 160). Wiederum gibt uns die Mythologie (d.h. die Literatur) den besten Aufschluß über die Haltung, zu der die Kaiser ihre Untertanen anleiten wollten. Ein Mann, der von seiner Frau oder Mutter unterstützt wurde, war leichter zugänglich und fähig zur Milde. In Euripides' Drama *Die Hiketiden* bitten die

Mütter der argivischen Hauptmänner, die Polyneikes beim Angriff auf Theben halfen, zuerst Aethra, Theseus' Mutter, und
nicht Theseus selber um militärischen Schutz, damit sie ihre
Söhne bestatten können (Polyneikes' Bestattung war nicht das
einzige Problem, das dieser Krieg schuf). Die Mütter appellie-
ren an Aethra: «Auch du gebarst einen Sohn, würdige Herr-
scherin.» (55 f.) Als es Adrastos, dem König von Argos, nicht
gelingt, Theseus zur Hilfe zu bewegen, setzt sich Aethra für ihn
ein. Theseus hört auf sie, weiß er doch: «Viele weise Worte
kamen auch von Frauen schon.» (294) Anders als Antigone ist
Aethra bei ihrer Bemühung erfolgreich, denn sie kann Theseus
zur Hilfe bewegen; er ist natürlich ein viel vernünftigerer Mann
als Kreon: «Wie werden Theseus' Hasser ihn beschuldigen, /
Wenn du, Mutter, die um des Sohnes Leben bangt, / Zuerst
gebietest, diese schwere Tat zu tun?» (342–345)

In Rom konnten die Ehefrauen und auch die Geliebten der
Kaiser günstigen Einfluß auf das Leben oder den Reichtum von
Personen nehmen, denen es gelang, sich ihnen direkt zu nähern
und auf diese Weise das Gehör des Kaisers zu finden. Das war,
wie wir gesehen haben, nichts als ein traditionelles Verhaltensmuster, das allerdings über das Mittelalter bis in unsere Zeit
überlebte. Bis zum 5. Jahrhundert n.Chr. hatten sich etwa in
der Charakterisierung der christlichen Gottheiten subtile, aber
bedeutende Veränderungen vollzogen. In der Ikonographie
wurde Jesus, der zuvor als freundlich und zugänglich dargestellt war, enger, manchmal bis zur Ununterscheidbarkeit, mit
seinem Vater identifiziert. Um seine Gnade zu gewinnen, mußte
man sich an seine Mutter wenden, die in den synoptischen
Evangelien keineswegs eine bedeutende oder einflußreiche Person ist (Warner 1976, S. 285 f.). Damit wurde das Modell der
«Macht hinter dem Thron» aus der politischen Welt in die
Religion eingeführt. Es überlebt nicht nur im modernen Christentum, sondern auch in Vorstellungen über angemessenes
Verhalten von Frauen im 20. Jahrhundert.

6
Märtyrerinnen

Von allen Rollen, die Frauen im griechischen Mythos spielen, ist die Selbstaufopferung ohne Zweifel die aktivste. Sie ist damit am ehesten jenes Ruhmes würdig, der normalerweise Männern gebührt. Gelegenheit zum Selbstopfer bietet gewöhnlich eine Schlacht: Ein Orakel weissagt, daß man, um zu siegen, dieser oder jener Gottheit einen jungen Menschen opfern muß. Der berühmteste Fall ist natürlich Agamemnon, der seine Tochter Iphigenie opfert – eine Geschichte, die Aischylos in seinem Drama *Agamemnon* erzählt. Nach älteren Darstellungen erlaubte die Göttin, das Kind durch einen Hirsch zu ersetzen; dies erklärte unter anderem auch, warum Tieropfer vor der Schlacht der Göttin angenehm waren (Henrichs 1981, S. 198–208). Dadurch, daß Aischylos aber auf eine in den Augen der Zeitgenossen wohl primitivere Form des Mythos zurückgriff, vermochte er zu zeigen, welche Folgen die Tötung eines Menschen hat, so gerechtfertigt sie aus anderen ethischen Gründen auch scheinen mag. Euripides verwendet in einigen seiner Stücke ebenfalls mythische Menschenopfer, wobei bemerkenswert ist, daß es sich bei diesen Opfern mit einer Ausnahme um Frauen handelt. Diese Vorliebe des Mythos für das weibliche Geschlecht gibt Rätsel auf. Sie bedeutet nicht, daß den Griechen das Leben einer Frau weniger galt – was hätte den Göttern dieses Opfer sonst wert sein können? –; vielmehr läßt sie, in Verbindung mit dem Kult um die Herrin der Tiere, vermuten, daß Frauen unter religiösen Gesichtspunkten das adäquateste Opfer waren (Lloyd-Jones 1983, S. 89). Doch wie es um das Opfer im Kult ursprünglich auch bestellt gewesen sein mag, im Drama dient das Opfer einer Frau ganz offenbar dem Nachweis, daß Frauen ebenso mutig und für die Werte der Gesellschaft ebenso verantwortlich sein konnten wie Männer.

In *Agamemnon* ist das Opfer der Iphigenie einer der Gründe (nicht der einzige), weshalb Klytämnestra ihren Gatten tötet; sie macht es dem Volk von Argos zum Vorwurf, daß es gegen die Tat nicht eingeschritten ist:

Sprichst Haß der Bürger, Volkes lauten Fluch mir zu,
Da nichts zuvor dem Manne du entgegenhieltst,
Der mit nicht mehr Scheu, als wär's eines Lammes Tod,
Aus Herden, wimmelnd von schönwollgem Weidenvieh,
Hinopferte sein Kind, das liebste Frucht mir war
Der Wehn, um zu beschwören thrakischer Winde Sturm.
Tat den nicht aus dem Land zu stoßen not
Als der Befleckung Sühne?
                    (1413–1420)

Aber gleichgültig sind die Ältesten von Argos nicht, auch wenn
sie seinerzeit untätig blieben. In der Darstellung, die sie bei
ihrem Auftrittsgesang von dem Opfer geben, unterschätzen sie
nicht die Schwere der Entscheidung, die auf Agamemnon la-
stete, lassen aber keinen Zweifel daran, daß es falsch von ihm
war, das Opfer seiner Tochter zu wählen:

Und als der Not Zwangsjoch er sich beugte,
Im Herzen wehn ließ gottlose Windsbraut,
Unrein-unheilige, da – da wandt
In tollem Wagemut er Seel und Sinn um.
Menschen macht tollkühn ja schandgemute
Unselge Wirrung des Geists (*parakopa*), Unheils Urquell. Er
wagt's nun,
Opfrer zu sein seines eigenen Bluts,
Dem Weibesraub sühnenden Krieg zu Nutz und
Weihung der Flottenausfahrt.
                    (218–227)

Immerhin hätte er den Preis nicht zahlen müssen: Er hätte um-
kehren und die Expedition abbrechen können, um so das Leben
seines Kindes zu retten. Die Beschreibung des Opfers, die der
Chor gibt, macht deutlich, daß Agamemnons Tat unnatürlich
war, weil sie die normale Struktur des Familienlebens zerstörte:

Ihr Flehen, Angstruf: O Vater, Vater!
Galt nichts, ihr jungfräulich blühend Leben
Nichts dem kampflüsternen Feldherrnpaar.....
Und traf jedweden Opfrer mit Auges Pfeil, flehnd um Erbarmung,
Stumm sprechend gleichwie im Bild, zum Wort an sie
Bereit, so wie oft sie sonst
In Vaters Prunksaal, dem tischgeschmückten,
Gesungen; rein klang der Jungfrau ihr Heilssang, den teuren

Vater beim Spendeguß
Als glückhaft Festlied voll Anmut feiernd.

(228–229, 240–247)

Wenn der Chor betont, daß Iphigenie jung und ein Weib war,
dann will er damit ihre Schutzlosigkeit und Verletzlichkeit hervorheben; sie war ein willenloses Opfer, dem selbst die eine
Vergeltung versagt war, die sonst den Ohnmächtigen blieb: der
Fluch, den sogar ihre Mutter dem eigenen Sohn und Mörder
Orest entgegenschleudern konnte. Daß Agamemnons Haltung
den Menschen als unnötig grausam vorkommen mußte, geht
aus der Geschichte des messenischen Königs Aristodemos aus
dem 8. Jahrhundert v. Chr. hervor, der im Kampf gegen die
Spartaner aufgrund eines Orakels seine Tochter als Opfer anbietet (Q14 Fontenrose = 361-2PW), sie aber zuvor im Zorne
tötet, um zu beweisen, daß sie nicht schwanger ist; sie wird
danach als Ersatz für das eigentliche Menschenopfer angenommen (Pausanias 4.9.4–9). Später träumt der verzweifelte König
von seiner Tochter und nimmt sich das Leben: «Da überdachte
Aristodemos seine eigene Lage, wie er zu keinerlei Nutzen Mörder seiner eigenen Tochter geworden war, und da er auch für
sein Vaterland keine Hoffnung auf Rettung mehr sah, so tötete
er sich selbst am Grabe seiner Tochter.» (4.13.4) In den *Metamorphosen* des Apuleius verlangt ein Orakel vom König, seine
schöne Tochter Psyche hoch oben auf einem Felsen auszusetzen,
auf daß sie die Braut eines Ungeheuers würde: «Da ist Jammer!
Tränen und Wehklagen nehmen kein Ende viel Tage lang.» Psyche macht dem Vater keinen Vorwurf, denn sie weiß, daß der
Vorwurf eigentlich die Göttin Venus treffen müßte; aber ihre
Eltern «sind ganz in Jammer niedergebeugt, sie verschließen
sich im Innersten ihres Palastes, und trauriges Dunkel umhüllt
ihre Tage.» (4.33–34)

Bei Euripides kommt es, anders als bei Aischylos, vor dem
Opfer zu einer direkten Konfrontation zwischen Iphigenie bzw.
Klytämnestra und Agamemnon. In *Iphigenie in Aulis* läßt Agamemnon seine Frau und die älteste Tochter nach Aulis kommen, wo schon die griechischen Schiffe am Strand zur Abfahrt
nach Troja bereitliegen; er gibt vor, Iphigenie mit Achilles ver-
mählen zu wollen. Klytämnestra und Iphigenie entdecken je-

doch die wahren Absichten Agamemnons, und Iphigenie versucht persönlich, ihrem Vater die Tötung auszureden. Doch
anders als der Chor in *Agamemnon*, der nicht nur über die
Zerstörung der normalen Familienbande, sondern auch über
Wahn und Hochmut in Agamemnons Tat nachdenkt, konzentriert sich Iphigenie im Drama des Euripides ganz auf Agamemnons Rolle als Vater. Sie umklammert seine Knie und gemahnt
ihn daran, daß er sie gezeugt hat und daß er sie, wenn er sie
tötet, nicht nur vom Leben, sondern auch von ihrer Familie
scheidet:

Nicht stoße mich in finstre Nacht hinab!
Als erste nannt' ich Vater dich und du mich Kind,
Als erste schmiegt' ich meinen Leib an deine Knie
Und gab und nahm der Liebe süßen Zoll von dir.
(1220–1221)

Sie erinnert ihn daran, wie sie beide sich einst die Zukunft
ausgemalt haben, wie er gehofft hat, sie zu verheiraten, und sie
gesonnen war, ihn im Alter zu pflegen, «die Mühn vergeltend,
die du pflegend mir geweiht» (1230). Was, so fragt sie, hat *sie*
denn mit der Ehe von Helena und Paris zu tun? (1236–1237)
«Sieh her und gönn uns deinen Blick und einen Kuß, / Damit
ich sterbend dieses Denkmal doch von dir / Empfange, wenn
dich meine Rede nicht bewegt!» (1238–1240) Sie fordert ihren
Bruder Orest auf, für sie zu bitten, und wie die beiden Kinder so
vor Agamemnon stehen, kommt sie – nicht zufällig vor dem,
der ihr das Leben geschenkt hat – zu dem Schluß, daß nur das
Leben zählt und daß ein schlechtes Leben besser ist als ein guter
Tod. Diese letzte Feststellung erinnert an das, was Achilles, als
Odyssee ihn in der Unterwelt anspricht, über den Wert des
Lebendigseins sagt, und sei es als Sklave eines armen Mannes
(*Odyssee* 11.488 ff.) – ein deutlicher Gegensatz zu seinen Taten
in der *Ilias*, als ihm die Ehre, jung und ruhmreich zu sterben,
über alles ging (18.98–99).
Als aber später im Stück Iphigenie ihre Mutter und Achilles
beraten hört, was man zu ihrer Rettung unternehmen könnte,
besinnt sie sich und erklärt der Mutter, daß sie sterben wolle.
Jetzt erkennt sie, daß sie Achilles das Leben retten kann, da er
bei dem Versuch, sie zu befreien, zweifellos getötet würde, und

daß sie ihre Mutter davor bewahren kann, vom griechischen Heer verleumdet zu werden. Hatte sie in ihrem ersten Monolog die Welt der Kindheit beschrieben, so denkt sie nun in erster Linie an die Welt draußen: Sie wird Griechenland retten und die griechischen Frauen davor bewahren, von Barbaren aus der Heimat verschleppt zu werden, wie es Helena durch Paris geschah (1377–1382); sie hat eingesehen, daß sie doch etwas mit der Ehe von Helena und Paris zu tun hat (vgl. 1236–1237). Iphigenie akzeptiert nun in der Tat alle Werte jener heroischen Welt, in der Ehre und Schande mehr zählen als Familienbande oder auch nur das Überleben:

Dieses alles werd ich sterbend schirmen, und mein Name lebt,
Weil ich Hellas' Volk befreite, selig fort im Ruhmesglanz. . . .
Allen hast du mich geboren, allem Volk, nicht dir allein.

(1383–1386)

Warum, so fragt sie, soll ihr eines Leben ein Heer von Zehntausenden zurückhalten? Ihre zweite große Sorge gilt Achilles: warum soll er um einer Frau willen sterben? «Eines Mannes Leben wiegt ja tausend Frauenleben auf.» (1393–1394) Diese Zeilen könnten als Beweis für die Frauenfeindlichkeit der Griechen gewertet werden, doch muß man im Auge behalten, daß Iphigenie hier alle erdenklichen Argumente anführt, um ihre Mutter davon abzubringen, gegen das Unvermeidliche ankämpfen zu wollen. Zuletzt erinnert sie ihre Mutter daran, daß Artemis das Opfer verlangt habe und daß man einem Gott nicht erfolgreich widerstehen könne (vgl. Aischylos, *Agamemnon* 140–144; Lloyd-Jones 1983, S. 100f.). Am Ende gewinnt Iphigenie nicht nur den ‹unvergänglichen Ruhm› (*doxan aphthiton*, 1606), den sie und die großen homerischen Heroen erhofft haben, sondern kommt sogar mit dem Leben davon, weil die Göttin im letzten Augenblick einen Hirsch sendet, der ihren Platz auf dem Opferaltar einnimmt.

Es ist bemerkenswert, daß in *Iphigenie in Aulis*, einem der letzten Stücke des Euripides (ca. 406 v. Chr., Scholiast zu Aristophanes, *Frösche* 67), das Mädchen, das die Werte der Männerwelt akzeptiert, den größten Lohn, den Sieg für ihr Land, Ruhm (und Leben) davonträgt. Mit anderen Worten, Euripides ist weit davon entfernt, am Ende seines Lebens die athenische

Normalethik zu kritisieren, wie ihm in der Literatur noch immer unterstellt wird; vielmehr appelliert er auch hier an den elementaren Patriotismus seiner früheren Stücke. In einem von diesen, den *Kindern des Herakles* (430 v. Chr.; Zuntz 1955, S. 81–88), kann der athenische König Demophoon den Krieg gegen die angreifenden Argiven gewinnen und nicht nur seine Stadt, sondern auch Herakles' Neffen Iolaos und die an den athenischen Altären schutzflehenden Kinder des Herakles retten – aber nur, wenn ein junges Mädchen Demeter zum Opfer dargebracht wird. Demophoon weigert sich, eines seiner eigenen Kinder zu opfern oder dieses Opfer von irgendeinem anderen Bürger der Stadt gegen dessen Willen zu verlangen. Makaria aber, die älteste Tochter des Herakles, meldet sich freiwillig; wenn die Athener, so begründet sie ihren Entschluß, bereit sind, für sie zu sterben, muß auch sie bereit sein, für die Athener zu sterben, zumal sie die Tochter des Helden Herakles ist. Ohnehin ist der Tod der Entehrung vorzuziehen, die sie wird erdulden müssen, sollte Athen genommen werden oder sie gezwungen sein, ins Exil zu gehen, wo man ihr Feigheit vorwerfen und sie fortjagen wird, weil sie ihre Freunde verraten hat:

«Wer wird ein hilflos Mädchen sich zum Weib ersehn,
Wer wird sich Kinder wünschen, die mein Schoß gebar?
Drum will ich lieber frühen Tod als unverdient
Dies Los erdulden. Auch geziemt das besser wohl
Für andre, die nicht hohen Stammes sind wie ich.»

(523–526)

Pausanias erzählt eine ähnliche Legende: Das Orakel habe einmal von den Thebanern verlangt, den vornehmsten Bürger der Stadt zu opfern. «Antipoinos nun, dessen Vorfahren am ruhmreichsten waren, war es nicht angenehm, für das Volk zu sterben, den Töchtern des Antipoinos aber gefiel es; so töteten sie sich selbst und erhielten dafür diese [rituellen] Ehren.» (9.17.1)

Überlegungen in dieser Richtung stellt in der *Hekabe* des Euripides nach dem Untergang Trojas auch Hekabes Tochter Polyxena an, die sich bereitwillig dem Geist des Achilles opfern läßt. Polyxena will nicht für feige gehalten werden; welchen Sinn hat für sie noch das Leben, nun, da ihr Vater tot und ihr Königreich verloren ist? Wie die Tochter des Herakles pocht sie

auf ihre hohe Geburt; früher war sie einer Göttin gleich, nur
daß sie sterblich war; jetzt ist sie eine Sklavin. Gesetzt den Fall,
sie würde einem harten Herrn zufallen, für den sie kochen oder
putzen oder den ganzen Tag am Webstuhl sitzen, oder schlim-
mer noch: dessen Bett sie teilen muß? (342−372) An einer
späterer Stelle des Stückes berichtet der Herold Talthybios, daß
Polyxena, als sie geopfert werden sollte, ihre Häscher daran
erinnerte, daß sie freiwillig und als freier Mensch sterbe; sie will
bei der Opferung nicht festgehalten werden, weil sie sich sonst
schämen müßte, bei den Toten als Sklavenprinzessin zu gelten
(547−552). Sie öffnet den *peplos*, so daß der Busen sichtbar
wird, und überläßt Neptolemos, dem Sohn des Achilles, die
Wahl, ihr die Kehle durchzuschneiden oder sie mit einem Stich
in die Brust zu töten; damit unterstreicht sie, daß sie freiwillig
in den Tod geht und daß er ihr nicht die Kehle aufschlitzen muß
wie einem Tier, sondern sie so töten kann, wie er einen Feind
töten würde. Neptolemos hält sich an das Opferritual und
schneidet ihr die Kehle durch, doch «sie, im Sterben auch, /
Trug viele Vorsicht, hinzusinken, wie's geziemt, / Zu bergen,
was man bergen muß vor Mannesblick» (569−570); so berichtet es der Herold Talthybios. Dieses Verhalten, so provokativ es
auf uns wirken mag, erregt beim griechischen Heer nur Achtung und Mitleid; die Männer tragen Blätter und Zweige heran,
um Polyxenas Leichnam zu bedecken, und fordern ihre Kame-
raden auf, eine Gabe für das Mädchen zu bringen, das an Mut
und edler Gesinnung von niemandem übertroffen wurde
(557−558). Die Hinweise auf ihre Sexualität sind, wenn überhaupt, nur eine traurige Erinnerung daran, daß sie ohne den
Untergang Trojas bereit zur Eheschließung gewesen wäre. Ihre
Mutter Hekabe verlangt, daß der Leichnam von niemandem
aus dem griechischen Heer berührt werde, damit er in der allgemeinen Verwirrung keinen Schaden leide. Sie bittet um Wasser,
um ihre Tochter ein letztes Mal waschen zu können − nicht, wie
es normal gewesen wäre, vor ihrer Vermählung, sondern um
den Leichnam, «die Braut und Jungfrau ohne Lieb und Jugend-
lust» (612), zum Begräbnis zu rüsten; die Worte spiegeln, wie
so oft auf Grabinschriften, den Kontrast zwischen den Hoffnungen der Eltern und der gegenwärtigen, traurigen Wirklichkeit wider (s. oben, S. 62 f.).

Die Vorstellung, daß der Tod der Sklaverei vorzuziehen sei, ist einem griechischen Publikum wohl nicht befremdlich vorgekommen. In den *Trojanerinnen* (415 v. Chr.) ist Andromache gewillt, sich lieber den Tod zu geben, als sich von einem neuen Herrn besitzen zu lassen, und wird nur von der – sich bald als trügerisch erweisenden – Hoffnung zurückgehalten, daß, solange sie lebt, ihr Sohn Astyanax in der Gefangenschaft in Sicherheit ist. Doch ein Epitaph der Dichterin Anyte aus dem 3. Jahrhundert v. Chr. bezeugt, daß auch im wirklichen Leben Mädchen lieber Selbstmord begingen, als sich schänden oder versklaven zu lassen:

Heimat Milet, du teure, wir suchten den Tod! Mit Entehrung
drohten uns, schamlos und dreist, Galater. Mädchen zu dritt
wollten wir dieser Schande entgehen. Der Ares der Kelten
zwang uns diese Entscheidung auf, grausam mit drückender Wucht.
Nicht vergewaltigen ließen wir uns und ermorden. In Hades
fanden wir unsern Gemahl, fanden wir sicheren Schutz.
(*AP* 7.492 = XXIIIGP = *WLGR* 11)

Ein anderes Epigramm, wahrscheinlich aus dem 2. Jahrhundert und verfaßt von dem Dichter Antipater von Sidon, beschreibt, wie eine Mutter bei der Plünderung Korinths im Jahre 146 v. Chr. sich selbst und ihre beiden Töchter tötete: «... schritten wir selbst den Weg zum Hades mutig hinab. / ... Wir zogen / einen freiwilligen Tod sklavischer Niedrigkeit vor.» (AP 7.493 = LXVI-IGP) Pausanias berichtet, wie zu derselben Zeit der griechische General Diaios von Megalopolis seine Gattin tötete, damit sie nicht den Römern in die Hände fiel, und anschließend ein tödliches Gift trank (7.16.6). Eine heidnische Inschrift aus Paphlagonien berichtet von der vierzehnjährigen Domitilla, die erst sieben Monate verheiratet gewesen war, sich beim Einfall der Goten 262/263 n. Chr. das Leben nahm und so «die Krone der Keuschheit gewann. Denn als einzige von all den jungen Frauen, die zur Schändung die Männer fortführen wollten,... fürchtete sie nicht, den Tod anstatt der schrecklichen Schändung (*hybris*) zu erleiden.» (Lebek 1985, S. 7 f.)

Wenn Euripides seine Gestalten bekräftigen läßt, welche Bedeutung für sie der soziale Wert hat, der in der ganzen griechischen Welt der weiblichen Ehre beigemessen wurde, so macht

er die Idee des freiwilligen Todes glaubhaft – sogar in einer Zeit, in
der Menschenopfer undenkbar waren und vor der Schlacht regel-
mäßig Tieropfer dargebracht wurden (Lloyd-Jones 1983,
S. 88 f.). In einem anderen Stück des Euripides, in dem ebenfalls
Eindringlinge nur durch das Opfer der Königstochter zurückge-
schlagen werden können, dem *Erechtheus* (ca. 423 v. Chr.), wird
Praxithea, die Gemahlin des Königs, von ihrem Patriotismus be-
wogen, ihr Kind bereitwillig zu opfern (fr 50 Austin). Athen, so
sagt sie, mit seiner heimischen Bevölkerung und dem wahren
Recht auf Staatsbürgerschaft ist die bestmögliche aller Städte;
ihre (Praxitheas) Kinder sind geboren worden, um diese Stadt zu
verteidigen. Einen Sohn hätte sie nicht vom Kampf zurückgehalten: «Ich hasse Mütter, die anstelle der Ehre das Leben ihrer
Kinder wählen und zur Feigheit raten.» (30–31) Statt dessen wird
das eine Leben ihrer Tochter viele Leben retten: «O Vaterland, ich
wollte, daß alle deine Bewohner dich so liebten wie ich.» (50–54)
Im *Erechtheus* wie in den *Kindern des Herakles* sehen wir Frauen,
die des größten Heroismus – im männlichen Sinne – fähig sind,
Frauen, die wie Männer im Krieg nicht zögern, ihre Familie, ihre
Bequemlichkeit und sogar ihr Leben zu opfern, wenn der Kampf
für ihr Land es verlangt. In den *Phoinissen* des Euripides (ca. 409
v. Chr.) bietet sich Menoikeus, der älteste Sohn des Kreon, aus
Patriotismus und Ehrgefühl bereitwillig als Menschenopfer für
sein Land an, auch wenn sein Vater ihm zur Flucht rät:

So wisset also, retten geh' ich meine Stadt
Und opfre mich dem Tode für der Väter Land.
Wie schändlich! Andre Bürger, die kein Seherspruch
Unlösbar bindet, kein Gebot der Götter zwingt,
Stehn bei den Schilden, zagen vor dem Tode nicht,
Vor unsern Burgen schirmend Herd und Vaterland;
Ich aber flieh' als Feiger aus dem Land hinaus,
Den Vater und den Bruder und der Väter Stadt
Verratend! Wo ich lebte, würd' ich schlecht genannt.

(998–1005)

In den Dramen des Sophokles zwingt die Familienehre Elektra,
die ihren Bruder Orest tot glaubt, die eigenhändige Tötung
Ägisths zu erwägen, und Antigone, ihr Leben aufs Spiel zu
setzen, um gegen den Befehl ihres Onkels Kreon ihren Bruder
Polyneikes zu begraben:

... Ich wußte ja,
daß ich einst sterben werde – warum sollt' ich nicht? –,
hättst du's auch nicht vorher verkündet; doch wenn ich
nun vor der Zeit schon sterbe, nenn ich's nur Gewinn.
Denn wer wie ich in mannigfachem Leide lebt,
wie trüge der im Tode nicht Gewinn davon?
                              (*Antigone* 460–464)

Antigone nimmt für sich in Anspruch, die Wünsche des Toten-
gottes erfüllt zu haben: «Gleichviel! die Totenwelt gebietet
diese Pflicht (*nomoi*)» (519), und diese Pflicht, der sie gehorcht,
diese – wiewohl ungeschriebenen – «Riten» oder «Gesetze»
(*nomoi*) sind von den Göttern gegeben worden (450–457).
Kreon beharrt hingegen darauf, daß auch die von Menschen
gemachten Gesetze (*nomoi prokeimenoi*) befolgt werden müssen und daß Antigone sich gegen sie vergeht (*hybrizein*,
480–481), wenn sie gegen sie verstößt, und sich doppelt vergeht, wenn sie offen gegen sie verstößt und sich dessen noch
rühmt (482–483). Er argwöhnt, daß Antigone und ihre Schwester Ismene heimlich seinen Sturz planen (533) und weigert
sich, ein Weib über sich herrschen (*arksei*) zu lassen (525).
«Festgebunden und / nicht losgelassen müssen diese Frauen
sein», das heißt, man muß sie, die doch unverheiratete Mädchen sind, wie Ehefrauen auf den Palastbezirk beschränken.
Gewiß hat Kreon den Eindruck, daß es unehrenhaft für ihn
wäre, den Wünschen einer Frau nachzugeben; aber sein Hauptmotiv ist doch die Sorge, daß das Todesurteil vollstreckt wird,
selbst gegen seine Nichte, und die Erkenntnis, daß ein zum
Wohle seiner Stadt erlassenes Gesetz gebrochen worden ist.
Doch am Ende des Stückes zeigen die Götter, daß man zuerst
ihrem Gesetz gehorchen muß, und sei es auf Kosten menschlicher Werte.
    Antigone weiß, daß sie sterben muß, aber sie geht nicht freu-
dig in den Tod, auch wenn sie an die Vereinigung mit ihrer
Familie glaubt, die sie durch die Sorge für das pflichtgemäße
Begräbnis des Polyneikes zusammengehalten hat (896–902).
Vielmehr klagt sie: «Kein Brautlied, keine Hochzeit, keines
Ehebunds / Beglückung ward zuteil mir, Kinder nährt ich
nicht» (917–918), das heißt, sie stirbt, ohne alles das erfahren
zu haben, was Frauen nach ihren eigenen Worten im Leben am

meisten begehren (s. oben, S. 63). «Fluchbeschwert und nicht
vermählt» geht sie in die Unterwelt hinab, um bei ihrer Familie
zu wohnen (869) – eine Existenz, von der kein Grieche sich
vorstellen konnte, daß sie einem glücklichen Leben auf Erden
vorzuziehen sein könnte.

Da die Griechen nicht an ein lohnendes Leben nach dem
Tode glaubten, geht der moralische Mut, den diese mythischen
Märtyrerinnen bewiesen, vielleicht noch über den der berühm-
teren historischen Märtyrer der Urkirche hinaus. Interessanterweise waren es in den ersten Jahrhunderten der Kirche auch
weiterhin vor allem Frauen, die bereit waren, sich im Namen
einer höheren Sache zu opfern. Wie bei den heidnischen Märtyrerinnen müssen wir auch hier fragen, inwieweit ihr Geschlecht
bei ihrem Tod eine Rolle spielte – in bezug auf ihre eigene
Todesbereitschaft, aber auch in bezug auf die Motivation ihrer
Henker.

Die *Märtyrerakten der Perpetua und Felicitas* aus Karthago
gehören zu den ältesten, die erhalten sind; die beiden Frauen
wurden 203 n. Chr. zum Tode verurteilt. Diese Akten enthalten
ungewöhnlicherweise einen Text, bei dem es sich um die eigenen Lebenserinnerungen der Perpetua handeln soll (Musurillo
1972; Rader 1981). Ebenfalls im Gegensatz zu anderen Märtyrerakten erzählt Perpetua hier nicht nur von sich selbst, sondern auch von den anderen Mitgliedern ihrer Familie (Dodds
1965, S. 47–53; Lefkowitz 1981, S. 53 f.). Perpetua war eine
junge Mutter mit einem Säugling, als sie in Gewahrsam genommen wurde; sie nimmt das Baby zunächst mit ins Gefängnis,
übergibt es dann ihrer Mutter zur Pflege und erhält es schließlich zu ihrer großen Freude zurück: «Ich fühlte mich erleichtert
durch die Mühe und Sorge um das Kind; das Gefängnis wurde
mir auf einmal zum Palaste, so daß ich dort lieber als anderswo
sein wollte.» (3.4–5) Doch dann nimmt ihr Vater ihr das Kind
wieder fort und beschwört sie, ihrem Glauben zu entsagen,
damit sie zu ihrer Familie zurückkehren kann; sie weigert sich
jedoch, den Treueid auf den Kaiser abzulegen und das gefor-
derte Opfer für seine Sicherheit zu bringen; ihr Vater fährt fort,
sie mit Bitten zu bestürmen, und erhält dafür Stockschläge von
den Soldaten. Dann erzählt sie, daß das Kind wunderbarer-
weise auf einmal ihre Milch nicht mehr brauchte: «Und nach

Gottes Willen hat es weiter die Brust nicht begehrt, und diese hat mir keinen Schmerz gemacht, damit ich nicht durch die Sorge um das Kind und den Schmerz der Brüste zugleich gequält würde.» (6.8) Dieser Bericht einer Mutter über die Sorge um ihren Säugling steht in der antiken Literatur einzig da, und die Details über ihre Familie machen es um so bemerkenswerter – und erschütternder –, daß sie die Kraft hatte, ihr Kind, ihren Gatten und ihre Eltern aufzugeben. Die übliche Erklärung lautet natürlich, daß der Glaube eines Menschen die Regeln seines Verhaltens diktieren sollte; doch in den meisten Fällen treten, wie wir gesehen haben, noch andere Umstände hinzu. Der Konflikt mit dem Vater ist in dem Bericht so eklatant, daß Perpetua bis zu einem gewissen Grad wohl auch gegen die eigene Familie aufbegehrte (Frauen wurden jung, mit etwa vierzehn Jahren, verheiratet). Die Anziehungskraft des neuen Glaubens lag für sie zum Teil darin, daß er ihr eine neue, gleichberechtigtere Existenz bot, in der Frauen und Männer gemeinsam arbeiteten und wie Schwester und Bruder zusammenlebten, während im traditionellen Familiengefüge Ehegatten und Väter diktieren konnten, wo und wie die Frauen lebten. Perpetuas letzte Vision, bevor sie zum Richtplatz geführt wird, ist wohl bezeichnend: Sie träumt, daß sie, um gegen Satan zu kämpfen, ein Mann wird und den bösen Feind niederringt (10.13–14). Bot ihr das Christentum die Möglichkeit, aus den einengenden Mustern auszubrechen, die das Leben in der normalen, von Männern dominierten Welt ihr als Frau vorgegeben hatte?

In einer früheren Erörterung dieser Märtyrerakte habe ich die These vertreten, daß Perpetua überzeugt war, in ihrer Religion die Chance zum Ausbrechen aus den traditionellen patriarchalischen Werten der heidnischen Gesellschaft zu finden (Lefkowitz 1981, S. 54–58). Ich hätte jedoch hervorheben sollen, daß diese patriarchalischen Werte auch in der Urkirche galten und daß der Vater, von dem Perpetua sich zu lösen sucht, sie mit großer Liebe behandelt. Wir sehen Perpetua vor allem deswegen mit ihrem Vater hadern, weil er als Mann es ist, nicht aber ihre Mutter, der die juristischen Dinge in die Hand nehmen und frei in der Stadt umhergehen kann; doch geht aus der Erzählung sehr deutlich hervor, daß er genauso für Perpetuas Mutter spricht. Er hat Perpetua keineswegs schlecht behandelt, sondern, wie er ausdrücklich betont, für sie gesorgt, bis sie erwachsen war, und sie «allen deinen Brüdern vorgezogen» (5.2) – für einen euroamerikanischen Vater im 20. Jahrhundert keine bemerkenswerte Sache, doch für einen Bürger Karthagos zu Beginn des 3. Jahrhunderts n. Chr. ein ausnehmend aufgeklärtes Verhalten. Die meisten heidnischen Gesellschaften hatten eine hohe Sterblichkeitsrate, und gerade Karthago ist eine Stadt, für die es bis zum 2. Jahrhundert v. Chr., als sie durch die Römer zerstört wurde, besonders umfangreiche archäologische Beweise für Menschenopfer gibt (Henrichs 1981, S. 205, 196 Anm. 3 und 4; Stager/Wolff 1984, S. 42 ff.). Zog ein Mann eine Tochter auf und ließ er ihr eine bevorzugte Behandlung angedeihen, so war er reich und gewiß auch human. In den Bitten des Vaters ist auch nicht der Versuch erkennbar, Perpetua herumzukommandieren; vielmehr appelliert er an die Bindungen und Verpflichtungen, die sie nicht nur gegen ihn, sondern gegen die ganze Familie hat:

Gib mich nicht dem Spotte der Menschen preis. Blicke auf deine Brüder, blicke auf deine Mutter und deine Tante, blicke auf dein Kind, das nach deinem Tode nicht wird fortleben können. Beuge deinen Sinn, richte uns nicht alle zugrunde, denn keiner von uns wird freimütig reden, wenn dir etwas Schlimmes zustößt. (5.2–4)

So geht Perpetua nicht so sehr deshalb in den Tod, weil sie eine Frau ist; sie tut es, um keine Frau mit all den üblichen Verpflichtungen gegen ihre Familie sein zu müssen. Die Erzählung verrät Perpetuas generelle Auflehnung gegen ihre Familie und ihre bisherige Lebensweise, mit allem, was dazugehört. Die neue Existenz, in die sie durch das Christentum einzutreten hoffte, bot ihr eine neue Familie, in der sie zwar immer noch den Beifall und Schutz der Männer suchte, aber ohne die konventionellen Anforderungen der Sexualität und Fortpflanzung. Zwar bot die Urkirche den Frauen Anerkennung und die Gelegenheit zum Dienen, aber nur, wenn sie ihre sexuellen und Fortpflanzungsfunktionen verleugneten; so preist der hl. Augustinus Perpetua in seinen Predigten dafür, daß sie im Augenblick ihres endgültigen Triumphs über den Bösen mannhaften Mut bewiesen hat (*Serm.* 280.1, 281.1, 282.3; *PL* V.38). Vielleicht ist das eine Form der Befreiung, aber sie ist noch restriktiver als die

traditionellen Rollen, die den Frauen von den Heiden zugeschrieben wurden.

Eine andere interessante Märtyrerakte beschreibt den Prozeß
und das Martyrium von acht Frauen aus dem nordgriechischen
Thessaloniki im Jahre 304 n. Chr., hundert Jahre nach Perpetuas Tod (Musurillo 1972, Nr. 22). Die Geschichte ihrer Verfolgung und ihres Leidens hat Roswitha von Gandersheim, eine
deutsche Nonne aus dem 10. Jahrhundert, zu dem kleinen
Drama *Dulcitius* verarbeitet, und sie machte daraus den Sieg
der Reinheit und Jungfräulichkeit über lüsterne und lächerliche
römische Verfolger. In Wirklichkeit waren diese Märtyrerinnen
nicht durchweg Jungfrauen (eine von ihnen war schwanger),
und sie wurden auch nicht bloß verfolgt, weil sie Christinnen
waren, sondern weil sie etwas getan hatten, was den Römern
offenbar als staatsgefährdend vorkam: Sie waren gemeinsam in
die Berge gegangen, um dort die Hl. Schrift zu lesen. Zu der
damaligen Zeit wäre es für Frauen ungewöhnlich gewesen, fern
von ihren Familien und ohne männliche Gesellschaft oder Auf-
sicht allein zusammenzuleben (in anderen Märtyrerakten leben
gläubige Christen wie «Brüder und Schwestern» zusammen,
beispielsweise die gläubigen Paare, die Paulus in Korinth ken-
nenlernt; 1. Korinther 7.29, 36–38; Meeks 1983, S. 102). Den
Römern sind wahrscheinlich auch die Bücher verdächtig vorgekommen, die die Frauen bei sich hatten; nicht, daß sie lesende
Frauen für unziemlich gehalten hätten – zumindest Frauen der
römischen Oberschicht konnten häufig lesen und schreiben.
Die Schriften im Besitz dieser Frauen jedoch waren nicht tradi-
tionell und konnten den Römern aufwieglerisch, wo nicht gar
magisch erscheinen (Benko 1985, S. 114, 129). Beim Prozeß
soll der römische Präfekt Ducitius gesagt haben:

Ihr habt absichtlich bis zum heutigen Tag so viele Schreibtafeln, Bücher, Pergamente, Codices und beschriebene Seiten der früheren Christen unheiligen Namens aufbewahrt. ... Wer war es, der euch anwies,
diese Pergamente und Schreibereien bis heute aufzubewahren? ...
Wußte irgend jemand anderer, daß die Dokumente sich in dem Haus
befanden, in dem ihr lebtet? ... Waren irgendwelche Personen bei der
Lesung dieser Bücher zugegen, nachdem ihr von dem Berg zurück-
kamt, auf dem ihr gewesen seid, wie ihr sagt? (*Dulcitius* 5.1–7)

Die Antwort der prominentesten der acht Frauen, Irene, kann Dulcitius kaum als beruhigend empfunden haben:

> Was unsere Anverwandten betrifft, so hielten wir sie für gefährlicher als unsere Feinde, in der Furcht, daß sie uns anzeigen würden. Deshalb erzählten wir es niemandem[, wo die Dokumente waren]. ... Es machte uns großen Kummer, daß wir uns ihnen nicht Tag und Nacht widmen konnten, wie wir es getan hatten von Anfang an bis zu dem Tag im letzten Jahr, an dem wir sie versteckten. (5.3–8)

Der Präfekt Dulcitius verurteilte Irene dazu, nackt in ein öffentliches Bordell gesteckt zu werden; die Schriften mitsamt den Truhen, die sie enthielten, wurden öffentlich verbrannt. Es wird als Wunder überliefert, daß niemand Irene berührte oder auch nur schmähte, als sie im Bordell war; es kann aber auch sein, daß die Männer der Stadt sie mieden, weil sie sie nach ihrem seltsamen Treiben in den Bergen und mit den Büchern für eine gefährliche Hexe hielten.

Inwieweit richtete sich nun die Verfolgung gegen die *Frau* in diesen Märtyrerinnen? In Roswitha von Gandersheims Version der Geschichte sind alle Spuren einer Diskriminierung durch Dulcitius getilgt; er ist einfach nur lüstern und sadistisch, und das Problem mit den Büchern und Papieren, die die Mädchen verstecken wollten, taucht überhaupt nicht auf. Daß Irene in ein öffentliches Bordell gesteckt wird, klingt zwar nach sexueller Verfolgung; interessanterweise wird aber nach der ursprünglichen Mitschrift des Verfahrens Irene nicht, wie so viele männliche Märtyrer, gefoltert oder geschlagen. Indem er Irene zum Bordell verurteilte, mag der historische Dulcitius, der römische Magistrat, gehofft haben, sie werde ihrem Glauben abschwören und die aufwieglerischen Verbrechen gestehen, die sie möglicherweise begangen hatte; denn einer Frau aus vornehmer Familie hätte es für immer zur Schande gereicht, auf diese Art ihre Jungfräulichkeit zu verlieren. Ob aus politischen oder aus humanitären Gründen: Dulcitius wollte ganz offensichtlich niemanden zum Tode verdammen, ohne ihm die großzügige Möglichkeit zum Widerruf zu gewähren (Lanata 1973, S. 220). Zunächst verurteilt er nur zwei von Irenes Gefährtinnen zum Tode und steckt die anderen «wegen ihrer Jugend» (4.4) ins Gefängnis. Die Vorstellung, daß jemand für seinen Glauben sterben wolle, wäre Dulcitius unverständlich vorgekommen. Warum sollte man darauf beharren, nur einen einzigen Gott zu haben, wenn in der Welt Raum genug für viele Götter ist? Die griechischen Beamten in Palästina konnten das Verhalten der Makkabäer nicht begreifen; 178 n. Chr. behauptete der römische Philosoph Celsus, Christen «bieten ihren Körper sinnlos der Folterung und Kreuzigung dar»; sie seien «wahnsinnig», weil sie «absichtlich vorpreschen, um den Grimm eines Kaisers oder Statthalters zu erregen, der ihnen Unglück und Folterung und schließlich den Tod bringt» (Stewart 1984, S. 124).

Irene und ihre Gefährtinnen erlitten 304 n. Chr. den Märtyrertod. Gegen Ende des 4. Jahrhunderts aber war das Christentum als offizieller Glaube in der römischen Welt etabliert, und heidnische Riten und Opfer waren für ungesetzlich erklärt worden; nun waren es die Heiden, die man verfolgte. Hypatia von Alexandria, die 415 n. Chr. ermordet wurde, war nicht eigentlich eine Märtyrerin, weil sie nicht als «Zeugin» ihres Glaubens starb; man darf sich aber fragen, ob ihr Tod nicht doch bis zu einem gewissen Grad mit der Tatsache zusammenhing, daß sie eine Frau war. An einer denkwürdigen Stelle erzeugt Gibbon den Eindruck, daß die Christen noch brutaler verfuhren als die Römer, die die Jungfrau Irene in Thessaloniki verfolgt hatten. Gibbon (1854, V, S. 213) schreibt über den Patriarchen Cyrillus von Alexandria:

Bald veranlaßte oder duldete er die Opferung einer Jungfrau, welche sich zur Religion der Griechen bekannte. ... Hypatia, die Tochter Theons des Mathematikers, war in die Studien ihres Vaters eingeweiht. ... In Athen und in Alexandria lehrte sie öffentlich die Philosophie des Platon und des Aristoteles. In der Blüte ihrer Schönheit und in der Reife ihrer Weisheit entsagte die züchtige Maid ihrer Liebhaber und unterwies ihre Jünger; die nach Rang und Verdienst erlauchtesten Personen harrten ungeduldig auf einen Besuch bei der Philosophin; und Cyrillus gewahrte mit eifersüchtigem Blick den glanzvollen Troß der Pferde und Sklaven, die sich vor den Pforten ihrer Akademie drängten. Ein Gerücht ward unter den Christen ausgesprengt, die Tochter des Theon sei das einzige Hindernis, das der Aussöhnung mit dem Präfekten noch entgegenstehe. [Der Präfekt von Ägypten war beschuldigt worden, den alten Göttern geopfert zu haben.] Das Hindernis ward rasch beseitigt. An einem bösen Tag in der heiligen Zeit der Fasten ward Hypatia von ihrem Wagen gezerrt, nackend ausgezogen, zur Kirche geschleift und auf unmenschliche Art von Petrus dem Vorleser und einem Trupp entmenschter, gnadenloser Fanatiker hingeschlachtet; mit scharfen Austernschalen riß man ihr das Fleisch von den Knochen, ihre zuckenden Glieder übergab man den Flammen. Der gerechte Fortgang der Untersuchung und die Bestrafung der Schuldigen wurden durch zeitige Geschenke unterbunden; der Mord an Hypatia aber hinterläßt einen untilgbaren Makel auf dem Charakter und der Religion des Cyrillus von Alexandria.

Gibbon unterstreicht den klaren Verstand und die Bildung der heidnischen Frau und die blutigen Leidenschaften und das Unwissen ihrer Mörder; er nennt auch Details eines sexuellen Sadismus: Sie wurde nackt ausgezogen, ihre Haut mit scharfen Austernschalen von den Knochen geschabt. Die Biographie der Hypatia in der als Suda bekannten antiken Enzyklopädie sagt lediglich: «Sie wurde von den Alexandrinern in Stücke gerissen, ihr verstümmelter Körper in der Stadt verstreut.» (D166 Adler) In dieser Biographie ist nicht einmal klar, daß der Mord auf Betreiben des Patriarchen Cyrillus geschah; als weiterer Grund wird eine allgemeine Unruhe in der Bevölkerung genannt (Rist 1965, S. 214–225). Gewiß wird ihr Geschlecht ihr eine gewisse Bekanntheit gesichert haben, und sei es nur deshalb, weil eine Frau als praktizierende Philosophin sehr ungewöhnlich war; immerhin hatte es solche aber auch schon früher gegeben – meist waren sie mit männlichen Philosophen verwandt. Aber anders als ihre heidnischen Vorgängerinnen blieb Hypatia Jungfrau und verleugnete gelegentlich sogar offen ihre Weiblichkeit; sie neckte einen ihrer Bewunderer mit einer platonischen Homilie, deren Gegenstand eine ihrer Monatsbinden war (s. unten, S. 160); in einer anderen Biographie heißt es über sie: «Sie warf sich ein rauhes Gewand [*tribon*, ein Männergewand] über und ging durch die Stadt und hielt öffentliche Vorlesungen für die, die etwas über Platon oder Aristoteles oder die Werke anderer Philosophen hören wollten.» Gewiß konnten Frauen in hellenistischer und römischer Zeit allein ausgehen, aber nur, um einzukaufen, einen Besuch zu machen oder irgendeiner Veranstaltung beizuwohnen, und nicht, um öffentliche Vorlesungen zu halten. Der Philosophin Hipparcheia aus dem 3. Jahrhundert v. Chr. verübelte man es, daß sie sich kleidete wie ihr Mann und mit ihm Festbankette besuchte; als sie in einer Dis-

putation über Logik gegen einen Philosophen obsiegte, versuchte der Mann, ihr das Gewand (*himation*) vom Leib zu
reißen (Diogenes Laertius 6.97 = *WLGR* 43; Schanzer 1985,
S. 62 f.). Aber noch in der relativ freien Spätzeit der Republik
nannte man Amasia Sentia, die sich 77 v. Chr. selbst vor Gericht verteidigte, «Mannweib», und Gaia Afrania, die etwa um
dieselbe Zeit selber prozessierte, galt als «Ungeheuer» (Valerius
Maximus 8.3 = *WLGR* 205). In Hypatias Biographie heißt es:
«Als sie wie gewöhnlich ausging, packte eine große Menge von
Tiermenschen [die Bezeichnung *theriodeis* läßt vermuten, daß
es Eremiten oder Mönche waren, Rist 1965, S. 222], rohe Gesellen, die weder die Götter noch den Zorn der Menschen
scheuten, die Philosophin und brachten eine große Befleckung
und Schande über ihre [der Tiermenschen] Heimat.» Gewiß
war Hypatia – nicht anders als Antigone – dadurch, daß sie
eine Frau war, sichtbarer und anfälliger für Kritik; aber das
Geschlecht war nur ein begleitender Faktor und nicht der
Hauptgrund dafür, daß diese beiden Frauen zu Tode kamen.
Man darf nicht vergessen, daß Hypatia nicht einfach eine gebil-
dete Frau war, sondern eine Mathematikerin; der ahnungslose
Laie verwechselte Geometrie und Astronomie gerne mit Astro-
logie. Wie Irene, bei der man Bücher und Dokumente von ge-
heimer Natur fand, hat man Hypatia wohl als Hexe verdächtigt
(Rist 1965, S. 216).

Das Hauptmotiv für den Mord scheint jedoch, zumindest der
antiken Biographie zufolge, ein politisches gewesen zu sein. Die
Biographie berichtet über den Patriarchen Cyrillus:

Als er an Hypatias Haus vorbeiging, sah er, daß eine große Menschen-
menge vor der Tür stand, Menschen und Pferde, einige, die gerade
ankamen, andere, die weggingen, und wieder andere, die warteten. Er
fragte, was die Versammlung zu bedeuten habe und warum da vor dem
Haus eine solche Bewegung sei. Von seinem Gefolge erfuhr er, daß die
Philosophin Hypatia gerade eine Vorlesung abhalte und daß dies ihr
Haus sei. Und als er dies erfuhr, wurde er sehr aufgebracht und begann, den Mord zu planen, den verwerflichsten aller Morde.

Dieser Darstellung zufolge war das Motiv des Cyrillus nicht
Frauenfeindlichkeit, sondern Neid. Hypatia zog nicht nur
große Scharen von Menschen an – Menschen, die vielleicht

seinen eigenen Predigten fernblieben –, sondern vor allem Scharen von *reichen* Menschen; deshalb ärgerte er sich über den Anblick auch der Pferde vor ihrem Haus; denn nur reiche Leute konnten sich Pferde leisten und hatten die Muße, philosophischen Vorlesungen zu lauschen. Das Interessante an dieser Darstellung ist, daß Cyrillus sich weniger an Hypatias Verehrung der alten Götter stört (also daran, daß sie Heidin ist) als vielmehr an dem Einfluß, den sie auf wichtige Leute ausübt, nämlich auf jene Menschen, deren Unterstützung Cyrillus für seine Kirche benötigt.

Ich sehe also heute in den hier besprochenen Schriften weit weniger einen Kampf der Frauen gegen die Männer als vielmehr den Konflikt zwischen rationalem, humanem Verstehen und irrationaler, sturer Ignoranz, wobei keines der beiden Geschlechter das Monopol auf eine dieser Kategorien hat. In der *Antigone* hatte Kreon unrecht – wie der Schluß des Stückes deutlich zeigt –, als er darauf bestand, daß seine Nichte lebendig begraben würde, weil sie seinen Befehlen nicht Folge geleistet hatte. Die römischen Beamten, die die christlichen Märtyrerinnen verhörten, gaben ihnen immerhin eine Chance freizukommen, wenn sie sich nur zu dem bequemten, was für die Römer ein höchst trivialer Treuakt gegen den Kaiser war – und für sie mit nicht mehr Mühe oder Engagement verbunden als für den Amerikaner von heute der Fahneneid. Der Aristokrat Synesius von Kyrene, der später christlicher Bischof wurde, hatte bei Hypatia studiert, aber andere, ungebildete und brutale Menschen, brachten sie um. Die Biographie erwähnt nicht ausdrücklich, ob es Heiden oder Christen waren oder ob sie besondere Ressentiments gegen Frauen hegten, die sich unkonventionell verhielten; wohl aber weist sie darauf hin, daß die Menschen, die Hypatia ermordeten, keine Rücksicht auf das Gesetz oder auf die traditionelle Kultur nahmen.

Erst in volkstümlichen Legenden über weibliche Heilige wird die Sexualität zum beherrschenden Thema. Für Thecla, die in den *Akten des Paulus* aus dem 2. Jahrhundert n. Chr. auftaucht, war wie für Hipparcheia oder Hypatia das Anlegen von Männerkleidern noch ein Hinweis darauf, daß sie die Lebensweise eines Mannes angenommen hatte und nicht mehr als Frau behandelt werden wollte (s. unten, S. 159 f.). Aber in späteren

Erzählungen über weibliche Heilige, die Männerkleidung angelegt hatten, wird die Aufmerksamkeit sorgfältig auf eben die
Sexualität gelenkt, die diese Frauen zu leugnen suchen. Hilaria
kleidete sich, der aus dem 6. Jahrhundert stammenden Geschichte ihres Lebens zufolge, als Mann, um Mönch werden zu
können; sie war als «Hilarion, der Eunuch» bekannt, denn
«ihre Brüste waren nicht so wie bei anderen Frauen, sie war
durch ihre asketischen Gewohnheiten wie eingeschrumpft und
dem weiblichen Zyklus nicht unterworfen» (75; Drescher
1947). Man hatte sie im Verdacht, mit ihrer eigenen Schwester
zu schlafen, der sie einen Teufel ausgetrieben hatte, doch erst
auf dem Totenbett offenbarte sie dem Abt ihre wahre Identität
(80; vgl. Patlagean 1976, S. 597–623). Im 5. Jahrhundert wird
dann die Sexualität geradewegs zur Todesursache für Thecla. In
älteren Beschreibungen ihres Lebens hatte es geheißen, sie sei
zunächst in ihre Heimatstadt Iconium zurückgekehrt: «Und als
sie solches Zeugnis abgelegt hatte, ging sie fort nach Seleucia,
und nachdem sie viele durch das Wort Gottes erleuchtet hatte,
entschlief sie eines sanften Todes.» (*Die Akten des Paulus*
3.7–43; Hennecke 1964, S. 364.) Es gibt aber auch eine andere
Darstellung über das Ende ihres Lebens; sie bezieht sich offenkundig auf die Grotte und die Reliquien des von Etheria beschriebenen Theclakultes in Seleucia, der im 4. Jahrhundert
bezeugt ist. Danach warben heidnische Ärzte, die durch Theclas Heilung der Kranken brotlos geworden waren, einige
Schläger an, die Thecla vergewaltigen sollten; denn: «Diese
Jungfrau ist der Großen Göttin Artemis geweiht. Wenn sie die
Gottheit um etwas bittet, erhört sie sie, weil sie eine Jungfrau ist
und alle Götter sie lieben.» Daher wird den Männern gesagt:
«Wenn ihr sie raubt, werden die Götter und Artemis sie wegen
der Krankenheilung nicht mehr erhören.» Und weiter heißt es:
«Die bösen Männer... standen wie Löwen vor ihrer Höhle und
klopften an die Tür.» Doch Thecla weiß, weshalb sie gekommen sind, und als die Männer sie packen, betet sie zu Gott, er
möge sie erretten: «Erlaubt nicht, daß meine Jungfernschaft
geschändet wird, die ich bis heute in eurem Namen bewahrt
habe.» Der Fels öffnet sich gerade so weit, daß Thecla ent-
schlüpfen kann, und schließt sich wieder hinter ihr (Text nach
cod. G in Lipsius 1891, 271–272; Dragon 1978, 48–49).

Wäre der Verfasser dieser Geschichte besser über Artemis infor-
miert gewesen, so hätte er gemerkt, daß Artemis zwar von ihren
Anhängerinnen im Mythos und im Kult Jungfräulichkeit verlangte, daß sie ihnen aber nicht die Gabe der Krankenheilung
verlieh. Erst im Christentum verleiht der Zölibat einen besonderen, höheren Status. Aber es liegt eine gewisse Ironie darin,
daß ausgerechnet die neue Bedeutung, die der Jungfräulichkeit
beigemessen wurde, dem Leben christlicher Märtyrerinnen eine
sexuelle Grundierung gab, die in der heidnischen Welt besten-
falls beiläufig eine Rolle gespielt hatte.

7
Frauenfeindlichkeit

In den bisherigen Kapiteln habe ich zu zeigen versucht, daß die griechischen Männer keine Angst vor griechischen Frauen hatten und Leistungen von Frauen auch auf Gebieten wie der Politik anerkannten, die normalerweise den Männern vorbehalten waren. Warum blieben die Männer trotzdem (oft unter Mitwirkung der Frauen) generell mißtrauisch gegen Frauen und hielten daran fest, ihnen die vollen Bürgerrechte vorzuenthalten? In jüngster Zeit erliegt man gern der Versuchung, einen Hauptgrund hierfür in der Furcht des Mannes vor der weiblichen Sexualität zu sehen (Walcot 1984, S. 46); manche Autoren haben sogar die These vertreten, der Anblick der weiblichen Geschlechtsteile habe die Männer abgestoßen (z.B. Keuls 1985, S. 125 f.) und sie gezwungen, ihre Lust beim eigenen Geschlecht zu suchen (Henriques 1962, S. 45 f.). Doch falls das in der Tat der Grund gewesen sein sollte, haben die Griechen selbst es jedenfalls nicht ausgesprochen; ja, die überlieferte griechische Literatur enthält besonders in den Erzählungen der traditionellen Mythen wenig, was den expliziten Schilderungen des Liebesaktes in modernen Romanen an die Seite zu stellen wäre, und die griechischen Philosophen sagen über die praktische Sexualität so wenig, daß Michel Foucault im Zusammenhang mit seiner eigenen *Histoire de la sexualité* zu dem Schluß kommen konnte, die Griechen seien «an Sex nicht interessiert» gewesen (Dreyfus und Rabinow 1983, S. 229).

Kein geringerer als Aristoteles stellt in seiner *Politik* ausdrücklich fest: «Desgleichen ist das Verhältnis des Männlichen zum Weiblichen von Natur so, daß das eine besser, das andere geringer ist, und das eine regiert und das andere regiert wird.» (1254b 13–15) Es wird sich also lohnen, mit der Frage zu beginnen, warum er die Inferiorität des weiblichen Geschlechts für naturgegeben hält (1260a 11). Hierzu bietet Aristoteles keine direkte Erklärung – vielleicht, weil er davon ausging, daß niemand das ernstlich bestreiten werde. Aus dem Text geht aber klar hervor, daß er gewisse Grundideen über das weibliche

Verhalten hatte. In Sparta, wo die Frauen größere Freiheit genossen als in Athen, lebten sie «in jeder Richtung hemmungslos und ausschweifend» (1269b 22–23). Der «Übermut der Weiber» habe schon manche Tyrannenherrschaft zu Fall gebracht (1314b 27–28). Aristoteles rät, es sei «im Hinblick auf die Zucht» zu empfehlen, wenn Frauen nicht zu früh, sondern erst mit ungefähr 18 Jahren heirateten; denn «die jungen Frauen sind, wie man meint, im Beischlaf gar zu zügellos» (1335a 23–25). Vermutlich müssen also im besten Staat Frauen unter Kontrolle gehalten werden, weil sie von Natur aus unfähig zur moralischen Zügelung sind; oder andersherum, die Frauen sind in ihrem Sexualverhalten wie in ihrem Finanzgebaren moralisch unzuverlässig.

Wie kam Aristoteles im 4. Jahrhundert v. Chr. dazu, die moralische Minderwertigkeit der Frau als «Tatsache» hinzunehmen? Ich werde versuchen zu zeigen, daß die griechische Literatur vor dem christlichen Zeitalter sich nicht mit den Auswirkungen der Leidenschaft auf den Körper, sondern mit ihren Auswirkungen auf Vernunft, Urteil und Handeln befaßt hat. Männer wie Frauen können Opfer der Leidenschaft werden, aber die Frauen gelten als (noch) empfänglicher für die Auswirkungen der Leidenschaft und werden daher zwangsläufig als potentiell gefährlicher hingestellt. Am Ende des Kapitels werde ich zu begründen versuchen, warum wir bei der Lektüre griechischer Texte alle Verweise auf Merkmale der Geschlechtszugehörigkeit, die die Griechen selbst eher als zufällig angesehen haben dürften, so wichtig nehmen: weil in den ersten Jahrhunderten des christlichen Zeitalters die physische Verwundbarkeit der Frau zum Thema der christlichen Lehre und Mythologie und damit der abendländischen Literatur geworden ist.

Um zu erkennen, was Männer über Frauen dachten, mit denen sie eine dauerhafte Beziehung hatten – also über Ehefrauen, nicht über *hetairai* oder Prostituierte –, müssen wir uns in erster Linie an die Darstellung der Leidenschaft im Epos und im Drama halten; Komödien und anzügliche Epigramme liefern uns zwar explizite Informationen über diverse homosexuelle und heterosexuelle Praktiken, behandeln aber in der Hauptsache außereheliche Beziehungen oder außerordentliche Situationen wie die Verweigerung der sexuellen Freuden durch die

Frauen in Aristophanes' *Lysistrata* – übrigens ein Unternehmen, das sehr erfolgreich war, auch wenn Foucault und andere ja Desinteresse am Sex diagnostizierten. Ich fange also beim Anfang an, nämlich bei der Geschichte der Pandora: Als Prometheus Zeus überlistet und für die Menschen das Feuer gestohlen hatte, ersann Zeus, wie uns Hesiod in den *Werken und Tagen* erzählt, «ein Übel», das über Prometheus und die künftige Menschheit kommen sollte (56); er befahl Hephaistos, Erde und Wasser zu mischen, «um Stimme und Stärke des Menschen (*anthrôpou*) / Drin zu vereinen, und schön wie der ewigen Göttinnen Antlitz / Sollt eine Jungfrau entstehen». Dann befiehlt Zeus der Athene, dieses Geschöpf Handarbeit zu lehren; Aphrodite gießt ihr goldenes *charis* («Sex-Appeal») auf das Haupt, ferner grausames Begehren und gliederverzehrenden Gram; Hermes verleiht ihr «hündischen Sinn und betörende Schalkheit» (60–68). Die Grazien und die Überredung schenken ihr Schmuck, die Jahreszeiten einen Kranz aus Blumen, und Athene bekleidet sie; dann gibt Hermes ihr den Namen «Pandora», weil alle Götter ihr ein Geschenk (*dôron*) gemacht haben. Als «jäh unabwendbares Trugwerk» sendet man sie dem Epimetheus («der Nachsinnende»), dem Bruder des Prometheus, der erst zu spät erkennt, daß ihm ein Übel in die Hand gefallen ist (68–89). Die Frau öffnet ihren Krug und bringt Not und Krankheit über die Erde; sie «ließ alles heraus, den Menschen übel gesonnen» (95). In dieser Schilderung ist der sexuelle Reiz nur *ein* Grund unter mehreren, die Epimetheus in Pandora zunächst etwas anderes sehen lassen als das Übel, das sie in Wahrheit ist: Hermes hatte den Befehl, sie «mit hündischem Sinn und betörender Schalkheit» zu begaben, und so kam es denn auch: «Aber in ihrer Brust erweckte der Argosbezwinger / Trug und kosende Worte und schlau betörende Schalkheit / Nach des Donnerers Wunsch.» Sie bringt dem Menschengeschlecht (*anthrôpoisi*) Unheil nicht durch ihre Sexualität, sondern weil sie «hündischen Sinnes» ist, worunter die Griechen verstanden: schamlos, amoralisch, urteilslos.

In den *Werken und Tagen* behauptet Hesiod nicht, daß alle Frauen so seien wie Pandora. In der *Theogonie* ist es anders: Als Zeus bemerkt, daß Prometheus ihm die Knochen und nicht das Fleisch des Opfers dargebracht hat, befiehlt er Hephaistos, ein namenloses weibliches Wesen zu erschaffen, von dem es dann heißt: «Ihr entstammte das schlimme Geschlecht und die Stämme der Frauen, / Unheilbringend wohnen sie unter den sterblichen Männern (*andrasi*), / Ohne die schlimme Not zu teilen, aber das Wohlsein.» (591–593) Dann vergleicht Hesiod die Frauen mit den trägen Drohnen in einem Bienenstock und setzt hinzu:

Also hat auch die Weiber den sterblichen Männern zum Unheil
Zeus der donnernde Gott bestellt als schimpflicher Werke
Böse Genossen; er gab noch weitere Übel für Gutes.
Wer die Heirat flieht und das schreckliche Schalten der Weiber,
Giert nach keiner Vermählung, doch kommt das mißliche Alter,
Greist man pfleglos dahin, auch wenn es am Gelde nicht mangelt;
Stirbt man aber, so teilen sich in das ganze Besitztum
Ferne Verwandte; doch wem das Eheschicksal beschieden,
Daß er ein wackeres Weib mit fügsamem Herzen gefunden,
Dem sucht wechselweis sich jeher Gutes und Böses
Immer zu nahen, doch findet er eine mit böser Gemütsart,
Lebt er dahin und trägt in der Brust unaufhörliche Plage
Tief in Herzen und Sinn; es ist ein unheilbares Übel.
                    (*Theogonie* 600–612)

Wie der von den Göttern geschaffene Archetypus sind die Nachkommen Pandoras dem Auge wohlgefällig, aber zerstörerisch, ein «jäh unabwendbares Trugwerk» (589). Pandoras Töchter bringen auch ökonomischen Schaden; sie arbeiten nicht, und sie wollen am Überfluß partizipieren, aber nicht die Armut teilen. Sogar ein «wackeres Weib mit fügsamem Herzen» (*arêruian prapidessi*, 608) ist nur teilweise fähig, das Böse durch Gutes auszugleichen; «eine von böser Gemütsart» (*atartêroio genethlês*) bringt nicht endenden Schmerz und unheilbares Übel.

Die Charakterisierung, welche die *Theogonie* von der Stammutter aller Frauen gibt, enthält es mehr implizit, die Schilderung der Pandora in *Werke und Tage* explizit: die Vorstellung nämlich, daß die Frau dem Manne, der sie und den Sohn begehrt, den er ohne sie nicht haben kann, durch ihre körperliche Schönheit die Macht verbirgt, ihm zu schaden. Ihre Anziehungskraft selbst ist nicht das Problem – das ist einfach die Verpackung; das Schlimme ist die in den Frauen vorhandene

böse Absicht, die sich später als offen destruktives Verhalten
zeigt; sie bringt Krankheit über die Erde und zehrt den Lebens-
unterhalt des Mannes auf. Semonides hebt in seiner Satire auf
die Weiber dieselbe Diskrepanz zwischen Schein und Sein hervor; eine schöne Frau ist wie eine Stute: sie arbeitet nicht im
Haus, sondern kümmert sich nur um ihr Aussehen: «Solch
Weib gewährt zwar Fremden eine Augenweide, / erwächst jedoch für ihren Ehemann zur Plage (*kakon*) – / sofern der nicht,
ein Herrscher oder Zepterträger, / an einem Anblick dieser Art
sich herzlich freut.» (Semonides 7.67–9W = *WLGR* 30) Dann
vergleicht Semonides die Natur einer anderen Frau mit dem
Meer:

Die zeigt zwei Wesenszüge (*dy'en phresin noei*)...
Wie zwar das Meer sich oft in tiefer Ruhe dehnt,
gefahrlos, Seeleuten zu ungetrübter Freude
im Lauf des Sommers, oft jedoch wild rasend, auch
dahintobt, mit den aufgewühlten Wogen donnernd,
genauso zeigt sich diese Frau in ihrem Zorn.
Ihr Wesen gleicht dem Meer, birgt ganz verschiedne Seiten.

(7.37–42)

Was die Göttin Aphrodite potentiell so gefährlich macht, ist
nicht allein ihr sexueller Reiz, sondern diese Macht, gut zu
scheinen, aber Schlimmes zu bringen oder zu denken. Aphrodite ist wie Pandora nicht auf normale Weise geboren, sondern
«wuchs empor» (*ethrephthê*) in dem Schaum (*aphrôi*), der die
abgeschnittenen Geschlechtsteile des Gottes Uranos (Himmel)
umgab (*Theogonie*, 191–200).

Eros (Leidenschaft) geleitete sie, und der herrliche Himeros (Begehren)
folgte,
Als die soeben Geborne zur Sippe der Götter emporstieg...
Jungfräuliches Gekose und frohes Lachen und Arglist (*exapatas*),
Süßes Ergötzen und Wonne und Liebe und schmeichelnde Milde.

(201–206)

Die Freuden, die der sexuellen Leidenschaft entspringen, sind
süß; aber Arglist ist potentiell schädlich, wie Sappho es in ihrem Gebet an Aphrodite sagt: «Aphrodite, ewig, auf buntem
Throne, / listenspinnend (*doloplokê*), Tochter des Zeus! Ich
flehe: / Quäle nicht mit Leiden und nicht Schwermut, / Herrin,

das Herz mir!» (Sappho fr. 1.1–4) Aphrodite als Listenspinne-
rin kann sogar einer verliebten Frau Qualen bereiten, obgleich
das Leiden Sapphos – anders als das des Mannes in Hesiods
Theogonie – nicht dem Nahrungs- oder Geldmangel entspringt,
sondern der «schweren Sorge» und der Möglichkeit, daß sie
das, was sie will, nicht bekommt, falls Aphrodite sich nicht
entschließt, auf ihrer Seite zu kämpfen (25–28 = *WLGR* 1).

Den Gedanken, daß Aphrodite im Kampf um die Zuneigung
einer Frau als Verbündete fungieren könne, hat Sappho vielleicht dem Mythos von Helena entlehnt, von der sie sagt:

Denn die an Schönheit weitaus
alle übertroffen, Helena, hat den besten
Gatten verlassen

und ist ausgefahren nach Troja, gar nicht
eingedenk des Kindes und gar nicht ihrer
lieben Eltern; denn es verführte sie, die
nicht widerstrebte,

Kypris [Aphrodite].
(fr. 16.5–11   =
        WLGR 3)

Sappho erzählt diese Geschichte in einem Gedicht an Anakto-
ria: «Mich auch läßt sie jetzt Anaktorias denken, / weilt sie
gleich ferne» (15–16); sie sehnt sich danach, den anmutigen
Schritt der Freundin und ihr strahlendes Gesicht wiederzuse-
hen; in der Schilderung von Helenas Ehebruch aber hebt Sappho bewußt nicht ihre sexuellen Attribute, sondern nur ihre
Schönheit hervor und wie Aphrodite sie «verführte», so daß sie
alle normalen Familienbindungen und -rücksichten aufgab.
Diese Macht der Leidenschaft, den Sinn eines Menschen zu
trüben und ihn das Gegenteil von dem tun zu lassen, was er tun
will oder sollte, läßt die Taten Aphrodites zum Gegenstand von
Liedern und Geschichten werden. Semonides sagt am Ende seiner Satire auf die Weiber, auch im Hinblick auf Helena:

Wer daran denkt, wird seine eigene Gattin loben,
die Frau des anderen mit Tadel überhäufen:
Wir wissen nicht, daß wir in gleicher Lage sind!
Denn Zeus erschuf die Weiber als das größte Übel (*kakon*)

und schlug damit den Mann in Bande, die nie reißen.
So raffte Hades einen Teil der Männer hin,
als sie sich, einem Weib zuliebe, wütend stritten.

(112−118)

Der springende Punkt ist, daß die Männer leicht über den Charakter der Frauen getäuscht werden können; Hesiod sagt: «Kann doch kein schönres Gut der Mann sich wahrlich erwerben / Als ein treffliches Weib, kein schlimmeres als eine arge.» (*Werke und Tage* 702−703)

Nirgendwo hat die Macht der Leidenschaft, das Urteil des Mannes zu beeinflussen, stärkeren Ausdruck gefunden als im *Homerischen Hymnos an Aphrodite*. Der Hymnos erzählt, wie Aphrodite Zeus' Sinne verwirrte (*parek noön êgage*, 36), so daß er sich in sterbliche Frauen verliebte, und wie er sich dafür an ihr rächte: «Zeus aber weckte in Kypris selber süßes Verlangen, / sich einem sterblichen Mann zu ergeben.» (45−46) So konnte sie sich nicht brüsten, besser zu sein als alle die anderen Götter und Göttinnen. Aphrodite gibt sich alle erdenkliche Mühe, den jungen Mann, den Zeus für sie ersehen hat − es ist Anchises, «so schön wie einer der Götter» (55) −, hinters Licht zu führen. Sie sucht ihr Heiligtum in Kypros auf, um sich zu baden; sie kleidet sich mit großer Sorgfalt und nimmt dann Gestalt und Aussehen eines unverheirateten Mädchens an, «daß er am Ende nicht gar beim Anblick der Göttin erschräke» (82−83). Anchises behandelt sie mit großer Ehrerbietung, wie eine verkleidete Göttin oder eine Nymphe, aber Aphrodite versichert ihm, daß sie eine sterbliche Frau sei, nennt die Namen ihrer Eltern und sagt, Hermes habe sie entführt, als sie vor Artemis tanzte, und sie hierher gebracht, um sie Anchises zur Frau zu geben; sie bittet ihn nur, daß er sie «als reine Jungfrau und unerfahren der Liebe» (133−134) vor seinen Vater und seine Mutter führe. Anchises aber ist so überwältigt von dem Begehren, das Aphrodite in ihm entzündet hat (143), daß er nicht warten will: «Und wollte sogar der Schütze Apollon / von dem silbernen Bogen die schmerzlichen Pfeile entsenden, / wollte ich doch, o Weib, du götterähnliches, gerne / sinken in Hades' Haus, sobald ich dein Lager bestiegen.» (151−154)

Der Dichter beschreibt, wie Anchises der Frau die so sorgfältig angelegten Kleider auszieht, und macht dann eine Bemerkung, aus der hervorgeht, daß Anchises einem völligen Umschwung seines Schicksals näher ist, als er weiß: «... Und dann nach Willen und Schickung der Götter / ruhte der Sterbliche *ahnungslos* bei der ewigen Göttin.» (166–167) Gleich darauf offenbart Aphrodite selbst ihm, welche Konsequenzen sein Tun für ihn haben wird, aber ohne die Schmeicheleien, mit denen sie ihn wahrheitswidrig davon überzeugt hatte, daß sie keine Göttin sei: «Dardanide, erwache! was schläfst du unweckbaren Schlummer? / Sprich, erscheine ich dir auch jetzt noch immer die gleiche, / wie du zuerst mich sahst, als mich dein Auge gewahrte?» (177–179) Anchises aber «vernahm's und fuhr empor aus dem Schlummer»; er zitterte «und wandte voll Scheu die Augen zur Seite, / und sein schönes Antlitz verbarg er unter dem Mantel.» Er erinnert sie daran, daß sie ihn angelogen hat, und fleht sie an: «Laß nicht bresthaft mich mein Dasein unter den Menschen / führen, erbarme dich mein! Wird doch ein blühendes Leben / keinem zuteil, der je bei unsterblichen Göttinnen ruhte.» (188–190) Falls Anchises damit meint, daß er fürchtet, in Zukunft impotent zu sein, dann sagt er das jedenfalls nicht explizit, obwohl er es leicht hätte sagen können. Wahrscheinlicher ist, daß er an das Schicksal Endymions denkt, der nach dem Beilager bei der Göttin Selene (Mond) in ewigen Schlaf fiel, todlos und alterslos, oder an das Schicksal des Tithonos, den Aphrodite selber in dem Hymnos erwähnt und der von der Göttin Eos (Morgenröte) in seinem Zimmer eingeschlossen worden war – todlos, aber nicht alterslos: «Nein, so möchte ich dich nicht bei den Ewigen wünschen, / mit unsterblichem Leben dort alle Tage zu weilen.» (238–240) Statt dessen soll Anchises den Sohn, den Aphrodite ihm gebären wird (Aeneas), bekommen, sobald das Kind vier Jahre alt ist, doch wird Zeus Anchises mit einem Blitzstrahl vernichten, «... verkündest du frei und rühmst dich törichten Herzens, / daß du geruht in den Armen der schönen bekränzten Kythere» (286–287). Aber auch Aphrodite ist durch dieses Erlebnis betrübt und gedemütigt worden:

Mir aber wird nun stets sich bei den ewigen Göttern
starkes Schmähen erheben um deinetwegen ohn Ende.

Haben sie früher doch die schmeichelnden Liste, mit denen
ich unsterbliche Götter zu sterblichen Weibern gesellte,
lang gefürchtet, denn alle sind meinen Listen verfallen.
Nun aber darf ich nicht mehr die Stimme erheben und solches
bei den Göttern erwähnen, so groß ist mein eigener Fehltritt.
Schrecklich hab ich gefehlt, unaussprechlich, verlor die Besinnung;
unter dem Gürtel trag ich ein Kind aus sterblichem Lager.

(243–255)

Wie Anchises ist sie getäuscht und in die Irre geführt worden
und «verlor die Besinnung» durch ein Begehren, das zuerst
herrlich schien, aber dann Leid brachte: «...und sein Name
wird sein Aineias, weil es ein schweres (*ainon*) / Leid mir war,
das Lager des sterblichen Mannes zu teilen.» (198–199)

In der Tragödie – der Gattung, deren Zweck es ist, jene
Fehler im menschlichen Urteil darzustellen, die zum Untergang
führen – wird die sexuelle Leidenschaft mit Metaphern der
Heftigkeit beschrieben, wie sie auch *atê* kennzeichnen, den
Wahn, der die Menschen in den Untergang führt; denn, wie
Sophokles sagt: «Wem ein Gott den Geist ins Unheil (*atê*) /
stoßen will, dem scheint zuletzt / Arges, als wär' es edel.» (*Antigone* 622–623) Über die Leidenschaft (*erôs*) sagt der Chor in
der *Antigone* und meint die Liebe Haimons zu seiner Braut
Antigone: «Du, Eros, siegst immer im Kampf» (781); die Leidenschaft fliegt über Land und Meer; kein Sterblicher oder
Unsterblicher kann ihr entfliehen, «doch die Ergriffenen rasen
(*memênen*)»; Eros ist es, «der auch rechtlichen Sinn / zur Mis-
setat lockt und zum Unrecht» (791; vgl. Sophokles, *Trachinierinnen* 441–444). Oder wie es im *Hippolytos* des Euripides der
Chor ausdrückt, nachdem er von der Liebe Phaidras zu ihrem
Stiefsohn erfahren hat:

Eros, Eros, der du den Augen süß
Einträufelst Verlangen, holde Wonne
Dem, den du bestürmst, ins Herz verströmst,
...
Nicht des Feuers und nicht
Der Sterne Pfeil aus Himmelshöhn
Sengt gleich dem Geschoß Aphrodites,
Das Eros aus der Hand,
der Knabe des Zeus schnellt. (525–534)

Was Unruhe stiftet, ist an diesen beiden Stellen wie im *Homerischen Hymnos an Aphrodite* nicht das weibliche Geschlecht als
solches, sondern die Leidenschaft, die es in anderen entfacht,
und das zerstörerische Tun, zu dem die Leidenschaft führt.
Wenn den Frauen ein Vorwurf gemacht wird – was oft aus dem
Mund von Menschen geschieht, deren Leben von der Leidenschaft (der eigenen oder der eines anderen) durcheinanderge-
worfen wurde –, dann deshalb, weil die Gesinnung der Frau
besonders empfänglich für diese zerstörerischen Emotionen zu
sein scheint. Klytämnestra wird, wie es die Seele Agamemnons
in der *Odyssee* (24.192–202) behauptet, den Namen aller
Frauen beflecken, auch der guten; denn anders als Penelope, die
«gut und vernünftig» (*agathai phrenes*) war, «ersann sie
schändliche Taten». Als Nestor dem Telemach die Geschichte
erzählt, legt er den Nachdruck ebenfalls auf Klytämnestras Gesinnung: Ägisth «suchte oft Agamemnons Weib zu betören mit
Worten. / Doch es versagte sich erst dem nicht geziemenden
Werke / Klytämnestra die hehre, in guter Gesinnung verharrend
(*phresi… agathêisi*)» (*Odyssee* 3.264–266). Aber Ägisth
schickte den Sänger fort, den Agamemnon zurückgelassen
hatte, um seine Frau zu bewachen: «Und er führte mit Willen
die Willige zu seinem Hause.» (272) Agamemnon beklagt in
seiner Schilderung des Mordes nicht Klytämnestras sexuelles
Verhalten, sondern ihre bösen Absichten:

Es tötete sie [Kassandra] die tückische (*dolomêtis*) Klytämnestra
Neben mir; aber ich schlug, die Hände noch einmal erhebend,
Hin zu Boden und starb ums Schwert; die Hündische (*kynôpis*) aber
Wandte sich ab und nahm es nicht auf sich, mir, der zum Hades
Ging, mit den eigenen Händen den Mund und die Augen zu schließen.
Wie doch scheußlicher nichts und hündischer (*kynteron*) als eine Frau
ist,
Welche solche Taten in ihren Gedanken gefaßt hat.
(Odyssee 11.422–428)

Der Charakter der Klytämnestra in der *Orestie* ist direkt von
diesen Stellen inspiriert: ebenso wie in der *Odyssee* wird in der
Orestie nicht viel über Klytämnestras Liebe zu Ägisth gesagt;
im Vordergrund stehen vielmehr Rache und Gerechtigkeit. Indem Aischylos von Homer insofern abweicht, als er Klytämne-

stra und nicht Ägisth den Mord ausführen läßt, hebt er mit
besonderem Nachdruck ihre Fähigkeit zum Planen und Denken
hervor. Ihre Reden an den Chor und an Agamemnon, als sie
diesen überredet, wider sein besseres Wissen auf den Teppich zu
treten, beweisen ihr Geschick, Dinge zu sagen «vordem, weil es
nottat» (*pollôn kairiôs eirêmenôn, Agamemnon* 1372), nicht
die ganze Wahrheit zu sagen. Diese Kunst, mit großem Nachdruck das eine zu sagen, aber etwas anderes zu meinen, befä-
higt Klytämnestra, sowohl den Chor als auch Agamemnon ein-
zulullen (Goldhill 1984b, S. 42). Sie selbst beruft sich auf ihre
Klugheit; sie versteht besser als der Chor, wie das System mit
den Leuchtfeuern funktioniert, und beklagt sich, daß der Chor
mit seinen Zweifeln sie wie ein kleines Mädchen behandele
(277). Wenn die Wache zu Beginn des Stückes «der Herrin
manngemutes... Herz» (*androboulon kear*, 11) lobt und sie
selbst den Chor immer wieder daran erinnert, daß sie mehr
weiß als andere Frauen (348, 590–593), dann deshalb, weil sie
ihre Klugheit und ihre Emotionen in der Gewalt hat, nicht
deshalb, weil sie «vermännlicht» wäre oder sich als «Rebellin»
der Verantwortung für den Haushalt entschlagen hätte, um die
Rolle eines Mannes draußen in der Welt der Politik zu spielen
(vgl. Foley 1981, S. 151). Als sie ihr Handeln vor dem Chor
(und dem Publikum) verteidigt, spricht sie, um ihre Rache einigermaßen zu rechtfertigen, von Agamemnon als einem Feind
und betont, daß er ihre Tochter Iphigenie geopfert und sie mit
Kassandra und anderen Frauen betrogen habe; begreiflicher-
weise sagt sie nichts Direktes über ihr Verhältnis mit Ägisth,
von dem sie lediglich bemerkt, er sei «mir wie vordem wohlge-
sinnt und treu» (1436), und beschreibt auch nicht im einzelnen,
wie sie mit ihm in einem normal strukturierten Haushalt zu
leben gedenkt, so wie sie es in dem folgenden Stück, den *Koephoren*, tut.

  Die moderne Forschung hat gelegentlich versucht, durch
Konzentration auf einzelne Wörter und Metaphern sexuelle
Elemente in dem Stück herauszuarbeiten (Zeitlin 1978; Humphreys 1983, S. 41; Tyrrell 1984, S. 93–100). Wenn Aischylos
jedoch die Sprache der Jagd benutzt, um den Mord zu beschreiben, dann will er damit nicht sagen, daß Klytämnestra zum
Mann geworden sei – immerhin hat auch die Göttin Artemis

Vergnügen an der Jagd und am Töten –, sondern daß sie Fallen stellt und Gewalt anwendet wie ein Jäger. Wie anders als mit dem Schwert hätte sie Agamemnon auf rasche Weise töten können? Als Klytämnestra in den *Koephoren* entdeckt, daß Orest zurückgekehrt ist, verlangt sie «das männertötende Beil» (*androkmeta pelekun*, 889) nicht, weil sie das symbolische Äquivalent eines Phallus begehrt, sondern um sich selbst verteidigen zu können, nun, da Ägisth tot ist. Wenn in dem Stück der Chor der Koephoren von weiblichen «Ungeheuern» spricht, «gefahrvoll dem Menschenvolk», die ihre männlichen Verwandten ermordet haben, dann geht es ihm nicht darum, daß Frauen *Männer* getötet haben, sondern daß Frauen Angehörige ihrer Familie durch *Verrat* getötet haben: Althaia brachte ihren Sohn Meleagros um, indem sie das Holzscheit, das «mit ihm dauernd sein Leben lang» (609) verbunden war, ins Feuer warf; Skylla ermordete ihren Vater Nisos «hündischen Sinns, als er atmend schlief» (620); über Klytämnestra heißt es: «und Weibesanschlag voll List erlebt ich / auf den Mann in kriegerischer Wehr» (626–627); von Weibergreueln «steht obenan in Lemnos der». Alle diese mordenden Frauen wird die Rache durch das Schwert ereilen, was Klytämnestra in dem Stück bald selber ausspricht: «Durch List trifft Mord uns, so wie wir einst mordeten.» (888) Der Traum, den Klytämnestra durch Trankopfer abwenden wollte und in dem sie glaubte, eine Schlange geboren zu haben, die sie in Windeln wickelte und sich an die Brust legte, woraufhin die Schlange ihr mit der Milch das Blut aussog – dieser Traum macht deutlich, daß Klytämnestras Tod überraschend kommen und daß sie selbst seine Ursache sein wird. Moderne Interpreten des Stückes haben gemeint, die Schlange verweise auf die Männlichkeit Orests, und Klytämnestra appelliere an seine Instinkte als Mann, indem sie die Brust vor ihm entblößt (896–898; Tyrrell 1984, S. 110–111; Devereux 1976, S. 183–203). Doch wenn Hekuba in der *Ilias* ihre Brust vor Hektor entblößt, bevor er sich dem Kampf mit Achilles stellt, dann will sie ihn dadurch an seine Pflicht (*aidôs*) gegen seine Mutter erinnern (22.79–82). Bisher ist wohl noch niemand auf die Idee gekommen, Hekuba versuche hier, Hektor zu verführen; denn Hekuba hat nicht geträumt, eine Schlange zu gebären, und natürlich will Hektor nicht sie, sondern Achilles töten. Gleichwohl ist das *aidôs* gegen die Mutter in den *Koephoren* ein wirksames Abschreckungsmittel: Orest zögert, als Klytämnestra diese Gebärde macht, so daß Pylades mit dramatischer Wirkung seine einzigen Worte in dem Stück sprechen und Orest daran erinnern muß, daß es besser ist, Menschen zum Feind zu haben als die Götter (900–902).

Die «wütgen Hunde» (924), die Klytämnestra auf Orest zu hetzen droht, nämlich die Erinyen, die ihn im letzten Teil der Trilogie verfolgen, scheinen manchen Autoren im Freudschen Sinne für Eigenschaften zu stehen, die die griechischen Männer an der weiblichen Anatomie erschreckend fanden (Slater 1968, S. 189; Tyrrell 1984, S. 111 f.). Aber in den *Eumeniden* sind es nicht nur Orest und Apollon, die die Erinyen abstoßend finden, sondern auch die alte Priesterin, die sie im Innern des Tempels entdeckt: In ihren Augen haben diese Geschöpfe keine Ähnlichkeit mit Frauen oder auch mit den Gorgonen, die sie aus Bildern über die Geschichte des Perseus kennt; sie wirken von Krankheit behaftet und unrein und tragen auch nicht die weißen Gewänder, die Frauen an heiligen Stätten zu tragen hatten (Plautus, *Rudens* 279–281):

…doch flügellos zu schauen
Sind diese, schwarz, alles in allem: ekelhaft,
Sie schnarchen in unnahbarn Atemblasens Hauch;
Aus ihren Augen träufeln sie grausges Getropf.
Und ihre Tracht – nicht Götterbildern sich zu nahn
Ist tauglich sie noch in der Menschen Haus zu gehn.
(46–56)

Apollon befiehlt ihnen, dorthin zu gehen, wohin sie gehören, an die Stätten des Mordes oder der Entmannung, oder der Verstümmelung nach persischem Brauch. Die Erinyen selbst sagen von sich, sie wollten ihre Opfer nur in den Wahnsinn treiben: «Tönt unser Sang: Wahnsinnes Schlag, / Wahnwitzes Plag, geistverstörend!» (329–330, 342–343) Sie wollen bewirken, daß ihre Opfer sich selber zerstören, wie es in anderen Zusammenhängen *erôs* oder *atê* bewirkt haben. Ihre Behauptung, das Kind sei von demselben Blute wie die Mutter, die es in der Schwangerschaft genährt habe (606–608), wird von Apollon bestritten:

Nicht ist die Mutter des Erzeugten, ‹Kind› genannt,
Erzeugrin – Pflegrin nur des neugesäten Keims.
Es zeugt der Gatte; sie dem Gast Gastgeberin,
Hütet den Sproß, falls ihm nicht Schaden wirkt ein Gott.
(658–661)

Man hat in dieser Argumentation Apollons den Beweis für eine
tief in der athenischen Zivilisation verwurzelte Frauenfeind-
schaft sehen wollen; doch muß man sich vor Augen halten, daß
der Gott hier als Person in einem Theaterstück spricht, und
zwar in einem Kontext, wo er als Fürsprecher für einen des
Muttermordes beschuldigten Menschen auftritt: Hätte man
Orest umgekehrt beschuldigt, seinen Vater umgebracht zu haben, um seine Mutter zu rächen, so hätte sehr leicht Apollon
das sagen können, was bei Aischylos die Erinyen über den Pri-
mat der mütterlichen Blutsbande sagen. Über die Rolle der Frau
bei der Konzeption hatte man damals natürlich keine genaue
Vorstellung; die Meinungen gingen auseinander, ob der in der
Menstruationsflüssigkeit vorhandene weibliche Samen Einfluß
auf Aussehen und Charakter des Kindes hatte oder nicht (Lefkowitz 1981, S. 21; Humphreys 1983, S. 41). Aber kein atheni-
sches Publikum hätte die Argumentation Apollons für schlüssig
gehalten, und ebensowenig hätte man die Empfehlung des
Frauenhassers Hippolytos für praktikabel gehalten, der vor-
schlug, die Männer sollten sich «den Kindesnachwuchs» kaufen können, anstatt das Menschengeschlecht durch Frauen zu
erzeugen (Euripides, *Hippolytos* 618–624). Bei der Gerichts-
verhandlung in Aischylos' Stück gibt es denn auch Stimmen-
gleichheit zwischen Apollon und den Erinyen, und nur weil
Athene, die ohne Mutter aus ihrem Vater Zeus geboren worden
ist, für Apollon stimmt, wird Orest freigesprochen.

Stellt dieses Ergebnis also eine Niederlage weiblicher Werte
dar, mit denen das Stück Dunkelheit, Verunreinigung, Wahnsinn und Tod gleichsetzt? Triumphiert eine aufgeklärtere, ratio-
nalere Ordnung, die mit männlichen Werten gleichgesetzt wird?
Eigentlich nicht; denn die Erinyen und der Geist Klytämnestras
sind nicht die einzigen Vertreter der weiblichen Natur; auch die
jungfräuliche Athene ist eine Frau, und es ist bezeichnend, daß
sie die Erinyen dazu zu überreden vermag, ihre gewaltigen

Kräfte zur Rettung menschlichen Lebens und nicht zu dessen
Vernichtung zu gebrauchen. Wenn die Erinyen drohen: «Gift,
leidvergeltend Gift ström ich aus dem Herzen mir, / Geträuf,
das die Erd / Unfruchtbar macht, daraus / Flechte die Blatt
auffrißt und Frucht... / Und Menschen-Tod» (782–785,
810–815), so spricht Athene, die sie davon abzubringen sucht,
von deren Kräften so, als seien sie nicht physischer, sondern
mentaler Natur: «... und schüttst der frevlen Zunge Wort nicht
aus, dem Land / An Frucht zu bringen, was jedwedem schlimm
ausschlägt.» (829) «Drum wirf in meines Lands Gebiete nicht
hinein / Blutigen Streits Wetzsteine, schädgend das Gemüt / Der
Jugend, daß sie, weinlos trunken, rast in Wut.» (858–860) Die
Erinyen versprechen, die Stadt Athen, ihre Einwohner und ihre
Ernte zu verschonen, wenn sie dafür ein Heiligtum, Opfergaben
und einen Sitz nahe dem Haus des Erechtheus auf der Akropolis erhalten. Sie verlassen die Orchestra des Theaters eskortiert
von Kindern und Frauen und in Begleitung etlicher Greisinnen
– von Menschen also, die aufgrund ihrer Schwäche und Verletzlichkeit am meisten des Schutzes bedürfen.

Es ist bezeichnend, daß aufgrund ihrer Ehelosigkeit die Erinyen als Eumeniden («die Wohlwollenden») imstande sein werden, Beschützerinnen jener Jugend zu sein, die sie bisher so gern
ins Verderben gestürzt haben. Die jungfräuliche Artemis, die
doch die Opferung von Agamemnons Tochter Iphigenie verlangt, «ist so voll Huld die Hehre dem / Geheck, dem hilflosen,
gewaltiger Bergleun, all des flurenbewohnenden Wilds auch /
brüstesäugenden Jungen liebreich» (Aischylos, *Agamemnon*
140–143); sie beschützt nicht nur die Jungen, sondern auch
gebärende Frauen und den weiblichen Schoß überhaupt; die
jungfräuliche Hekate wurde zu Hesiods Zeiten in Boiotien als
kourotrophos, Amme der Jungen, verehrt (*Theogonie*
450–452). Wie der Athene, welche Aphrodite nicht «überreden
oder täuschen» kann, darf der Mensch diesen Göttinnen Vertrauen entgegenbringen – anders als den Frauen, die der Macht
Aphrodites unterliegen, das Urteil zu trüben. Man hat in dem
Umstand, daß sexuell aktiven Göttinnen nicht die Sorge um die
Jungen anvertraut ist, einen weiteren Beweis für die Furcht des
griechischen Mannes vor der weiblichen Sexualität gesehen;
aber was diese Frauen gefährlich macht, ist ihre Anfälligkeit

gegen Emotionen, nicht die Gestalt ihres Körpers. Die Göttinnen, die sich von Aphrodite fernhalten, haben es weniger nötig,
zu List und Täuschung zu greifen; sie gehen, wie Artemis und
Athene in den ihnen gewidmeten Hymnen, einfach ihrer Arbeit
nach und gesellen sich von Zeit zu Zeit zu den anderen Göttern.

Es ist kein Zufall, daß in der Tragödie die Frauen, die den
Willen der Götter ausführen helfen, Jungfrauen sind: Antigone,
die sich um ihren Vater Ödipus kümmert und ihren Bruder
Polyneikes begräbt, und Elektra, die Orest hilft, den Tod ihres
Vaters Agamemnon zu rächen. Ihnen kann man Frauen wie
Medea gegenüberstellen, die eines der destruktivsten Opfer der
Aphrodite war. Wegen ihrer Liebe zu Jason verriet sie ihren
Vater, half, ihren Bruder in den Tod zu locken, bewirkte den
Tod von Jasons Onkel – wiederum durch List – sowie den Tod
von dessen zukünftiger Braut und ihres Vaters, und zuletzt auch
den Tod ihrer eigenen und Jasons Kinder. Euripides erinnert
daran, daß schon ihr Name «Planerin, Ersinnerin» bedeute
(*bouleuousa kai technomenê*, vgl. *mêdomai*, «ersinnen»; Page
1938, S. 102); daß ihre Talente zu Schlimmem genutzt wurden,
ist das Werk der Aphrodite und ihres Sohnes Eros. Wie Jason
sagt, ist nicht Medea, sondern Aphrodite für seinen Erfolg verantwortlich (526–528); moderne Kritiker haben diese Äuße-
rung Jasons als Beispiel für seine Rohheit und Unaufrichtigkeit
angeführt, aber auch der Chor in der *Antigone* und im *Hippolytos* gibt Eros die Schuld an den Problemen, deren Zeuge er
wird. Und in den *Trojanerinnen* behauptet Helena (930–931),
wenngleich zunächst nicht sonderlich überzeugend (1038), daß
nicht sie, sondern Aphrodite dafür zu tadeln sei, daß sie mit
Paris durchgebrannt ist; selbst Penelope meint in der Odyssee
(23.222–224), daß «ein Gott» Helena dazu getrieben habe:
«und sie war sich zuvor im Herzen des traurigen Frevels (*atê*) /
Nicht bewußt, aus welchem auch uns der Jammer erwachsen.»
Wie der Chor in *Medea* sagt, nachdem Jason gegangen ist:

Wenn Liebe (*erôtes*, wörtlich «Leidenschaften») sich über das Ziel
verirrte, hat sie Männern nie
Würde verliehen und Ruhm; doch kommt Aphrodite bescheiden,
Ist der anderen Göttinnen keine so reizvoll.
Sende niemals Herrin, wider mich vom goldenen Bogen
Deinen sicheren Pfeil, getaucht in Sehnsucht. (627–633)

Den Gedanken, daß Aphrodite (Kypris) «bescheiden» kommen könnte, formuliert der Chor im Konjunktiv, da es unwahrscheinlich ist, daß das jemals vorkommt. Die Griechen konzentrierten sich weit stärker als wir auf die moralischen Folgen der Leidenschaft, und selbst im 3. Jahrhundert v. Chr. sah man einen Zusammenhang zwischen Leidenschaft und *atê*, dem Wahn, der zur Vernichtung führt:

O du entsetzlicher Eros, du schlimmste Plage der Menschen!
Kommt doch verderblicher Zwist von dir und Seufzen und Klagen
Und so mancherlei Qual, die endlos Sterbliche peinigt.
Möchtest du gegen der Feinde Gezücht dich wappnen, o Dämon,
wie du so grausige Frevel geflößt in die Seele Medeas.
                    (Apollonius Rhodius 4.445−449)

Ehelose Göttinnen sind nicht nur vertrauenswürdiger als sexuell aktive, weil ihr Urteil nicht durch Aphrodite und den Wahn der Leidenschaft getrübt wird; sie sind auch, wie Demeter, welche als Amme verkleidet nach Eleusis kommt, aller Verantwortung im Zusammenhang mit der Fortpflanzung ledig und daher in der Lage, sich um die Jungen und Hilfsbedürftigen zu kümmern. Nachdem Demeter Persephone verloren hat, verkleidet sie sich als alte Frau, die des Kindergebärens und der Werke der Aphrodite entwöhnt ist, so daß sie aufgrund ihrer Erfahrung mit Kindern und auch weil sie eben nicht an einen Mann gebunden ist, als Amme des Königssohns Demophoon fungieren kann (*Homerischer Hymnos* 2.202−204). In einer Rede, die wie eine Beschwörung klingt, sagt sie zu Demophoons Mutter: «Weiß ich doch aus dem Walde viel stärkere Kräuter dagegen, / weiß vortreffliche Abwehr auch gegen schädlichen Zauber.» (229−230) Doch wie Hekate, die, wenn sie will, dem Fischer leicht seine Beute entführt (Hesiod, *Theogonie* 443), kann Demeter ihren Schutz von einem Menschen jederzeit abziehen. Von der Mutter des Säuglings gescholten, weil sie ihr Kind ins Feuer gehalten hatte, wird Demeter zornig, setzt das Kind auf die Erde (251−255) und geht; sie trauert noch immer um ihre verlorene Tochter, «und das entsetzlichste Jahr von allen auf nährender Erde / schuf sie den Menschen, das ganz entsetzliche (*kynteron*, «hündisch»): jeglicher Same stockte im Lande, denn ihn verbarg die bekränzte Demeter» (302−307). Dieses Entziehen der göttlichen Gunst ist jedoch nicht so launisch wie Aphrodites Wunsch, mit Anchises zu schlafen, weil es einem anerkannten Regelsystem entspricht, das Menschen wie Götter zu befolgen wissen: Als Gegenleistung für die ihnen erwiesene Ehrerbietung und Achtung – wozu auch gehört, alles hinzunehmen, was die Götter schicken, mag es auch so befremdlich sein wie der Befehl, den einzigen Sohn den Flammen zu übergeben – werden die Götter den Menschen ihre Hilfe gewähren. Die Erinyen/Eumeniden in der *Orestie* verhalten sich wie Demeter im *Hymnos*; sie alle waren Göttinnen, die mit bestimmten Gegenden unter der Erde, mit dem Tod und mit dem Leben, verbunden waren. Demeter wurde in Arkadien wegen ihres Zorns auch als «Erinys» verehrt (Pausanias 8.25.5–6, vgl. 8.42; Richardson 1974, S. 258).

Für sterbliche Frauen hingegen, die nicht die Macht besaßen, wie die Erinyen mit ihrem Zorn die Welt zu überziehen, waren Würde und Lohn der Keuschheit sehr beschränkt. Auf Grabinschriften wird beklagt, wenn ein junges Mädchen starb, bevor man es verheiraten konnte, und Elektra in dem Trauerspiel von Sophokles jammert darüber, daß sie nicht heiraten darf, weil ihr Sohn den Tod Agamemnons rächen könnte (164–165, 187, 961–966). Es hatte jedoch auch Vorteile, ehelos zu bleiben, sofern das den Zugang zu einem Priesteramt oder einem Tempeldienst gestattete. Der Lohn für diese Posten variierte, da er vom Reichtum der jeweiligen Gemeinde abhing; außerdem waren die meisten Ämter innerhalb adliger Verwandtschaftsgruppen (Phratrien) oder einzelner Familien erblich. In allen Epochen der griechischen Antike, von denen wir Kenntnis haben, war der Tempeldienst praktisch immer zeitlich befristet, in der Regel auf nur ein oder zwei Jahre. Meist war mit dem Amt keine Residenzpflicht verbunden; auch konnte eine Frau mehreren Gottheiten gleichzeitig dienen. Jungfräuliche Priesterinnen wurden in erster Linie für jungfräuliche Gottheiten gebraucht. Zumindest im Mythos war es so, daß die Göttin Artemis zürnte, wenn ihre Priesterin die Jungfräulichkeit einbüßte; als die Priesterin Komaitho und ihr Geliebter Melanippos das Artemisheiligtum «als Brautgemach» benutzten, suchte Artemis' Zorn die Menschen heim, die Erde brachte keine Frucht mehr, und es gab ungewöhnliche Krankheiten und unerklärliche Todesfälle (Pausanias 7.19.2). Um dem Problem vorzubeugen, wurde im Heiligtum der Singenden Artemis im arkadischen Mantinea das Amt der Priesterin nicht von einer Jungfrau versehen, sondern von einer Frau, «die genügend Verkehr mit Männern gehabt hatte» (Pausanias 8.5.12). Für das Amt der Pythia im Tempel des delphischen Apoll wählte man Bäuerinnen, die für den Geschlechtsverkehr mit Männern zu alt und daher bereit waren, als «Braut» des Gottes zu fungieren (Herodot 1.182; vgl. Thuiai im *Homerischen Hymnos* 4.552–561; vgl. Latte 1940, S. 9–18). Da Jungfrauen und Ehelose jedoch auch der unkeuschesten aller Göttinnen, Aphrodite, dienten, scheint der Zölibat nicht nur eine rituelle, sondern auch eine praktische Funktion gehabt zu haben. Der Arzt Soranus empfiehlt in seiner *Gynaikologia* die lebenslange Jungfräulichkeit; denn Frauen, denen von Gesetzes wegen oder durch den Tempeldienst der Geschlechtsverkehr untersagt ist, und Mädchen, auf deren legale Jungfräulichkeit geachtet worden ist, «sind weniger anfällig für Krankheiten, weil sie leichtere Menstruationsblutungen haben, und nehmen an Gewicht zu, weil sie von den Folgen eines normalen Lebens verschont bleiben» (1.32). Für Witwen gab es finanzielle Vergünstigungen und die Gelegenheit zu öffentlichen Ehren und Diensten: «Priesterin der Demeter bin ich gewesen und weiter der Kabiren, / Herr, und alterte später dann im Dienst / Dindymenes [Kybeles], heute nur Staub... / habe zahlreiche junge Frauen angeleitet. / Knaben gebar ich zwei und entschlief in ihren Armen, / Gabe seligen Alters.» (Kallimachos, Ep. 48 GP = 40 Pf= *AP* 7.728, 3. Jh. v. Chr.)

Scheint also der Zölibat in den Kulten der griechischen Olympier in erster Linie eine praktische Funktion gehabt zu haben, so galt er im Urchristentum (und später) ausdrücklich als der sexuellen Aktivität *überlegen*, und ich meine, daß von hier und nicht aus der heidnisch-griechischen Welt die Vorstellung herrührt, daß nicht die Gesinnung, sondern der Körper der Frau anfällig und potentiell schändlich ist. Die Vorstellung, daß Jungfräulichkeit (oder Zölibat) den Menschen näher zu Gott bringt, findet sich zuerst im Neuen Testament, und zwar im ersten «Brief» des Paulus an die christliche Gemeinde in Korinth:

Welche nicht freiet, die sorgt, was dem Herrn angehört, daß sie heilig
sei am Leib und auch am Geist; die aber freiet, die sorgt, was der Welt
angehört, wie sie dem Manne gefalle. Solches aber sage ich zu eurem
Nutzen; nicht, daß ich euch einen Strick um den Hals werfe, sondern
dazu, daß es fein zugehe und ihr stets und unverhindert dem Herrn
dienen könnet. (1. Korinther 7: 34–35)

Die Ledigen und Witwen gleich welchen Alters sollten nicht
heiraten:

So sie aber sich nicht mögen enthalten, so laß sie freien; es ist besser
freien denn Brunst leiden. (8–9)... So du aber freiest, sündigst du
nicht; und so eine Jungfrau freiet, sündigt sie nicht. Doch werden
solche leibliche Trübsal haben; ich verschonte aber euch gerne. (28)

In dieser Gemeinde griechischer Christen wäre nichts Unge-
wöhnliches an dem Gedanken gewesen, die Ehelosigkeit befreie
den Menschen zum Gottesdienst; neu aber ist der Gedanke,
daß solcher Gottesdienst, anstatt ein Privileg für einige wenige
aristokratische Mädchen oder Witwen zu sein, allen Frauen in
jedem Lebensalter offenstehen soll.

Die universale Gelegenheit zum Gottesdienst, die die christliche Gemeinde den Frauen jeden Alters und jeder sozialen
Schicht bot, garantierte ihnen jedoch keinen Platz in der Hierarchie der Kirche. Eine Frau wie Phöbe konnte in Korinth
zwar Ministrantin (*diakonos*) und Helferin (*prostatis*) für viele
Menschen, auch für Paulus selbst, sein (Römer 16: 1); doch
stellt Paulus auch ausdrücklich fest:

...lasset eure Weiber schweigen in der Gemeinde; denn es soll ihnen
nicht zugelassen werden, daß sie reden, sondern sie sollen untertan
sein, wie auch das Gesetz sagt. Wollen sie aber etwas lernen, so lasset
sie daheim ihre Männer fragen. Es steht den Weibern übel an, in der
Gemeinde zu reden (*lalein en ekklêsiai*, 1. Korinther 14: 34–35).

Während also vor Gott Mann und Frau gleich sind – «ihr seid
allzumal *einer* in Christo Jesu» (Galater 3: 28) –, hat auf Erden
nach jüdischer Sitte der Mann den Vorrang (Parvey 1974,
S. 125–128; Fiorenza 1983, S. 226–236). Der Verfasser des
ersten Briefs an Timotheus drückt sich so aus: «Ein Weib lerne
in der Stille mit aller Untertänigkeit. Einem Weibe aber gestatte
ich nicht, daß sie lehre (*didaskein*), auch nicht, daß sie des
Mannes Herr sei, sondern stille sei.» (2: 11–12) Er erläutert,

wobei er die paulinische Interpretation des alttestamentarischen Berichts (1. Mose 2:4–4:24) aufgreift, daß man die Frauen in ihre Schranken weisen müsse, weil sie von Natur aus moralisch minderwertig seien: «Denn Adam ist am ersten gemacht, darnach Eva. Und Adam ward nicht verführt (*êpatêtê*); das Weib aber ward verführt (*exapatêtheisa*) und hat die Übertretung eingeführt.» (2:13–14) Paulus selber beschreibt den Betrug durch die Schlange noch als mentale Verderbnis, indem er «verführt» (*exapatêtheisa*) erläutert als: «daß eure Sinne verrückt werden (*phtharei ta noêmata*, 2. Korinther 11:3)». Im Laufe des 2. Jahrhunderts aber war aus dem Betrug der Schlange (1. Mose 3.13 *exêpatêsen*) eine regelrechte sexuelle Verführung geworden. Als Joseph im *Protoevangelium des Jakobus* entdeckt, daß seine Verlobte Maria schwanger ist, fragt er:

Sollte sich an mir die Geschichte Adams wiederholt haben? Denn wie Adam in der Stunde seines Gebets abwesend war und die Schlange kam und Eva allein fand, sie betrog und sie so befleckte, so ist es auch mir widerfahren. (13:1)

In der Lehre des Paulus ist die Vorstellung einer inhärenten Minderwertigkeit der Frau zwar auch gegenwärtig, aber nicht so deutlich ausgesprochen. Er wollte nicht, daß die korinthischen Frauen den Gottesdienst besuchten, beteten oder weissagten, ohne einen Schleier zu tragen (1. Korinther 11:1–15). Auch die heidnischen Philosophen waren für eine dezente Bekleidung der Frauen, aber die christlichen Glaubenslehrer unterschieden sich von den Heiden darin, daß sie vergleichbare Beschränkungen für den Mann nicht vorsahen. Sogar die orientalischen Kulte, die dem Christentum so starke Konkurrenz machten, kannten Keuschheitsregeln für Frau *und* Mann, auch wenn die Frauen, wie in vorchristlicher Zeit, von Natur aus anfälliger waren gegen die Verunreinigung durch das Blut. So bedeutete im 3. Jahrhundert n. Chr. im Kult des *Mên Tyrannos* die «Reinheit» des Mannes: «gereinigt von Knoblauch, Schweinefleisch und Frauen»; bei Frauen bedeutete sie zu warten, und zwar «sieben Tage nach ihrer Monatsblutung, und sie müssen sich vollständig gereinigt haben, und zehn Tage nach einem Begräbnis und vierzig Tage nach einer Fehlgeburt [oder Abtreibung, *phthora*]» (SIG³633; vgl. kathartische Inschrift Kyrene, *SEG* IX.72 = *LSCG* Suppl. 115; Parker 1983, S. 332–351). Nach frühchristlicher Lehre jedoch war für Frauen aufgrund der Gefahr, die ihre Sexualität für sie selbst und die Männer in ihrer Umgebung barg, die Ehelosigkeit notwendiger – nicht nur, weil sie der Frau die Gelegenheit bot, der Gemeinde zu dienen (und von ihr unterstützt zu werden), sondern auch als Weg zur Erlösung. In den apokryphen *Akten des Paulus*, einer weitverbreiteten Schrift aus dem späten 2. Jahrhundert n. Chr., die aus dem Griechischen ins Altsyrische, Koptische, Äthiopische und Lateinische übersetzt wurde, zählt Paulus verschiedene Seligkeiten auf, die mit der Keuschheit des Mannes und der Frau zu tun haben (s. oben, S. 127 f.), und hält zuletzt einen speziellen Rat für Frauen bereit: «Selig sind die Leiber der Jungfrauen, denn sie werden Gott wohlgefallen, und sie werden den Lohn ihrer Keuschheit nicht verlieren.» (3:5–6) Der Stand der Witwe (1. Timotheus 3:3–15; *Titus* 2.3; Humphreys 1983, S. 47) und später der Jungfrau wurde in der Kirche zu einem regelrechten Dienst. Hieß es in Grabinschriften heidnischer Jungfrauen, die vor der Ehe gestorben waren, der Tod habe sie hinweggerafft (s. oben, S. 62 f.), so hieß es von christlichen Jungfrauen, sie hätten Christus geehelicht, wie in der folgenden Grabinschrift für ein dreizehnjähriges Mädchen:

Hier hat Maria ihren Leib den Lampen der Heiligen anvertraut; keusch, ernst, weise, zärtlich und ruhig war sie, ihre hohe Geburt brachte ihr Ruhm im Leben, aber indem sie Gott gefiel, übertraf sie die Ehre ihrer Abkunft. Denn sie wählte nicht den Ehebund mit einem Sterblichen, sondern durch ihre Liebe zur Jungfräulichkeit eine ewige Ehe, und in Christus suchte sie ewiges Licht, das keine Grenzen kennt. (*CIL* V.6734 = CE 782; vgl. Diehl 1967, Nr. 1699 = *CIL* XII.1491 = CE Suppl. 352)

Sogar Maria, die Mutter Jesu, die im frühesten Evangelium erst erwähnt wird, als Jesus bereits erwachsen ist – und die anscheinend noch andere Söhne hatte (Markus 3:31) –, wird im Matthäusevangelium zur jungfräulichen Gebärerin eines göttlichen Kindes (Matthäus 1:18–25; vgl. Lukas 1:26–38). Bei Matthäus ist es notwendig, daß sie eine Jungfrau ist, damit die Prophezeihung des Alten Testaments in Erfüllung gehen kann:

«Siehe, eine Jungfrau ist schwanger und wird einen Sohn gebären.» (S. oben, S. 49) Aber im apokryphen _Protoevangelium des Jakobus_ aus der zweiten Hälfte des 2. Jahrhunderts n. Chr. erweist sich Maria auch als Jungfrau, _nachdem_ sie Jesus geboren hat. Die Hebamme erklärt Salome, der Tochter des Königs Herodes, die zufällig vor der Höhle steht, in der Jesus zur Welt gekommen ist: «Ich habe dir ein nie dagewesenes Schauspiel zu erzählen: Eine Jungfrau hat geboren, was doch die Natur (_physis_) nicht zuläßt.» (19:3) Salome will das nicht glauben und fühlt mit dem Finger, woraufhin ihr die Hand, von Feuer verzehrt, abfällt, aber auf wunderbare Weise wieder anwächst, nachdem Salome die Macht Gottes gepriesen und das Kind berührt hat (20:1−3).

Wie wichtig in der Lehre des Paulus die Keuschheit war, unterstreicht die Geschichte der Jungfrau Thecla in den apokryphen _Akten des Paulus_ (Hennecke-Schneemelcher 1984, II.353−364). Die Schilderung von Theclas Abenteuern erinnert mehr an einen antik-heidnischen Roman als an die lehrhaften und oft trockenen Erzählungen in den kanonischen Evangelien. Thecla war mit einem gewissen Thamyris verlobt, doch hatte die Lehre des Paulus sie so sehr ergriffen, daß sie Thamyris verschmähte (im Plot eines heidnischen Romans wäre die Heldin einfach durch zufällige Umstände von ihrem Bräutigam getrennt worden). Thamyris klagt Paulus der Hexerei an und läßt ihn zunächst in den Kerker werfen und dann aus der Stadt Iconium ausweisen. Thecla wird zum Feuertod verurteilt; man fesselt sie nackt an den Pfahl, aber sie macht das Zeichen des Kreuzes, und die Flammen verschonen sie; außerdem schickt Gott ein Erdbeben und ein starkes Gewitter, und so wird Thecla gerettet. Unverzüglich sucht sie Paulus auf und macht sich erbötig, ihr Haar abzuschneiden und ihm nachzufolgen – in der Verkleidung eines Knaben also. Widerstrebend erlaubt Paulus ihr, sich ihm anzuschließen, weil sie «wohlgestaltet» und verführbar ist. In Antiochia setzt ihr sogleich ein anderer Freier namens Alexander zu, aber sie bleibt standhaft und macht sich über ihn lustig, woraufhin der erzürnte Alexander sie zur Strafe den wilden Tieren vorwerfen läßt; doch eine Löwin leckt Thecla die Füße, und Tryphaena, eine reiche Frau, die ihre Tochter verloren hat, adoptiert sie. Alexander schleppt Thecla noch einmal zu den Tieren, aber die Löwin verteidigt sie, und alle Frauen im Publikum sind auf Theclas Seite. Man wirft sie in eine Wassergrube, wo sie von Seehunden (*sic*!) gefressen werden soll, und als sie das Wasser dazu benutzt, sich zu taufen, bindet man sie (wie Dirke im heidnischen Mythos) mit den Füßen an wilde Stiere. Tryphaena jedoch fällt in Ohnmacht, Alexander bittet nun um Gnade für Thecla, und sie wird freigelassen; der Statthalter und alle Frauen preisen die Macht Gottes. Thecla aber verläßt Antiochia, als Mann gekleidet, und sucht in Myra nach Paulus, der sie aussendet, das Wort Gottes zu lehren.

Der Verfasser der *Akten des Paulus* geht mit keinem Wort auf das ein, was Paulus den Korinthern über das Schweigen der Weiber in der Gemeinde geschrieben hatte, obwohl er mit anderen Aspekten der paulinischen Lehre, der Apostelgeschichte und den ersten drei Evangelien vertraut gewesen sein dürfte; aber wahrscheinlich hatte Thecla durch ihren Mut und ihre Standhaftigkeit gegenüber Männern bewiesen, daß sie gegen die Versuchung gefeit war, und war einem Mann hinreichend ähnlich geworden, um Männerwerk zu tun. Sie kehrt in ihre Heimatstadt Iconium zurück, wo sie erfährt, daß ihr Verlobter Thamyris tot ist, daß aber ihre Mutter noch lebt, worin sie ein Zeichen der Macht Gottes sieht: «Und als sie solches Zeugnis abgelegt hatte, ging sie fort nach Seleucia, und nachdem sie viele durch das Wort Gottes erleuchtet hatte, entschlief sie eines sanften Todes.» (3.7–43) Diese Geschichte ist nicht so sehr ein Preislied auf die Frauen (vgl. Dagron 1978, S. 38f.; Davies 1980, S. 58–61; Macdonald 1983, S. 34–53) als vielmehr Ausdruck der restriktiven und anspruchsvollen Vorstellungen der Kirche von weiblichem Betragen (Patlagean 1976, S. 597–623), wie der Vergleich mit heidnischen Abenteuergeschichten deutlich macht. Das Ziel der mutigen Heldin ist nun lebenslange Keuschheit, nicht die Ehe. Die Heldin kleidet sich nicht nur wie ein Mann, um die Versuchung abzuwehren, sie benimmt sich auch in anderer Hinsicht wie ein Mann, indem sie ihrer Mutter und dann ihrer Ersatzmutter Tryphaena mit Predigen anstatt mit Zuneigung dankt und beide verläßt, um ihr Werk fortzusetzen.

Die *Akten des Paulus* zeigen deutlicher als jedes andere Lehrdokument der Urkirche, wie wenig die christliche Vorstellung vom Zölibat mit der heidnischen zu tun hatte. Vor der christlichen Ära brauchte sich keine Ehelose, selbst wenn sie über einen längeren Zeitraum diente wie etwa die Vestalinnen in Rom, ihrer Weiblichkeit zu schämen. Im 4. Jahrhundert v. Chr. trug die Philosophin Hipparcheia Männerkleidung, wie übrigens auch zwei Schülerinnen des Platon (Diogenes Laertius 3.46), aber sie war mit dem Philosophen Krates verheiratet, hatte mit ihm in aller Öffentlichkeit Geschlechtsverkehr und ging mit ihm zu festlichen Banketten wie eine *hetaira* (Diogenes Laertius 6.96–98). Doch mit der Zeit wurden die heidnischen Philosophen ebenso asketisch wie die Christen, und die Philosophin Hypatia aus Alexandria zog es im 4. Jahrhundert n. Chr. vor, Jungfrau zu bleiben. Als einer ihrer Schüler sich in sie verliebte, zog sie eine ihrer Monatsbinden hervor, warf sie ihm vor die Füße und sagte: «Du bist in dieses verliebt, junger Mann, nicht in das (platonische) Ideal des Schönen.» (Suda 644.12 ff. = Damascius fr. 102 Zintzen) Wie Thecla und die christlichen Märtyrerinnen Perpetua und Irene war auch Hypatia – jedenfalls nach dieser Anekdote – der Überzeugung, ihr Werk nur fortführen zu können, wenn sie ihre Weiblichkeit verleugnete (oben, S. 131).

So dürfte klar sein, daß es die Urchristen und nicht die alten Griechen waren, die als erste ein geradezu zwanghaftes Bewußtsein für die Gefahren der weiblichen Sexualität entwickelten, und daß die Furcht vor dem weiblichen Körper (im Gegensatz zur weiblichen Gesinnung) letzten Endes von ihnen und nicht von Aischylos, Euripides oder Platon herrührt. Schließlich waren es die Christen und nicht die Griechen oder Römer, die Ende des 3. Jahrhunderts eine weibliche Gottheit zu verehren begannen, in der man gleichzeitig eine Mutter und eine Jungfrau erblickte – das Gegenbild der bösen Eva im Alten Testament. Nur Maria, die Mutter Jesu, vermochte zu ihrem Sohn gen Himmel aufzufahren, weil sie frei vom Makel der Sexualität war, und vermochte trotzdem auch, Mutter zu sein – ist doch die Mutterschaft für normale Frauen, die ihrer Sexualität nachgeben, gemäß christlicher Lehre die einzige Möglichkeit der Erlösung (1. Timotheus 2:15), vorausgesetzt, sie bleiben mit Keuschheit (*sophrosynê*) standhaft im Glauben, in der

Liebe und in der Heiligkeit. Keine griechische Göttin hat vor
der Frau jemals ein Ideal aufgestellt, das zu erreichen so unmöglich ist; zumindest im griechischen Mythos konnte eine tatkräf-
tige junge Frau wie Nausikaa oder Medea oder auch Dido den
Göttinnen Artemis oder Diana ähnlich scheinen, und im wirklichen Leben konnte sie ihnen als Priesterin dienen, sei es auch
nur für kurze Zeit.

Epilog

Falls es jemals eine Zeit gegeben haben sollte, in der Frauen die zivilisierte Welt beherrschten oder auch nur den Brennpunkt einer zivilisierten Gesellschaft bildeten, so berichtet der griechische Mythos nichts über sie; wo frauenbeherrschte Gesellschaften die Vorstellung beschäftigen, sind es barbarische Gesellschaften wie die Amazonen oder die Lykier. Der Mythos schildert mit Sympathie das Leben junger Frauen und ihre Furcht vor der Ehe sowie vor der Trennung von der Familie, die die Heirat mit sich bringen wird. Gleichzeitig aber schildert der Mythos Ehe und Mutterschaft, samt allen damit verbundenen Schwierigkeiten, als den Zustand, den die meisten Frauen ersehnen und in dem sie von der Gesellschaft am meisten respektiert werden können und auch selbst am glücklichsten sind. Gelegentlich führt der Mythos Frauen vor, die männliche Herrscher beraten oder ihnen sogar einen Teil ihrer Verantwortung abnehmen; angesichts schwerwiegender moralischer Entscheidungen schreiten Frauen mutig zur Tat, selbst um den Preis ihres eigenen Lebens, und erregen Bewunderung. Gleichzeitig aber warnen andere Mythen vor der Fähigkeit der Weiber, den Mann zu täuschen und sein Vertrauen zu mißbrauchen, zumal als Auswirkung der sexuellen Leidenschaft auf ihre Gesinnung. Was die Mythen offenbar nirgends und zu keiner Zeit beschreiben, ist die Möglichkeit einer wirklichen Unabhängigkeit der Frau, fern ihrer Familie oder der Gesellschaft als ganzer. Es gibt im Mythos keine erfolgreichen Frauengemeinschaften fern den Männern und keine Umstände, unter denen Frauen kontinuierlich über die übrigen Mitglieder der Gesellschaft dominiert hätten.

Warum konnten die Griechen sich keine griechische Gesellschaft vorstellen, in der Männer und Frauen es vorzogen, die genannten Verantwortungen zu teilen, oder in der die Frauen kämpften und regierten, während die Männer die traditionellen Pflichten der Ehegattin zu Hause erfüllten? War es die Folge bewußter Repression (French 1985, S. 72; Keuls 1985, S. 324)?

Befürchteten sie, organisierte Frauengruppen könnten sie vernichten, wie die Töchter des Danaos in der Hochzeitsnacht ihre Männer töteten – «eines der am häufigsten im Drama dargestellten Motive der griechischen Kultur» (Keuls 1985, S. 337f)? Wenn wir uns die erhaltenen Gestaltungen des Mythos im Drama und nicht bloß summarische Zusammenfassungen der einzelnen Geschichten anschauen, stellen wir fest, wie ich in den vorangegangenen Kapiteln versucht habe zu zeigen, daß bei Aischylos keine patriarchalische Repression oder Gesellschaftsschichtung befürwortet oder auch nur beschrieben wird. Die Danaiden sind mit ihrem Vater nach Argos geflohen, um sich vor ihren Vettern in Sicherheit zu bringen, die sie gegen ihren Willen heiraten wollen. Ob die Mädchen speziell gegen diese Freier oder generell gegen alle Männer sind, wird nicht deutlich; auf jeden Fall aber haben sie nicht nur die Unterstützung ihres Vaters, sondern auch seine Führung: «Vater Danaos wars, Ratgeber sowie / Anstifter des Zwists, der, lenkend das Spiel, / Rühmlichste der Nöte uns zuwies.» (*Die Hiketiden* 11–12) Der König von Argos tritt zwar nur widerstrebend in einen Krieg ein, bietet ihnen aber Zuflucht. Zwar äußern die Danaiden eine generelle Furcht vor dem Mann: «Möcht ich doch niemals untertan werden der / Gewalt der Männerhand (*arsenôn*).» (392–393) Aber ihr Vater und der König von Argos verhalten sich ehrenhaft und haben Mitgefühl mit ihrer Not. So scheint dieses Stück nicht generell den Konflikt zwischen Mann und Frau zu behandeln, sondern den speziellen Fall der angefochtenen Ehe und die daraus resultierenden Rechtsprobleme.

So mag es den griechischen Männern denn auch weniger darum gegangen sein, die Frauen zu unterdrücken, als sie im Gegenteil zu beschützen – in einer Welt, in der die Frauen vom physischen und medizinischen Standpunkt aus weit verletzlicher waren, als sie es heute sind. Als Ödipus bemerkt, daß seine Töchter mehr für ihn getan haben als seine Söhne, fühlt er sich an Ägypten erinnert: «Denn in den Häusern sitzen dort die Männer stets, / am Webstuhl sitzend, während die Gefährtinnen / draußen sich mühen um des Lebens Unterhalt.» (Sophokles, *Ödipus auf Kolonos* 340–341) Es scheint hier, als sei es unvernünftig zu erwarten, daß Frauen ihre Väter im Alter pflegen und versorgen, wenn Männer im Haus sind. Aber seine

Bemerkung ist als Kompliment gemeint; er weiß durchaus zu
schätzen, was seine Töchter für ihn getan haben:

> Ja Kinder, sie, die auf sich nehmen müßten dies,
> daheim, wie Jungfraun, hüten sie in Ruh' das Haus.
> Ihr aber müßt statt ihrer euch an meinem Leid
> hier übernehmen: die da [Antigone] ist, seit sie entwuchs
> der frühen Kindheit und erstarkte an Gestalt,
> leidvoll mit mir durchs Land gezogen immerfort
> und führt und pflegt den Greis und irrt gar oft umher
> im wilden Wald mit bloßen Füßen, ungespeist,
> bei manchem Regenguß und oft vom Sonnenbrand
> Mühsal erduldend, schätzt sie Kost und Aufenthalt
> zu Haus gering, wenn nur der Vater Pflege hat.
>
> (342–352)

Ödipus bezweifelt nicht, daß Antigone ihm treu ergeben und in
der Lage ist, sich um ihn zu kümmern; er fragt sich nur, ob es
richtig ist, daß sie diese Art von Leben führen muß, solange ihre
Brüder am Leben sind.

Falls die griechischen Männer die griechischen Frauen durch
ihre Mythologie unterdrücken wollten, warum beschreiben
dann ihre beiden bedeutendsten Epen, die *Ilias* und die *Odyssee*, einen Krieg, der um eine Frau geführt wurde? Wäre es
ihnen nur darum gegangen, ihre Ehre zu verteidigen., hätten sie
Menelaos erlaubt, Helena zu verstoßen oder zu töten, nachdem
die Trojaner bestraft worden waren; statt dessen erzählt Homer, wie Menelaos sie nach Sparta zurückbringt, und zeigt uns,
wie sie dort friedlich und glücklich in ihrer angestammten Rolle
aufgeht. Der Dichter Stesichoros soll mit Blindheit geschlagen
worden sein, weil er über die Entführung Helenas durch Paris
geschrieben hatte, und verfiel infolgedessen auf die Geschichte,
daß ein Phantomgebilde Helena in Troja vertreten habe, während sie selbst in Ägypten war (192–193 *PMG*).

Wie gelang es der Frau, die den Tod so vieler Menschen in
Troja verursacht hatte (Semonides 7.116–117; Aischylos, *Agamemnon* 687–690), sogar die Wertschätzung jener zu erringen,
die durch sie am meisten gelitten hatten? Aphrodite bot sie dem
Paris an, weil sie die schönste Frau der Welt war (Euripides, *Die
Troerinnen* 935), aber nach zwanzig Jahren in Troja (*Ilias*
24.765), in denen selbst eine Zeustochter ein wenig gealtert

wäre, wurde sie von ihren Schwagern Hektor und Priamos
hoch geachtet und von Menelaos zurück nach Sparta gebracht,
und zwar nicht, weil sie die Mutter von Söhnen gewesen wäre
(Homer erwähnt nur eine Tochter, Hermione; *Odyssee*
4.12–14). In der *Ilias* wie in der *Odyssee* ist ihre eindrucksvoll-
ste Eigenschaft eine praktische Intelligenz; sie erkennt die Göttin Aphrodite, die sich ihr verkleidet naht (*Ilias* 3.396–397),
und beklagt sich darüber, wie die Göttin sie behandelt hat,
indem sie sie fortführte und jedem Manne anbot, dem sie
(Aphrodite) eine Gunst erweisen wollte; sie erklärt Paris, sie
wünschte, Menelaos hätte ihn getötet, «überlegen an Stärke, an
Kraft mit der Faust und dem Speere» (3.431); Priamos sagt sie,
sie wollte, sie wäre gestorben, bevor sie mit seinem Sohn nach
Troja kam und «mein Ehgemahl, Freunde und Brüder / und
meine Tochter, die kleine, verließ und die lieben Gespielen»
(3.174–175). Sie spricht den letzten Monolog in der *Ilias*, jammert über Hektors Leichnam, bedauert noch einmal, daß Paris
sie nach Troja entführt hat, und beschreibt Hektors Freundlichkeit gegen sie – eine Milde, die Homer auch in der Szene mit
seiner Familie (*Ilias* 6) aufscheinen läßt und die mit seiner Kom-
petenz als Krieger kontrastiert. Niemand bezweifelt Helenas
Aufrichtigkeit. In der *Odyssee* ist sie nach der Rückkehr nach
Sparta eine vorbildliche Gattin. Ihre Tochter und der Sohn Megapenthes, den Menelaos von einer Sklavin hat, werden am
selben Tag verheiratet (*Odyssee* 4.3); anscheinend hätte ihr der
Rat gefallen, den Andromache bei Euripides der Hermione
gibt, nämlich die Liebesabenteuer des Gatten zu dulden und
seine unehelichen Kinder mit aufzuziehen, um nichts zu tun,
was ihm mißfällt (*Andromache* 221–225; oben, S. 85 f.). Wenn
sie ins Zimmer tritt, vergleicht man sie mit Artemis (*Odyssee*
4.123), doch wie Penelope und andere Musterfrauen (Lefkowitz 1981, S. 26, 28) beginnt sie nur still eine Wollarbeit. Sie
nimmt an den Sorgen ihres Gatten teil (184), reicht aber Menelaos und seinen Gästen auch ein Elixier, *nêpenthê*, um sie froh
zu stimmen (220–221). Von der Zeit in Troja spricht sie mit
demselben Bedauern wie in der *Ilias*:

Hell auf jammerten da die anderen Frauen der Troer [als Odysseus sich
heimlich nach Troja einschlich und viele Trojaner tötete],

Doch mein Herz frohlockte; es hatte bereits sich der Heimkehr
Zugewandt; ich bereute die Torheit *[atê]*, die Aphrodite
Eingab, die mich entführt aus dem lieben Lande der Väter,
Wo ich mein Kind verließ und das Ehegemach und den Gatten,
Dem es an nichts gebrach am Geiste oder an Aussehn.

(259–264)

Diese kluge und würdige Helena weiß in den *Troerinnen* Menelaos zu überreden, sie nicht zu töten; ihr Argument, so wenig
überzeugend es auf uns wirken mag, wiederholt, was sie auch
in der *Ilias* sagt: Kypris gab sie dem Paris; «es kam – mit ihm
kam eine Göttin, groß an Macht – / mein böser Daimon.»
(940–941) Daß Helena trotz dessen Feindschaft überlebt, ist
nicht so sehr der Macht der Aphrodite zu danken, wie Hekabe
behauptet (1051), sondern ein Tribut an ihr Geschick, traditionelle Argumente aufzufahren. Was Frauen in den Augen der
Griechen reizvoll und gefährlich zugleich macht, ist, wie wir
sahen, nicht ihre Schönheit oder ihre Sexualität, sondern ihre
Klugheit.

Anmerkungen

9 Der Tod des Großen Pan. Die von Plutarch erzählte Geschichte folgt dem Muster der Wunderberichte des Neuen Testaments; Wicker 1975, S. 158 f. Ursprünglich war sie möglicherweise ein ätiologischer Mythos zur Erklärung des Klageritus für den «allgroßen» (*pammegas*, vgl. *pan megas*) Thamuz (d. h. Adonis); Brenk 1977, S. 96 n. 11.

1. Prinzessin Ida und die Amazonen

19 Matriarchalische Gesellschaft. Zu Diners Rekonstruktion hat sich zuletzt French, 1985, S. 72, geäußert: «... das grundlegende Wesen des Patriarchats wird in Stratifikation, Institutionalisierung und Zwang gesehen. Daß sich die Schicht der Männer über die der Frauen legt, führt allmählich dazu, daß sich eine Klasse über die andere legt: eine Elite herrscht über das Volk, das als ‹näher an der Natur› wahrgenommen wird, wild, brutal, tierhaft...».

23 Die Athener und die Amazonen. Vgl. auch Hoelscher 1973; Thomas 1976; Francis 1980.

28 Bachofens Einfluß. Vgl. vor allem Cantarella 1983, S. 7–36, und die bei Heinrichs 1975, S. 331–443 gesammelten Materialien.

32 Neuschreiben von Mythologie und Geschichtsbericht. Sicherlich ist diese Unterscheidung kein bloßer Protektionismus, wie Heilbrun in Cross 1985, S. 52 f. behauptet hat: auf einer Cocktailparty in einem Frauencollege in Neuengland, das wie Heilbruns Alma mater Wellesley an einem großen See liegt, spricht ein unbekannter Professor der Altertumswissenschaften abschätzig über die Amazonen, Antigone und die Frauen der Antike generell. Das Tagebuch des Mordopfers enthält folgende Eintragung (S. 98):

«Ich habe besonderen Spaß an der Abneigung gegen diesen verdammten klassischen Tugendbold: als ob das, was die Griechen geschrieben haben, irgendwie in Gefahr wäre, durch moderne Interpretationen hintergangen zu werden. Es ist die dauerhafteste aller Literaturen: was denken sie, wogegen sie sie zu schützen hätten? Sie schützen nur sich selber. Altgriechisch oder die eigenen Erinnerungen – der Schutz bildet einen Schild gegen die Zukunft.»

2. Erwählte Frauen

36 Frauen als Theaterpublikum. Pickard-Cambridge (1968, S. 265) spricht Platon, *Gorgias* 502d–e Beweiskraft für die Anwesenheit von Frauen im Theater des 4. Jahrhunderts zu, aber der Dialog fand im 5.Jahrhundert v.Chr. statt. Pickard-Cambridge stellt fest (S. 263 f.), daß Aristophanes' Scherze über das Publikum zu unterschiedlich sind, um sie als positiven Beleg für den einen oder den anderen Standpunkt verwenden zu können, vgl. Wilson 1982, S. 157–161.

45 Kaineus' Verwandlung. Akusilaos 2*FGrHist*F22: Der Papyrustext *autoisieron*, «es war nicht heilig für sie» (*POxy*) 1611 fr. 1, ist vermutlich verdorben und sollte sich nur auf das Mädchen beziehen (Kakridis 1947, S. 77–80); Vergil bezieht Kaineus, in weibliche Form zurückverwandelt, zusammen mit Phaedra, Procris, Eriphyle und Dido ein in die Opfer von *durus amor*. Kaineus war Gegenstand einer Tragödie des Ion und in Komödien von Araros und Antipanes (vgl. Maas 1973, S. 65). Der Antiquar Aulus Gellius (9.4.15) zitiert, um zu zeigen, daß die Geschichte von Kaineus nicht nur ein Mythos war, Plinius den Älteren, der behauptet, er habe in Afrika Frauen gesehen, die sich am Tage ihrer Hochzeit in einen Mann verwandelt hätten. Plinius erwähnt zwei weitere Fälle und Diodorus Siculus noch einige, aber es ist interessant, daß Euenos in einem Epigramm (*AP* 9.75 = *Garl Phil.* 2310 GP) einen anderen Fall von Entdeckung in der Hochzeitsnacht wählt.

47 Euripides' *Bakchai* als Gesellschaftskommentar. Albert Henrichs erklärt in einem wichtigen Aufsatz (1984, S. 231–234), die Vorstellung, daß der Ritus vorrangig eine soziale Funktion gehabt habe, sei relativ modern: «Dionysos wurde auf so drastische Weise aus seinem ursprünglichen griechischen Wohnsitz herausgerissen und in moderne Regionen verpflanzt, wo Blut soviel reichlicher vorhanden ist als Wein, daß er nicht überleben dürfte. Kann Dionysos gerettet werden?»

3. Frauen ohne Männer

54 Raubszenen. Vasenmalereien konzentrieren sich auf den Moment des Ergreifens, aber interessanterweise bilden erhaltene Vasen den Raub junger *Männer* durch Götter, wie Zeus und Ganymed oder Eos und Kephalos, genauso ab wie den Raub von Frauen durch Götter; Kaempf-Dimitriadou 1979, S. 77–109.

56 Geschenke als Ersatz. Als Zeus Ganymed davonträgt, um ihn zu seinem Geliebten zu machen, erhält sein Vater zum Ausgleich für den Verlust schnelle Pferde aus dem Bestand der Unsterblichen (*Homerischer Aphrodite-Hymnos* 205–217).

67 Euripides' Botschaft. Lloyd-Jones (1983, S. 144–147) warnt da-

vor zu glauben, daß irgendeine bestimmte Figur oder der Chor die
Meinung des Dichters wiedergäbe. Andererseits besteht Vellacott
(1975, S. 6–8) darauf, daß Mutmaßungen über Euripides' Ansichten
angestellt werden müssen, um die «Integrität» des Dichters zu wahren,
und daß für diesen Zweck «der ausgebildete Erforscher der englischen
oder europäischen Literatur, selbst wenn er für seine Kenntnis des
griechischen Dramas auf Übersetzungen angewiesen ist, bei Gelegenheit den Anspruch erheben kann, Ansichten zu formulieren, die die
Aufmerksamkeit eines Fachwissenschaftlers verdienen». Mit anderen
Worten, für Vellacott kann die Dichtung des Euripides nur unter den
Gesichtspunkten heutigen literarischen Nutzens Berechtigung haben.

69 Lebensechtheit in der Kunst. Vgl. Nossis *Anthologia Palatina*
9.604 = 2815 GP, bei der Beschreibung eines Bildes: «Schweifwedeln
würde bei deinem Anblick der Hund auch des Hauses, / Wächter: Er
hielte dich für seine Gebieterin selbst!» (*WLGR*, S. 19); ebenso *AP*
6.353 f.; Erinna *AP* 6.352/1796 GP. Aber auch Männer bewundern die
Lebensechtheit, Theokrit, *1. Idylle* 55 f.

70 Die Bedeutung der Thesmophorien. Zeitlin (1982, S. 144–147)
folgert nach einer Reihe von raffinierten Assoziationen, daß die bei
dem Fest geopferten Schweine für die Vulva stehen (vgl. oben S. 30 f.)
und die Riten für eine formelle und zeitlich begrenzte Rückkehr zu
einem matriarchalischen Zustand. Aber es ist interessant, daß auch in
Aristophanes' *Lysistrate*, wo die Frauen sich zusammenschließen, dies
zur Rettung des Gemeinwesens geschieht: sie wollen zu ihren Männern
und zu ihrem normalen Leben zurückkehren (vgl. unten S. 104). Es
wäre zu wünschen, wir wüßten mehr über Pherekrates' *Tyrannis*, wo
eine bestimmte Art temporärer Frauenherrschaft eine Rolle gespielt
haben kann; fr. 143 K.

74 Pythia. Es scheint von besonderer Bedeutung, daß Apollon eine
Priesterin hat, da die Gottheiten in der Regel Priester ihres Geschlechts
bevorzugen; Latte 1940, S. 15; Burkert 1985, S. 117.

4. Ehefrauen

75 Dichterinnen. Sapphos Beschreibungen von Liebe und Verlust bieten nur wenig Grund für Pomeroys Behauptung (1975, S. 52), daß «die
lyrischen Dichtungen der Schriftstellerinnen des Archaischen Zeitalters
uns das glücklichste Bild von Frauen in der griechischen Literatur geben». Pomeroys Darstellung dieser Schriftstellerinnen wird von French
(1985, S. 143) zur Kommentierung herausgegriffen und blendend
durcheinandergewirbelt in einem Abschnitt, der verdeutlicht, welche
Risiken es mit sich bringt, wenn man ohne Kenntnis der Sprache oder
Geschichte über die antike Welt schreibt:

Die große Sappho hatte Schülerinnen, zumindest eine von ihnen, Erinna, schrieb Dichtungen, die ihre männlichen Zeitgenossen gleichwertig mit denen Homers ansahen. Die Mitglieder einer Gruppe von Dichterinnen, die «neun irdischen Musen» genannt, wurden als die besten Dichter ihrer Zeit angesehen.

Nicht allein, daß Sappho (6. Jahrhundert v. Chr., Lesbos) und Erinna (4. Jahrhundert v. Chr., Telos) zu verschiedenen Zeiten und an verschiedenen Orten lebten; die «neun irdischen Musen» wurden niemals zusammen gesehen, sondern nur zusammen aufgeführt in einem Epigramm des Antipater von Thessalonike, eines Dichters des 1. Jahrhunderts (*AP* 9.26 = 19 *Carl. Phil.*): Praxilla, Moero, Anyte, Sappho (die Antipater den «weiblichen Homer» nennt), Telesilla, Corinna, Nossis und Myrtis (*WLGR*, S. 1–20). Ich kann keinen einzigen antiken Kritiker entdecken, der Erinna mit Homer vergleicht.

77 Penelope. Ehefrauen werden auf Grabinschriften häufig mit Penelope verglichen.

84 Vorkehrungen für die Ehefrauen im Testament. Vgl. auch Pasions Testament bei Demosthenes 45.28 = *WLGR*, S. 66; Aristoteles' Testament bei Diogenes Laertius 5.11–61 = *WLGR*, S. 67; das Konzept der *patria potestas* im Römischen Recht (Treggiari 1982, S. 34–44).

93 Häusliche Tugenden. Vgl. *Laudatio Turiae* 1.30: «Warum soll ich an deine häuslichen Tugenden erinnern, deine Züchtigkeit, deine Nachgiebigkeit, deine Freundlichkeit, deine Umgänglichkeit, deine Handarbeit, deine Hingabe an den Glauben ohne Aberglauben, deine unauffällige Kleidung, deine bescheidene Lebensführung?» (Lefkowitz 1981, S. 28f.). Die einzigartige *domiseda* erscheint in CIL VI.11602 (Comfort 1960, S. 275).

5. Frauen mit Einfluß

98 Antigones Politik. Heilbrun (1973, S. 10) zitiert eine nicht ausgewiesene Versübertragung: «Aber sich dem Staat widersetzen – Ich habe keine Kraft dafür.» Im Griechischen heißt es lediglich «O du Verwegne! Wo es Kreon untersagt» (Sophokles, *Antigone* 47).

99 Die Aufgabe der Frauen beim Bestatten der Toten. Laut Plutarch (Moralia 259 d) verfügte Mithridates (1. Jahrhundert v. Chr.), daß der Leichnam seines Feindes Poredorix unbestattet zu bleiben habe, aber als die Wachen eine Frau festnahmen, die den Leichnam bestattete, erlaubte Mithridates ihr, den Vorgang abzuschließen, und gab ihr Kleider für den Leichnam, «wahrscheinlich weil er bemerkte, daß der Grund, der dahinter steckte, Liebe war».

100 Blutsverwandte. Alkmene weigert sich, mit ihrem Gatten Amphitryon zu schlafen, bis er den Tod ihrer Brüder gerächt hat (*Der Schild*

des Herakles 15–17). Intaphernes' Frau zieht das Leben ihres Bruders dem ihres Mannes vor (Herodot 3.119.6), und Althaea führt den Tod ihres Sohnes Meleager herbei, weil er ihre Brüder tötete (Bacchylides 5.136–144). Die mangelnde Logik von Antigones Argument und seine Ähnlichkeit zu der Herodot-Stelle haben Wissenschaftler an seiner Authentizität zweifeln lassen (eines der jüngsten Beispiele dieser Position ist Winnington-Ingram 1980, S. 145 n. 80); aber vgl. Lefkowitz 1981, S. 5 n.; Humphreys 1983, S. 67.

102 Erlaubte Handlung. Humphreys Behauptung (1985, S. 62), daß «die Heroinen des 5. Jahrhunderts v. Chr. sich unterscheiden [von den Heroinen des Epos wie Andromache]: sie vertreten ihr eigenes Recht, handeln in Opposition zu den Männern oder stellvertretend für sie», ignoriert den entscheidenden Unterschied zwischen «richtiger» und «falscher» Handlung. Althaea wird zum Beispiel vom (weiblichen) Chor in Aischylos' *Weihgußträgerinnen* (603 ff.) in einem Katalog böser Frauen aufgeführt.

104 Die kluge Melanippe. Laut den Aristophanes-Scholien lieferte dieses verschollene Stück späteren Schriftstellern viele Zitate sowohl für wie gegen die Frauen (zum Beispiel frs. 497–499, 502, 503 N).

105 Frauen in Sparta. Indem Redfield die Lebensbedingungen spartanischer Frauen mit Hilfe der künstlichen Gegensätze *oikos* und *polis* analysiert, kann er die These aufstellen, daß «wir die Politik Spartas als eine ziemlich extreme Realisierung allgemeiner Ideen der Griechen ansehen können»; aber Aristoteles hielt sie für anomal und letztlich selbstzerstörerisch. Zur Stellung der Frauen in der *polis* vgl. Gould 1980, S. 46.

106 Cornelia. Vgl. Plutarch, *Gracch.* 2.19; Cicero, *Brut.* 58.211; Seneca, *de Cons.* 16; Tacitus, *Dial.* 28; Valerius Maximus 4.4 praef. = *WLGR*, S. 145–149.

106 Telesilla. Pausanias sah bei seinen Reisen im 2. Jahrhundert n. Chr. in Argos eine Statue von ihr (ii.20.8–10). Vgl. die Dichter Solon aus Athen und Tyrtaeus aus Sparta; von beiden wird angenommen, sie seien vielleicht deswegen Generäle gewesen, weil sie in ihren Dichtungen eine anspornende Haltung einnahmen (Lefkowitz 1981b, S. 38, 42). Zum Teil scheint die Geschichte von Telesilla eine Ätiologie für das jährliche argivische Fest der Frechheit *(hybristika)* zu sein, einem von mehreren griechischen Riten mit Transvestismus und Rollentausch (Burkert 1977). Vgl. wie eine Argiverin gefeiert wurde für das Töten von König Pyrrhus, als er 271 v. Chr. die Stadt angriff (Stadter 1965, S. 52).

107 Spenden von Frauen. Vgl. auch Pleket 15 = *WLGR*, S. 151 und *CIL* viii.23888; auch Van Bremen 1981, S. 223–241.

109 Berenike. Kallimachos kann darauf angespielt haben, daß sie

Mördern half, ihren ersten Ehemann Demetrios (den Geliebten ihrer Mutter, die sich durch ihn an der Macht hielt) zu beseitigen, so daß sie Ptolemaios heiraten konnte (Justinus 26.3).

109 Gemahl und Mitherrscher. Kleopatras Tochter Kleopatra Selene gab Münzen auf ihren eigenen Namen aus, aber mit ihrem Ehemann Juba auf der Rückseite; Macurdy 1932, S. 225.

110 Lentulus' Frau. Vermutlich handelt es sich um Sulpicia, die Frau des Cornelius Lentulus Cruscello; Valerius Maximus 6.6.3; *RE* IV (1901) sp. 1384.

114 Die Fürsprecherin. Antoninas Mann Belisarius wurde angeblich durch die Intervention Theodoras gerettet; Prokopios, *Arcana Historia* 4. Vielleicht war einer der Gründe für die Unbeliebtheit Theodoras bei ihren Zeitgenossen, daß sie oft wirklich wie auch bildlich als Mitherrscherin zu fungieren schien. Eide wurden zum Beispiel auf Justinian und Theodora gemeinsam abgelegt (Gibbon 1854, iv. 40); vgl. auch ihre Rede im Hippodrom (Browning 1971, S. 112).

6. Märtyrerinnen

118 Achilles' Wahl. Die Stelle aus der *Ilias* (18.98–99) zitiert auch Platon, als er den Entschluß des Sokrates verteidigt, sein Verhalten selbst auf die Gefahr der Hinrichtung hin nicht zu ändern (*Apologie* 28 c–d).

121 Darbringung des Opfers. Vgl. Aristodemos (oben S. 117), der seine Tochter mit Stichen in die Brust und in den Bauch ermordet (um zu beweisen, daß sie nicht schwanger ist; Pausanias 4.13.2).

127 Kinderopfer in Karthago. Während der Belagerung Karthagos 310 v. Chr. wurden zweihundert Kinder aus den besten Familien geopfert; dreihundert weitere Kinder, die «unter Verleumdung *(en diabolais)*» standen, meldeten sich freiwillig (Diodorus Siculus 20.14; Burkert 1981, S. 105 Anm., S. 121 Anm.).

128 Hrotsvit. Der lateinische Text findet sich in der Ausgabe von K. Strecker (Leipzig 1906); für die englische Ausgabe des vorliegenden Buches wurde die Übersetzung L. Bonfantes (New York 1979) benutzt.

129 Sexuelle Verunreinigung. In den *Metamorphosen* des Apuleius fürchtet sich Lucius der Esel vor dem Beischlaf mit einer Mörderin, aus Angst, sich bei ihr anzustecken (*scelerosae mulieris contagio macularier*, 10.29, 34).

7. Frauenfeindlichkeit

138 Hunde. Vgl. Semonides 7.12–20 mit der Bemerkung Lloyd-Jones' (1975) zu 1.12.

140 Frauen als ökonomische Belastung. Hesiod warnt in den *Werken und Tagen* (373–374) vor der Frau, die mit den Hüften wackelt, um einen Blick in die Kornkammer des Mannes werfen zu dürfen – was übrigens auch darauf schließen läßt, daß die Männer ihren Frauen nicht immer genug zu essen gaben; West 1978, S. 251. Vgl. Arthur 1973, S. 47, der sich vorstellt, daß die Klagen der Dichter «Teil der bürgerlichen Polemik gegen den Luxus des Adels» seien. Siehe auch de Ste. Croix (1981, S. 60–62) über die Bedeutung der Marx'schen Terminologie und die Schwierigkeiten bei deren Anwendung auf die antike Welt.

143 Impotenz. Vgl. den Fluch, den der Vater des Phoenix gegen diesen schleudert: weil er mit der Geliebten des Vaters geschlafen hat, soll Phoenix niemals einen eigenen Sohn haben (*Ilias* 9.554–556); zu der Spekulation, daß sich in diesem Mythos die Angst spiegele, der Beischlaf mit einer Göttin führe zur Impotenz, siehe Devereux 1982, S. 33.

146 Betonung der Sexualität. Vgl. Goldhill (1984b, S. 33, 1956, 283), der in der Trilogie eine komplexe Meditation über die Symbolik der Urszene zu erblicken scheint.

158 Sexuelle Deprivation. Vgl. die Stelle in den apokryphen *Akten des Petrus*, wo Petrus hingerichtet wird, nachdem sowohl die Konkubinen des Agrippa als auch seine Ehefrau Xanthippe den Geschlechtsverkehr mit Agrippa verweigern, weil sie das christliche Gelübde der sexuellen Reinheit abgelegt haben (33–36; Hennecke-Schneemelcher 1964, S. 316–318).

160 Platons Schülerinnen. Diogenes Laertius erwähnt «Lastheneia aus Mantineia und Axiothea aus Phlius, die Männerkleidung anlegte, wie Dikaiarch berichtet» (3.46). Nach POxy 3656 studierte eine von ihnen, wahrscheinlich Lastheneia, zuerst bei Platon, dann bei Speusippos (Diogenes Laertius 4.2) und endlich bei Menedemus; nach Aristophanes dem Peripatetiker war sie «hübsch und von natürlichem Liebreiz».

Bibliographie

Adam, J. (²1963), *The Republic of Plato*, Cambridge.

Adler, A. (1967), *Suidae Lexicon*, Leipzig.

Alexiou, M. (1974), *The Ritual Lament in Greek Tradition*. Oxford.

Annas, J. (1981), *An Introduction to Plato's Republic*. Oxford.

AP Anthologia Palatina

Arthur, M. (1973), «Early Greece: origins of the Western attitude toward women», *Arethusa* 6 (1973): 7–58.

Auerbach, N. (1978), *Communities of Women: an idea in fiction*. Cambridge, Mass.

Austin, C. (1968), *Nova Fragmenta Euripidea in Papyris Reperta*. Berlin.

Bachofen J. J. (1941, engl. 1967), *Mutterrecht und Urreligion. e. Auswahl*, Stuttgart/Köln.

Balsdon, J.P.V.D. (1962), *Roman Women: their history and habits*. London. (dt.: *Die Frau in der römischen Antike*. München 1979.)

Bamberger, J. (1973), «The myth of matriarchy», in *Women, Culture, and Society*, hrsg. v. M. Z. Rosaldo und L. Lamphere. Stanford: 263–80.

Barnes, T. D. (1968), «Pre-Decian Acta Martyrum», *Journ. Theol. Stud.* n.s.19 (1968): 509–31 = *Early Christianity and the Roman Empire* (London 1984) ch.1.

Benko, S.(1985), *Pagan Rome and the Early Christians*. London.

Bernardini, P. S. (1983), *Mito e attualità nelle odi di Pindaro*. Rom.

Bloch, H. (1945), «The last Pagan revival in the West», *Harvard Theol. Rev. 38 (1945)*: 199–244.

Bloch, H. (1963), «The Pagan revival in the West at the end of the fourth century», in Momigliano 1963: 193–218.

Boardman, J. (1982) «Heracles, Theseus, and Amazons», in *The Eye of Greece*, hrsg. v. D. C. Kurtz und B. Sparkes (Festschrift M. Robertson). Cambridge: 1–28.

Bremmer, J. N. (1985), «La donna anziana», *Le Donne in Grecia*, hrsg. v. G. Arrigoni. Bari: 275–98.

Brenk, F. E. (1977), *In Mist Apparelled: religious themes in Plutarch's Moralia and Lives*. Leiden.

Brown, P. (1972), *Religion and Society in the Age of Augustine*. London.

Browning, R. (1971), *Justinian and Theodora*. New York. (dt.: *Justinian und Theodora. Glanz und Größe des byzantinischen Kaiserpaars* (übers. v. Dieter Eibach). Bergisch Gladbach 1981; oder: *Justinian und Theodora. Herrscher in Byzanz*. Bergisch Gladbach 1988.)

Burkert, W. (1966), «Kekropidensage und Arrhephoria», *Hermes* 94 (1966): 1–25.

Burkert, W. (1979), *Structure and History in Greek Mythology and Ritual* (Sather Classical Lectures 47). Berkeley.

Burkert, W. (1981), «Glaube und Verhalten», *Entretiens Hardt* 27 (1981): 91–125.

Burkert, W. (1972, engl. 1983), *Homo Necans. Interpretationen altgriechischer Opferriten und Mythen*. Berlin/New York.

Burkert W. (1977, engl. 1985), *Griechische Religion der archaischen und klassischen Epoche*, Stuttgart/Berlin/Köln/Mainz.

Calame, C. (1977), *Les Chœurs de jeunes filles en grèce archaïque*. Rom.

Cameron, A./Kuhrt, A. (1983), *Images of Women in Antiquity*. London.

Campbell, J. K. (1964), *Honour, Family, and Patronage*. Oxford.

Campbell, J. (1967), ‹Introduction› zu Bachofen 1967: xi-lvii.

Cantarella, E. (1981), *L'Ambiguo Malanno*. Rom.

Cantarella, E. (1983), «Johann Jacob Bachofen», in J. J. Bachofen, *Introduzione al Diritto Materno*. Rom.

Cartledge, P. (1981), «Spartan wives: liberation or licence», *Classical Quarterly* 31 (1981): 84–105.

CE Buecheler, F./Lommatzsch, E. (1897–1926), *Carmina Latina Epigraphica*. Leipzig.

Chesler, P. (1973), *Women and Madness*. New York. (dt.: *Frauen – das verrückte Geschlecht* (übers. v. Brigitte Steiner): Hamburg ¹1974.)

Ciccotti, E. (1985), *Donne e Politica negli ultimi anni della Repubblica Romana* (hrsg. v. E. Cantarella, (*Antiqua* 33). Neapel.

CIL *Corpus Inscriptionum Latinarum*.

CMG *Corpus Medicorum Graecorum*.

Cole, S. G. (1981), «Could Greek women read and write?» in Foley 1981: 219–46.

Comfort, H. (1960), *Am. Journ. Archaeol.* 64 (1960): 275.

Cross, A. (1985), *Sweet Death, Kind Death*. New York.

DK Diels, H./Kranz, W. (Hrsg.) (1954), *Die Fragmente der Vorsokratiker*. Berlin.

Dagron, G. (1978), *Vie et miracles de Sainte Thècle*. Subsidia Hagiographica 62. Brüssel.

Daube, D. (1972), *Civil Disobedience in Antiquity*. Edinburgh.

David, T. (1976), «La Position de la femme en Asie Centrale», *Dialogues d'Histoire Ancienne* 2 (1976): 129–62.

Davies, S. (1980), *The Revolt of the Widows*. Carbondale.

de Ste. Croix, G.E.M. (1981), *The Class Struggle in the Ancient Greek World*. London.

Delcourt, M. (1959), *Oreste et Alcmeon*. Paris.

Detienne, M. (1977), *The Gardens of Adonis*. London.

Devambez, P. (1981), «Amazones», *Lexicon Iconographique Mythol. Grecque* (1981): 636–43.

Devereux, G. (1976), *Dreams in Greek Tragedy*. Berkeley.

Devereux, G. (1982), *Femme et Mythe*. Paris. (dt.:*Frau und Mythos*, München 1986.)

Diehl, E. (1967), *Inscriptiones Latinae Christianae Veteres*, suppl. J. Moreau and H.-I. Marrou. Dublin.

Diner, H. (1965), *Mothers and Amazons: the first feminine history of culture*, hrsg. u. übers. v. J. P. Lundin. New York.

Dodds, E. R. (1965), *Pagan and Christian in an Age of Anxiety*. Cambridge. (dt.: *Heiden und Christen in einem Zeitalter der Angst. Aspekte religiöser Erfahrungen von Mark Aurel bis Konstantin.* Franfurt am Main 1985.)

Drescher, J. (1947), *Three Coptic Legends. Annales du Service des antiquités d'Egypte*, Heft 4. Kairo.

Dreyfus, H. L./Rabinow, P. (²1983), ‹On the genealogy of ethics›, in *Michel Foucault*. Chicago.

duBois, P. (1979),‹On horse/men, Amazons, and endogamy›, *Arethusa* 12 (1979): 35–49.

duBois, P. (1982), *Centaurs and Amazons: women and the pre-history of the Great Chain of Being*. Ann Arbor.

FGE Page, D. L. (1981), *Further Greek Epigrams*. Cambridge.

FGr-Hist. Jacoby, F. (1923), *Die Fragmente der griechischen Historiker*. Berlin.

Fiorenza, E. S. (1983), *In Memory of Her*. New York. (dt.: *Zu ihrem Gedächtnis …: eine feministisch-theologische Rekonstruktion der christlichen Ursprünge.* München 1988.)

Foley, H. (1975), «Sex and state in Ancient Greece», *Diacritics* 5.4 (1975): 31–6.

Foley, H. (1981), *Reflections of Women in Antiquity*. New York.

Fontenrose, J. (1978), *The Delphic Oracle*. Berkeley.

Fraenkel, E. (1962), *Aeschylus Agamemnon*. Oxford.

Francis, E. D. (1980), «Greeks and Persians: the art of hazard and triumph», in *Ancient Persia: the art of an empire*, hrsg. v. D. Schmidt-Bessert. Malibu.

Frankfort, R. (1977), *Collegiate Women: domesticity and career in turn-of-the-century America*. New York.

Frazer, J. G. (1921), *Appollodorus*. Loeb Classical Library. London.

French, M. (1985), *Beyond Power*. New York. (dt.: *Jenseits der Macht. Frauen, Männer und Moral*. Reinbek bei Hamburg 1985.)

Friedlaender, P./Hoffleit, F. (1948), *Epigrammata*. Berkeley.

GP Gow, A.S.F./Page, D. L. (1965), *The Greek Anthology: Hellenistic Epigrams*. Cambridge.

Gallo, L. (1984), «La donna greca e la marginalità», *Quad. Urbinati Cult. Class.* 18 (1984): 7–51.

Garland, R. (1985), *The Greek Way of Death*. London/Ithaca.

Garl.Phil. Gow, A.S.F./Page D. L. (1968), *The Garland of Philip*. Cambridge.

Gibbon, E. (1776–86), *The History of the Decline and Fall of the Roman Empire*. London. (dt.: *Geschichte des Verfalls und Untergangs des römischen Weltreichs*, Leipzig 1805–6/1837.)

Girard, R. (1977), *Violence and the Sacred*, Baltimore. (dt.: *Das Heilige und die Gewalt*, Zürich 1972/87.)

Glasscock, J. (1975), *Wellesley College 1875–1975. A Century of Women*. Wellesley.

Goldhill, S. (1984), «Exegesis: Oedipus (R)ex», *Arethusa* 17 (1984): 177–200.

Goldhill, S. (1984 b), *Language, Sexuality, Narrative: the Oresteia*. Cambridge.

Gordon, A. E. (1977), «Who's who in the Laudatio Turiae», *Epigraphica* 39 (1977): 7–12.

Gould, J. (1980), «Law, custom, and myth», *Journal of Hellenic Studies* 100 (1980): 39–42.

Graham, A. J. (1984), «Religion, women and Greek colonization», *Centro Ricerche e Documentazione sull' Antichità Classica*, Atti XI (U.S. 1, 1980–81). Rom 1984: 293–314.

Gressmair, E. (1966), *Das Motiv der Mars Immatura*. Innsbruck.

Hansen, P. A. (1983), *Carmina Epigraphica Graeca*. Berlin.

Harvey, A. E. (1973), *A Companion to the New Testament*. Oxford/Cambridge.

Heilbrun, C. (1973), *Towards a Recognition of Androgyny*. New York.

Heilbrun, C. (1979), *Reinventing Womanhood*. New York.

Heiler, F. (1977), *Die Frau in den Religionen der Menschheit*. Berlin.

Heinrichs, H. J. (1975), *Materialien zu Bachofens ‹Das Mutterrecht›*. Frankfurt am Main.

Hennecke, E. (1964), *New Testament Apocrypha*, hrsg. v. W. Schnee-melcher. Philadelphia.

Henrichs, A. (1981), «Human sacrifice in religion: three case studies», *Entretiens Hardt* 27 (1981): 198–208.

Henrichs, A. (1984), «Loss of self, suffering, violence». *Harvard Stud. in Class Philol.* 88 (1984): 205–40.

Henriques, F. (1964), *Love in Action: the sociology of sex*. London. (dt.: *Sittengeschichte der Liebe. In alter und neuer Zeit*. Stuttgart 1961.)

Hoelscher, T. (1973), *Griechische Historienbilder des 5. und 4. Jahrhunderts*. Beiträge zur Archäologie 6. Würzburg.

Horsfall, N. (1982), «Allia Potestas and Murdia: two Roman women«, *Anc. Soc.* (Macquarie Univ.) 12.2 (1982): 27–33.

Horsfall, N. (1983), «Some problems in the ‹Laudatio Turiae›», *Bull. Inst. Class. Studies* 30 (1983): 85–98.

How, W. W./Wells, J. A. (1912), *Commentary on Herodotus*. Oxford.

Humphreys, S. (1983), *The Family, Women and Death: Comparative Studies*. London.

IG Inscriptiones Graecae. 1873.

ILS Dessau, H. (Hrsg.) (1979–80), *Inscriptiones Latinae Selectae*. Chicago.

Jacob, H. E. (1959, engl. 1963), *Felix Mendelssohn und seine Zeit. Bildnis und Schicksal eines Meisters*, Frankfurt am Main.

Jacoby, F. (1949), *Atthis*. Oxford.

Jebb, R. C. (³1900), *Sophocles, Antigone*. Cambridge.

K Kock, T. (1880), *Comicorum Atticorum Fragmenta*, Leipzig.

Kaempf-Dimitriadou, S. (1979), *Die Liebe der Götter in der attischen Kunst des 5. Jhdt.* Basel.

Kaibel, G. (1878), *Epigrammata Graeca*. Berlin.

Kakridis, J. T. (1947), «Caeneus», *Classical Review* 61 (1947): 77–80.

Kannicht, R. (1969), *Euripides' Helena*. Heidelberg.

Keuls, E. C. (1985), *The Reign of the Phallus*. New York.

King, H. (1983), «Bound to bleed: Artemis and Greek women» in Cameron/Kuhrt 1983: 109–27.

Kleinbaum, A. W. (1983), *The War Against the Amazons*. New York.

Knox, B.M.W. (1978), *Word and Action*. Baltimore.

Kurtz, D. C./Boardman, J. (1971) *Greek Burial Customs*. London. (dt.: *Thanatos: Tod und Jenseits bei den Griechen*. Mainz 1985.)

Kurtz, D. C. (1975), *Athenian White Lekythoi*. Oxford.

L Littré, M.P.E. (1839–61), *Œuvres Complètes d'Hippocrate*. Paris.

Lacey, W. K. (1968), *The Family in Classical Greece*. London. (dt.: *Die Familie im antiken Griechenland*. Mainz 1983.)

Lanata, G. (1973), *Gli atti dei martiri come documenti processuali*. Mailand.

Latte, K. (1940), «The coming of the Pythia», *Harvard Theol. Rev.* 33: 9–18.

Lattimore, R. (1962), *Themes in Greek and Latin Epitaphs*. Urbana.

Leach, E. (1969), «Virgin birth», *Genesis and Other Essays*. London.

Lebek, W. D. (1985), «Das Grabepigramm auf Domitilla», *Zeitschrift für Papyrologie und Epigraphik* 59 (1985): 7–8.

Lefkowitz, M. R. (1981), *Heroines and Hysterics*. London/New York.

Lefkowitz, M. R. (1981 b) *The Lives of the Greek Poets*. London/Baltimore.

Lefkowitz, M. R./Fant, M. B.(1982), *Women's Life in Greece and Rome*. London/Baltimore.

Lévi-Strauß, C. (1955), «The structural study of myth», in *Myth: a symposium*, hrsg. v. T. Sebeok. Bloomington 1955: 81–106.

Lewin, J. (1966), *Aeschylus: the House of Atreus*. Minneapolis.

Lipsius, R. A. (1891), *Acta Apostolorum Apocrypha*. Berlin.

Lloyd-Jones, H. (1964), «A fragment of New Comedy: P. Antinoopolis 15». *Journal of Hellenic Studies* 84 (1964): 21–34.

Lloyd-Jones, H. (1971), *The Justice of Zeus*. Berkeley.

Lloyd-Jones, H. (1975), *Females of the Species*. London.

Lloyd-Jones, H. (1978), «Ten notes on Aeschylus, Agamemnon», *Dionysiaca* (Festschrift D. L. Page). Cambridge: 45–61.

Lloyd-Jones, H. (1982), *The Oresteia*. London.

Lloyd-Jones, H. (1983), «Artemis and Iphigenia», *Journal of Hellenic Studies* 103 (1983): 87–102.

Loraux, N. (1978), «Sur la race des femmes et quelques-uns des ses tribus», *Arethusa* (1978): 43–85.

LP Lobel, E./Page, D. (1955), *Poetarum Lesbiorum Fragmenta*. Oxford.

LSCG Sokolowski, F. (1969), *Lois sacrées des cités grecques*. Paris.

MW Merkelbach, R./West, M. L. (1967), *Fragmenta Hesiodea*. Oxford.

Maas, P. (1973), *Kleine Schriften*. München.

MacDonald, D. R. (1983), *The Legend and the Apostle: the battle for Paul in story and canon*. Philadelphia.

Macurdy, G. H. (1932), *Hellenistic Queens*. Baltimore.

Mazzolani, L. S. (1982), *Una Moglie*. Palermo.

Meeks, W. A. (1983), *The First Urban Christians*. New Haven.

Merck, M. (1978), «The city's achievements, the patriotic Amazonomachy and Ancient Athens», in *Tearing the Veil*, hrsg. v. S. Lipschitz. London.

Millar, F. (1977), *The Emperor in the Roman World, 31 B.C.–A.D. 337*. London.

Millett, K. (1970), *Sexual Politics*. New York. (dt.: *Sexus und Herrschaft: Die Tyrannei des Mannes in unserer Gesellschaft*. München 1971; zuletzt Reinbek bei Hamburg 1985.)

Momigliano, A. (1963), *The Conflict between Paganism and Christianity in the Fourth Century*. Oxford.

Musurillo, H. (1972), *The Acts of the Christian Martyrs*. Oxford.

N Nauck, A., *Tragicorum Graecorum Fragmenta*. Leipzig.

O'Brien, J. V. (1977), *Bilingual Selections from Sophocles' Antigone*. Carbondale 1889.

Page, D. L. (1938), *Euripides Medea*. Oxford.

Parker, R. (1983), *Miasma: pollution and purification in early Greek religion*. Oxford.

Parvey, C. F. (1974), «The theology and leadership of women in the New Testament», *Religion and Sexism*, hrsg. v. R. Ruether. New York: 117–49.

Patlagean, E. (1976), «L'Histoire de la femme déguisée en moine et l'évolution de la sainteté feminine à Byzance», *Studi Medievali* 17 (1976): 597–623.

Peek, W. (1955), *Griechische Vers-Inschriften*. Berlin.

Peek, W. (1965),«Die Penelope der Ionerinnen», *Ath. Mitteil.* 80 (1965): 163–4.

Pembroke, S. (1965), «The last of the matriarchs: a study in the inscriptions of Lycia», *Journ. of the Economic and Social History of the Orient* 8 (1965): 217–47.

Pembroke, S. (1967), «Women in charge», *Journ. Warburg and Courtauld Inst.* 30 (1967): 1–35.

Pembroke, S. (1970), «Locres et Tarente», *Ann. Econ., Soc. Civ.* 25 (1970): 240–70.

Pf. Pfeiffer, R. (1949–53), *Callimachus*. Oxford.

Pickard-Cambridge, A. (²1968), *The Dramatic Festivals of Athens*, hrsg. v. J. Gould & D. M. Lewis. Oxford.

Pleket, H. W. (1969), *Texts on the Social History of the Greek World, Epigraphica*, Bd. II. Leiden.

PMG Page, D. L. (1962), *Poetae Melici Graeci*. Oxford.

Poliakoff, M. (1982), *Studies in the Terminology of the Greek Combat Sports*. Beiträge zur Klass. Philol. 146. Königstein.

Pomeroy, S. B. (1975), *Goddesses, Whores, Wives, and Slaves.* New York. (dt.: *Frauenleben im klassischen Altertum.* Stuttgart 1985.)

Pomeroy, S. B. (1981), «Women in Roman Egypt», in Foley, 1981.

Pomeroy, S. B. (1985), *Women in Hellenistic Egypt from Alexander to Cleopatra.* New York.

Rader, R. (1981), «The martyrdom of Perpetua», in *A Lost Tradition: women writers of the Early Church,* hrsg. v. P. Wilson-Kastner. Lanham, Md. 1–32.

Redfield, J. (1978), «The women of Sparta», *Classical Journal* 73 (1978): 146–61.

Richardson, N. (1974), *The Homeric Hymn to Demeter.* Oxford.

Rist, J. M. (1965), «Hypatia», *Phoenix* 19 (1965): 214–25.

Rose, V. (1886), *Aristotelis Fragmenta.* Leipzig.

Sandbach, F. H. (1972), *Menandri Reliquiae Selectae.* Oxford.

Schanzer, D. (1985), «Merely a Cynic gesture?» *Rivista di Filologia* 113 (1985): 61–6.

Schaps, D. (1977), «The woman least mentioned», *Classical Quarterly* 27: 323–30.

SEG. Supplementum Epigraphicum Graecum. 1923–.

Segal, C. (1982), *Dionysiac Poetics and Euripides' Bacchae.* Princeton.

SIG Dittenberger, W. (³1915–24), *Sylloge Inscriptionum Graecarum.* Leipzig.

Simon, B. (1978), *Mind and Madness in Ancient Greece: the Classical roots of modern psychiatry.* Ithaca.

Slater, P. (1968), *The Glory of Hera.* Boston.

Smith, W. (1960), «The ironic structure in Alcestis», *Phoenix* 14 (1960): 127–45.

Sorum, C. E. (1982), «The family in Sophocles' ‹Antigone› and ‹Electra›», *Classical World* 75.4 (1982): 201–11.

Stadter, P. (1965), *Plutarch's Historical Methods: an analysis of de Mulierum Virtute.* Cambridge, Mass.

Stager, L./Wolff, S. R. (1984), «Child sacrifice at Charthage – religious rite or population control?» *Biblical Archaelogy Review* 10.1 (1984): 30–51.

Stewart, Z. (1984), «Greek crowns and Christian martyrs», *Antiquité Paienne et Chrétienne* (Mem. A.–J. Festugière). *Cahiers d' Orientalisme* 10 (1984): 119–24.

Sulimirski, T. (1970), *The Sauromatians.* Ancient Peoples and Places, Nr. 73. New York.

Supp. Hell. Lloyd-Jones, H./Parsons, P. (Hrsg.) (1983), *Supplementum Hellenisticum.* Berlin.

Thesleff, H. (1965), *The Pythagorean Texts of the Hellenistic Period*. Abo.

Thomas, E. (1976), *Mythos und Geschichte*. Köln.

Treggiari, S. (1982), «Consent to Roman marriage: some aspects of law and reality», *Classical Views* 26 (1982): 34–44.

Tyrrell, W. B. (1984), *Amazons: a study in Athenian mythmaking*. Baltimore.

Van Bremen, R. (1981), «Women and wealth», in Cameron/Kuhrt 1981: 223–41.

Vellacott, P. (1975), *Ironic Drama*. Cambridge.

Vidal-Naquet, P. (1981), «Slavery and the rule of women», in *Myth, Religion, and Society*, hrsg. v. R. L. Gordon. Cambridge.

von Bothmer, D. (1975), *Amazons in Greek Art*. Oxford.

W West, M. L. (1971), *Iambi et Elegi Graeci*. Oxford.

Walcot, P. (1984), «Greek attitudes towards women: the mythological evidence», *Greece & Rome* 31 (1984): 37–47.

Warner, M. (1976), *Alone of all Her Sex: the myth and cult of the Virgin Mary*. London. (dt.: *Geburt, Triumph, Niedergang – Rückkehr eines Mythos*. München ²1982.)

Wells, A. M. (1978), *Miss Marks and Miss Woolley*. Boston.

West, M. L. (1978), *Hesiod Works and Days*. Oxford.

West, M. L. (1985), *The Hesiodic Catalogue of Women*. Oxford.

Wicker, K. O'B. (1975), «De Defectu Oraculorum», in *Plutarch's Theological Writings and Early Christian Literature*, hrsg. v. H. D. Betz. Leiden: 131–80.

Wiedemann, T. (1983), «Thucydides, women, and the limits of rational analysis», *Greece & Rome* 30 (1983): 163–70.

Wiersma, S. (1984), «Women in Sophocles», *Mnemosyne* 37 (1978): 25–55.

Wiesen, D. (1976), «The contribution of antiquity to American racial thought», in *Classical Traditions in Early America*, hrsg. v. J. W. Eadie. Ann Arbor: 191–212.

Wilson, N. (1982), «Two observations on Aristophanes' Lysistrata», *Greek, Roman and Byzantine Studies* 23 (1982): 157–63.

Winnington-Ingram, R. P. (1980), *Sophocles: an interpretation*. Cambridge.

Winnington-Ingram, R. P. (1982), «Sophocles and women», *Entretiens Hardt* 29 (1982): 233–57.

Winnington-Ingram, R. P. (1983), *Studies in Aeschylus*. Cambridge.

Wiseman, T. P. (1979), *Clio's Cosmetics*. Leicester.

Wistrand, E. (1976), *The So-called Laudatio Turiae*. Stud. Lat. et. Graec. Gothoburgiensia 34. Göteborg.

WLGR. Lefkowitz/Fant, 1982.

Wycherley, R. E. (1978), *The Stones of Athens*. Princeton.

Zeitlin, F. (1978), «The dynamics of misogyny in the ‹Oresteia›», *Arethusa* 11 (1978): 149–81.

Zeitlin, F. I. (1982), «Cultic models of the female: rites of Dionysus and Demeter», *Arethusa* 15 (1982): 129–55.

Zintzen, C. (1967), *Damascii Vitae Isidori Reliquiae*. Hildesheim.

Zuntz, G. (1955), *The Political Plays of Euripides*. Manchester.

Antike Autoren

Den Übersetzungen der antiken Quellen liegen folgende deutsche Ausgaben zugrunde:

Aischylos Aischylos, Tragödien und Fragmente, hg. und übersetzt v. Oskar Werner, München ³1980.

Apollodor Die griechische Sagenwelt: Apollodors Mythologische Bibliothek, aus dem Griechischen v. Chr. G. Moser und D. Vollbach, Leipzig 1988.

Apollonius Rhodios Apollonius Rhodius, Die Argonauten. Deutsch v. Thassilo v. Scheffer, Wiesbaden 1940.

Apuleius Apuleius, Der goldene Esel. Aus dem Lateinischen v. August Bode, Baden Baden 1981.

Aristophanes Aristophanes' Werke, hg. v. Ludwig Seeger, Bd. III., Stuttgart und Berlin 1910.

Aristoteles Aristoteles, Politik. Übersetzt u. hg. v. Olaf Gigon, München 1986.

Cicero Marcus Tullius Cicero, Atticus-Briefe. Lateinisch-deutsch, übersetzt u. hg. v. Helmut Kasten, München ²1976.

Diogenes Laertius Diogenes Laertios, Leben und Meinungen berühmter Philosophen. Aus dem Griechischen übersetzt v. Otto Apelt, Hamburg ²1967.

Euripides Euripides, Sämtliche Tragödien in zwei Bänden. Nach der Übersetzung von J. J. Donner bearb. v. Richard Kannicht, Stuttgart 1958.

Grabschrift der Phrasikleia John Boardman, Griechische Plastik. Die archaische Zeit, Mainz 1981.

Griechische Anthologie Griechische Anthologie in drei Bänden. Aus dem Griechischen übertragen v. Dietrich Ebener, Berlin und Weimar 1981.

Herodas Otto Crusius, Die Mimiamben des Herondas, gänzl. umgearb. etc. v. Rudolf Herzog, 1926.

Herodot Herodot, Historien. Griechisch und deutsch. Hg. v. Josef Feix, Bd. I. München ³1980.

Hesiod Hesiod, Sämtliche Werke, Deutsch von Thassilo v. Scheffer. Mit einer Übersetzung der Bruchstücke aus den Frauenkatalogen hg. v. Ernst Günther Schmidt, Bremen 1965.

Hippokrates Die Werke des Hippokrates in neuerer deutscher Übersetzung. Hg. v. R. Kapferer, Stuttgart und Leipzig 1934.

Homer Homer, Ilias, verdeutscht v. Thassilo v. Scheffer, Leipzig 1938; Homer, Odyssee, übersetzt v. Roland Hampe, Stuttgart 1979.

Homerische Hymnen Die homerischen Götterhymnen, Deutsch v. Thassilo v. Scheffer, Leipzig ³1987.

Jakobus (Protoevangelium) Apokryphen zum Alten und Neuen Testament, hg. v. A. Schindler, Zürich ³1989.

Kallimachos Griechische Lyrik. Aus dem Griechischen übertr. v. Dietrich Ebener, Berlin und Weimar 1976.

Laudatio Turiae D. Flach, Die sogenannte Laudatio Turiae. Einleitung, Text, Übersetzung und Kommentar, Darmstadt 1991.

Livius Titus Livius Römische Geschichte. Bd. IV. Deutsch v. Prof. Dr. Gerlach, Berlin ²1885.

Lysias Griechische Prosaiker in neuer Übersetzung v. C. N. v. Osiander und G. Schwab, Stuttgart 1887.

Märtyrerakten der Perpetua und Felicitas Frühchristliche Apologeten und Märtyrerakten; Bibliothek der Kirchenväter II. Eine Auswahl patristischer Werke in deutscher Übersetzung, hg. v. O. Bardenhewer, Th. Scheuermann, K. Weymann, München 1913.

Menander Antike Komödien. Aus dem Griechischen und Lateinischen übersetzt v. W. Hofmann, R. Schottlaender (Menander) und L. Seeger, Berlin und Weimar 1987.

Paulus (Akten) Apokryphen zum Alten und Neuen Testament, hg. v. A. Schindler, Zürich ³1989.

Pausanias, Pausanias, Reisen in Griechenland. Gesamtausgabe aufgrund der kommentierten Übersetzung v. Ernst Meyer, hg. v. Felix Eckstein, Bd. I. Darmstadt 1986.

Platon Platon, Gorgias oder die Beredsamkeit, in der bearbeitenden Schleiermachschen Übersetzung neu hg. u. eingel. v. Kurt Hildebrandt, Stuttgart 1961.

Plutarch Plutarch, Große Griechen und Römer, eingel. und übersetzt v. Konrat Ziegler, Zürich und Stuttgart 1954; Plutarchs Werke. Moralische Schriften, übersetzt v. J. Chr. F. Baehr, Stuttgart 1829; Plutarchs Werke VI, übersetzt v. J. Chr. F. Baehr, Stuttgart 1830.

Sallust Des Gaius Sallustius Werke. Übersetzt u. erl. v. C. Cleß, Berlin-Schöneberg o. J.

Sappho   Sappho, Griechisch-deutsch, hg. und übertr. v. Emil Staiger, Zürich 1957.
Semonides   Griechische Lyrik. Aus dem Griechischen übertr. v. Dietrich Ebener, Berlin und Weimar 1976.
Sophokles   Sophokles, Dramen. Griechisch und deutsch. Hg. und übersetzt v. Wilhelm Willige, überarb. v. Karl Bayer, München ²1985.
Theokrit   Theokrit, Sämtliche Dichtungen. Aus dem Griechischen übertr. v. Dietrich Ebener, Frankfurt am Main 1989.
Valerius Maximus   Römische Prosaiker in neuen Übersetzungen. Valerius Maximus Sammlung merkwürdiger Reden und Taten, übersetzt v. D. Friedrich Hoffmann, Stuttgart 1828.

Personenregister